Hallo? Berlin? Ici Paris!
Deutsch-französische Filmbeziehungen 1918–1939

Ein CineGraph Buch
Herausgegeben von Hans-Michael Bock,
Wolfgang Jacobsen und Jörg Schöning

Hallo? Berlin? Ici Paris!
Deutsch-französische Filmbeziehungen
1918–1939

Redaktion
Sibylle M. Sturm
Arthur Wohlgemuth

edition text + kritik

Mit Unterstützung der Kulturbehörde der Freien und Hansestadt Hamburg, der Stiftung Deutsche Kinemathek, Berlin, und der Cinématheque Suisse, Lausanne.

Redaktionelle Mitarbeit: Ariane Heimbach
Übersetzungen: Sibylle M. Sturm, Katja Uhlenhorst

Fotos: Archiv CineGraph, Hamburg (8), Bundesarchiv-Filmarchiv, Berlin (2), Cinémathèque Suisse, Lausanne (9), Collection Archives du Film du CNC, Bois d'Arcy / Madame Claude Rodemet-Wessbecher (1), Sammlung Casparius / Stiftung Deutsche Kinemathek, Berlin (3), Stiftung Deutsche Kinemathek, Berlin (12)

Die Deutsche Bibliothek – CIP-Einheitsaufnahme
Hallo? Berlin? Ici Paris! : Deutsch-französische Filmbeziehungen 1918–1939 / Red. Sibylle M. Sturm, Arthur Wohlgemuth. – München: edition text + kritik, 1996
    (Ein CineGraph Buch)
    ISBN 3-88377-538-X
NE: Sturm, Sibylle M. [Red.]

Umschlag-Entwurf: Dieter Vollendorf, München, unter Verwendung eines Fotos aus der Stiftung Deutsche Kinemathek, Berlin

Satz: CineGraph / fulgura frango, Hamburg
Lithos und Belichtung: H & G Herstellung, Hamburg
Druck und Buchbinder: Schoder Druck GmbH & Co. KG, Gersthofen
© Verlag edition text + kritik GmbH, München 1996
ISBN 3-88377-538-X

INHALT

Bernard Eisenschitz
CORRESPONDANCES / SCHRIFTWECHSEL — 9

Frank Kessler und Sabine Lenk
GALLISCHER HAHN UND DEUTSCHER ADLER
Filmkontakte vor dem Ersten Weltkrieg — 17

Jürgen Kasten
BOCHE-FILME
Zur Rezeption deutscher Filme in Frankreich 1918–1924 — 33

Jeanpaul Goergen
ENTENTE UND STABILISIERUNG
Deutsch-französische Filmkontakte 1925–1933 — 51

Andrew Higson
FILM-EUROPA
Kulturpolitik und industrielle Praxis — 63

Eric Le Roy
E. C. B. WESSBECHER, GENANNT DONATIEN
Filmproduktion zwischen Frankreich und Deutschland — 77

Thomas Elsaesser
CHACUN AU MONDE A DEUX PATRIES
Robert Siodmak und das Paris der 30er Jahre — 81

Michael Esser
PRODUZENT, PRODUCTEUR, PRODUCER
Arnold Pressburgers internationale Karriere — 101

Helmut G. Asper
VON DER MILO ZUR B.U.P.
Max Ophüls' französische Exilfilmproduktion 1937–1940 — 111

Joseph Garncarz
DIE BEDROHTE INTERNATIONALITÄT DES FILMS
Fremdsprachige Versionen deutscher Tonfilme — 127

Horst Claus und Anne Jäckel
UFA, FRANKREICH UND VERSIONEN
Das Beispiel „Der Kongreß tanzt"   141

Katja Uhlenbrok
VERDOPPELTE STARS
Pendants in deutschen und französischen Versionen   155

AUSGEWÄHLTE FILME   169
KLEINES LEXIKON   179

Register   185
Dank / Autoren   190

Vorwort

Fakten und Reflexionen zu einigen Aspekten der Filmbeziehungen zwischen Frankreich und Deutschland sammelt dieses CineGraph Buch. Die Texte sind in der Mehrzahl Resultate jahrelanger Forschungsarbeit und wurden auf dem 8. Internationalen Filmhistorischen Kongreß im November 1995 in Hamburg vorgetragen. Zum Centenar der Erfindung des Films waren die Verknüpfungen der Filmgeschichte Frankreichs und Deutschlands das angemessene Thema, das zudem den Abschluß einer Reihe von Kongressen und Veröffentlichungen zum Thema Film-Europa bildete.
Beeinflussen politische Entwicklungen und Auseinandersetzungen im Zeitraum zwischen 1896 und 1939 die Filmindustrie, die binationalen Kontakte im intereuropäischen und internationalen Kontext oder auch den Inhalt der Filme? Man kann feststellen, daß die filmindustrielle Realität nicht immer mit offiziellen Positionen übereinstimmt, daß Filmverleiher, Kinobesitzer und Publikum sich nicht nach den Vorstellungen der offiziösen Filmpolitik richten wollen.
Nach einer Rückblende auf die Frühzeit, in der die Mehrzahl der in Deutschland gezeigten Filme aus Frankreich kommt, steht die Zeit zwischen den Kriegen im Mittelpunkt der Darstellungen. Schon bald nach dem Ersten Weltkrieg wird das strikte Aufführungsverbot für deutsche Filme in Frankreich umgangen. Die Auswertung der Fachzeitschrift „La Cinématographie Française", aber auch der Publikumszeitschrift „Pour Vous", zeigt den mühsamen Kurs zwischen Feindschaft und Ressentiments bis zu einer kollegialen Konkurrenzsituation, die sich auch in erfolgreichen Co-Produktionen bewährt.
Das Streben, den eigenen Produktionen bessere Marktchancen gegenüber der Konkurrenz aus den USA durch den Zusammenschluß zu einem einigen und mächtigen Film-Europa zu schaffen, veranlaßt die europäischen Filmschaffenden, zwischen 1923 und 1930 mehrere internationale Kongresse zu veranstalten. Doch das Zurückdrängen der zugleich gefürchteten und beneideten Hollywood-Produktionen bleibt eine Wunschvorstellung.
Nachdem Berlin in den 20er Jahren zur europäischen Filmmetropole aufgestiegen ist, üben die Ufa-Studios eine starke Anziehungskraft auf französische Filmmacher aus. Das hält bis ins Jahr 1939 an, als Albert Valentin in der Ufastadt Babelsberg den letzten Film in französischer Sprache dreht. Zu

dieser Zeit hatten aber schon viele deutsche Filmmacher das Land wegen der Nazidiktatur verlassen müssen. Ihr Weg führte die meisten nach Paris, das oft nur erste Station auf dem Weg nach Hollywood war. Biografische Artikel geben Einblick in die Arbeit des Produzenten Arnold Pressburger sowie des Regisseurs Max Ophüls in der französischen Emigration. Ein Essay über deutsche Filmemigranten in Paris versucht am Beispiel der Werke Robert Siodmaks eine Neueinschätzung der Bedeutung der im französischen Exil entstandenen Filme: Waren sie mehr als ein Transitstopp zwischen Berlin und Hollywood? Ein Porträt von Donatien, einem weitgehend unbekannten, im Elsaß geborenen Produzenten und Regisseur, zeigt die Verflechtungen seines persönlichen Schicksals zwischen Frankreich und Deutschland.

Ab 1927 ist es möglich, den Ton auf die Filmrolle zu kopieren, und diese Innovation bedroht die bisherige Internationalität des Mediums. Diese technische Entwicklung verunsichert alle: Techniker, Produzenten, Regisseure und ganz besonders die Stars. Bei synchronisierten Filmen stiftet zunächst das Hören einer Stimme, die nicht zu dem Menschen gehört, den man sehen kann, Verwirrung; das Publikum empfindet das als „Golem-Effekt". Die Herstellung von Versionen wird zum bevorzugten Mittel der Wahl: Filme mit demselben Plot, in denselben Dekors, mit denselben Technikern, aber einmal von deutschsprachigen Stars, einmal von französischsprachigen dargestellt. Manche Filme werden auch in drei und mehr Sprachen gedreht. Synchronisation vs. Version als technische, wirtschaftliche oder kulturelle Problemstellung? Eine eindeutige Antwort kann nicht gegeben werden, offensichtlich tritt aber allmählich ein Gewöhnungseffekt zugunsten der Synchronisation ein, denn seit sich ab 1934 die Synchrontechnik verbessert, werden deutlich weniger Versionen hergestellt.

Auf die Produktionsgeschichte von Erik Charells Welterfolg DER KONGRESS TANZT, CONGRESS DANCES und LE CONGRÈS S'AMUSE im Jahr 1930/31 wird in einer Untersuchung eingegangen, in der auch sprachliche und inhaltliche Abweichungen bzw. Übereinstimmungen der drei Versionen bewertet werden. – Welche Stars stellen in Versionen welchen Typ dar? Die Antwort auf diese Frage fällt nicht so simpel aus, wie man glauben könnte: das Ergebnis der Untersuchung zeigt kein klares Schema, selbst nicht für Schauspieler wie Hans Albers oder Heinz Rühmann.

Sibylle M. Sturm   *Hamburg, Sommer 1996*
Arthur Wohlgemuth

Bernard Eisenschitz

CORRESPONDANCES / SCHRIFTWECHSEL

Zum Andenken an Howard Vernon

ALLÔ? BERLIN? ICI PARIS! alias HALLO HALLO! HIER SPRICHT BERLIN! ist der Titel eines Films über Beziehungen per Telefon. Hier wird von einer weniger modernen Art der Kommunikation, die die 20er Jahre betrifft, die Rede sein: die der Gedankenströme, des kulturellen Austauschs, nicht des institutionellen, sondern des intuitiven, zuweilen unbewußten Austauschs. Kann man überhaupt andere Beziehungen zwischen den Kinomatographien der beiden Länder während dieser triumphalen Periode des deutschen Films zur Diskussion stellen?
Gewiß, man kann von der Geschichte der Wirtschaftsbeziehungen sprechen: von der französisch-deutschen Zusammenarbeit etwa, die sich in Kongressen manifestierte, die an die europäische Einheit appellierten. Das hat unter Joseph Goebbels zu Resultaten geführt, und die sind weder für das eine Kino noch für das andere positiv, wenn auch gewisse Historiker anderer Meinung sind.
In den 20er Jahren beschränkten sich die Beziehungen auf den Austausch einiger Schauspieler, guter deutscher Schauspieler in Frankreich (Alfred Abel in Marcel L'Herbiers L'ARGENT), schlechter französischer in Deutschland (André Roanne in G. W. Pabsts DAS TAGEBUCH EINER VERLORENEN), und auf einige Co-Produktionen, die man vergessen kann und die vergessen sind.
Kann man also von einem Einfluß – ein jedenfalls fragwürdiger Begriff – des deutschen Films auf den französischen sprechen? Sucht man danach, findet man kaum Indizien: ein paar Einstellungen und vor allem Standfotos aus Marcel L'Herbiers Filmen L'INHUMAINE und DON JUAN ET FAUST, fälschlicherweise als expressionistisch bezeichnet, höchstens noch der „Frauenfilm" vom Ende der Stummfilmzeit, LE ROI DES AULNES von Marie-Louise Iribe nach Goethes „Erlkönig" – das ist alles. Nichts, was mit dem gegenseitigen Austausch zwischen den Malern der „Brücke" und des Fauvismus, wenige Jahre zuvor, vergleichbar wäre.
In den 30er Jahren nehmen die berühmten Mehrsprachenversionen zu und die in Deutschland gedrehten französischen Produktionen, die den kulturellen Charakter des Herkunftslandes bewahren und keine besonderen Qua-

Allô? Berlin? Ici Paris! (Julien Duvivier, 1931/32): Wolfgang Klein, Josette Day

litäten haben, wenn man von VAMPYR, DIE 3-GROSCHEN-OPER und höchstens zwei oder drei anderen absieht. Neben Renoirs NANA, 1925 in Berlin gedreht, gibt nur L'ÉTRANGE M. VICTOR von Jean Grémillon – mit seiner stilistischen Schizophrenie zwischen den Außenaufnahmen im Licht der Provence und den Innenaufnahmen im Chiaroscuro der deutschen Ateliers – eine Vorstellung davon, was man sich hätte erträumen können. (Übrigens ist dieselbe Dichotomie in einem Großteil von Grémillons Werk zu finden.)

Welche Geschichte sollte man also hier erzählen? Warum von Kameradschaft oder von Verwandtschaft sprechen, wo doch klar ist, daß es keine gibt? Schon die Sprache des Films zeigt einen unterschiedlichen Zugang: Begriffe wie „cinéaste", „régie", „publiciste", „trivial" oder „colportage" haben im Deutschen nicht dieselbe Konnotation, nicht denselben Sinn wie im Französischen.

Einen Bereich der Begegnung gibt es doch: die Rezeption der deutschen Filme in Frankreich. Ein paar Jahre nach dem Krieg kehrt Louis Delluc von einer Reise nach Deutschland zurück. Schon seine Wertschätzung eines Films und eines populären Stars ist bezeichnend. Der Film war von Murnau, den er nicht kannte: DER GANG IN DIE NACHT. „Dieser ganze lange Film ist intel-

ligent (...). Es ist schön, einen Film zu sehen, wo man sich mehr um Tempo und Haupthandlung gekümmert hat als um überflüssige und zärtliche Einzelheiten. Mir fiel besonders das Gefühl für die Großaufnahmen auf. (...) Es ist eine Art Monolog von 300 m Länge von bewundernswerter Kraft. (...) Erna Morena hat den beunruhigenden Elan, der nötig ist, uns in dieser Viertelstunde in Verwirrung, nervösen Taumel, ja fast in den Wahnsinn zu treiben. Lotte Neumanns Plakate hängen an allen Straßenecken. (...) Sie ist jenseits des Rheins, was Mary Pickford jenseits des Atlantiks ist. Sie wird bewundert. Ich glaube, wir werden sie nie bewundern."[1]
Delluc stand im Zentrum des kulturellen Lebens: Er war Schriftsteller, Filmkritiker, Chefredakteur einer Filmzeitschrift, Drehbuchautor und Filmregisseur, dazu einer der Organisatoren der ersten Aufführung von DAS CABINET DES DR. CALIGARI in Paris. Hier zeigt sich schon eine der Besonderheiten der französischen Annäherung an den Film durch das Schreiben: Diejenigen, die über Filme schrieben, waren dieselben, die Filme machten oder mit der schöpferischen Arbeit an Filmen eng verbunden waren – nicht mit der Filmindustrie, oder jedenfalls seltener als anderswo: diese Schriftsteller waren nicht in der Situation von Willy Haas oder Graham Greene, von Frank Nugent oder Ennio Flaiano.
Was die französischen Filmkritiker im deutschen Film wiederfinden, ist ihr Bild von Deutschland, eine deutsche Phantasiewelt, wie man sie in der Literatur der Zeit häufig findet. Desnos und die Surrealisten spüren ihre magische und traumhafte Qualität und betonen sie. Sie sehen sie jedoch nicht durch den Filter der Literatur, im Gegenteil, durch den des Films: denn ihr Problem ist es gerade, eine Spezifität des Films zu definieren. Nach den Worten Jean Cassous sollte das Kino „es (Deutschland) erlauben, das moderne Märchenspiel zu erfinden. Märchenspiel des Ateliers und des künstlichen Lichts, Märchenspiel des Kopierwerks."[2]
Die deutsche Kritik, so hoch ihr Niveau auch war, ist im wesentlichen an Literatur und Theater orientiert, sie feiert die offiziellen oder ehrgeizigen Filme, ignoriert „kleine" Genrefilme.[3] Die französische interessiert sich ausschließlich und leidenschaftlich für das Kino, sogar auf die Gefahr hin, die Literatur als solche anzugreifen – so Robert Desnos: „Die meisten Kritiker, die begeistert Pirandellos plattes Theaterstück ‚So ist es – ist es so?' gefeiert haben, sind beim Erscheinen von DAS CABINET DES DR. CALIGARI stumm geblieben, einem Werk, das dieselbe Seite der menschlichen Angst auf einer wesentlich höheren und ernsteren Ebene darstellt."[4]
Angesichts des Films denken Delluc, Desnos und viele andere an eine Utopie des Kinos und nicht an den Hausverstand der Fachleute oder der Industrie. Sie kämpfen auch für eine Idee des französischen Films: Desnos stellt dem CABINET DES DR. CALIGARI „das bedauerlichste und grotekseste Ergebnis" der nationalen Produktion, L'INHUMAINE, gegenüber.[5] Sie können von Murnaus FAUST sprechen, und seine Bedeutung für die Filmindustrie und

anekdotische Aspekte wie die Intervention Gerhart Hauptmanns ignorieren, aber sie erkennen hier den Regisseur von NOSFERATU wieder – eines Films, der in Deutschland als B-Picture galt, aber in Frankreich allgemein als Meisterwerk anerkannt wurde: „Ein bewundernswerter Film, viel besser inszeniert als CALIGARI, (...) NOSFERATU, wo keine Innovation dem Zufall überlassen wurde, alles der Poesie und nichts der Kunst geopfert wurde"⁶, schrieb zum Beispiel Desnos, oder auch: „dieser bewundernswerte NOSFERATU, der wahrscheinlich das Meisterwerk des Kinos ist."⁷

Die französische Kritik widmet sich so bescheidenen oder exzentrischen Produkten, wie SCHATTEN von Arthur Robison, SYLVESTER von Lupu Pick, DAS ALTE GESETZ von E. A. Dupont (auf Kosten von VARIÉTÉ!). Ihre Auswahl der Regisseure entspricht natürlich nicht deren professionellem Status. Pierre Leprohon erwähnt (im ersten Werk, das über den deutschen Film geschrieben wurde) im selben Atemzug den Regisseur der größten nationalen Produktionen und einen Regisseur, der damals darauf beschränkt war, Filme für Lily Damita zu drehen. „Zwei Künstler, deren Talent unbestreitbar ist, Robert Wiene, der Regisseur von CALIGARI, I.N.R.I., ORLACS HÄNDE und Fritz Lang, der DER MÜDE TOD, DIE NIBELUNGEN, DR. MABUSE und METROPOLIS drehte. Man erkennt hier vor allem die Anziehungskraft der großen philosophischen Fresken, für die Deutschland immer ein Bedürfnis hatte. Sie sind die Fortführung des ‚Messias' von Klopstock, der ‚Kritik der reinen Vernunft', der gesamten deutschen Literatur."⁸

Der „starke und ehrliche Wunsch, das Wesentliche im Werk der anderen zu analysieren",⁹ den man in diesen Zeilen erkennt, der Wunsch, den deutschen Film als individuelles Kunstwerk oder insgesamt mit den großen Gedankenströmen zu verbinden, findet sich bei verschiedenen Autoren wie René Allendy, Paul Ramain („Cinéa-Ciné pour tous"), Jacques B. Brunius, Jean George Auriol, André Delons, Jean Paul Dreyfus („La Revue du cinéma", deren berliner Korrespondent Siegfried Kracauer war). Man erkennt hier auch – und das ist nicht weniger bedeutsam – einen charakteristischen Zug der französischen Kritik: das, was Claude Chabrol in Zusammenhang mit dem Buch über Hitchcock, das er selbst mit Eric Rohmer geschrieben hat, das „Delirium der Interpretation als Methode" genannt hat.

„Er teilt mir seine Bewunderung für den deutschen Film mit, diese Schule des Filmmachens, die sich um die Ufa herum gebildet hat und die auf der hegelschen Dialektik basiert",¹⁰ schrieb ein Journalist, mit dem Antonin Artaud nach seiner Rückkehr aus Berlin sprach, wo er in SCHUSS IM MORGENGRAUEN mitgewirkt hatte. Artaud wird dann doch spezifischer, wenn er von der Arbeitsteilung, von den großen Tragödien und den Kameraleuten spricht, über die die Industrie verfügt. „Sie suchen den logischen Effekt des Lichts und versuchen, eine Art psychologische Lichtstimmung zu schaffen, die dem Geist der Szene entspricht. Ich habe festgestellt, daß sie jetzt die Regiearbeit vereinheitlichen wollen. Man kann sich nicht vorstellen, bis zu welchem Punkt sie in ihrer Sorge um das malerische und psychologische Detail gehen."[11]

Diese Kritikergeneration hat sich mit der Definition befaßt, mit der Festlegung des künstlerischen Bereichs – das hatte bestimmt nichts mit den Verhandlungen zwischen Aubert und der Ufa zu tun! Über die von ihnen etablierten Wertvorstellungen kann man natürlich streiten, aber sie gingen weiter als das tagtägliche „Film für Film" der deutschen Kritiker. Mit den Essays von Roger Blin (später Schauspieler und Regisseur) über Murnau (1931) und von Georges Franju (später Regisseur) über Fritz Lang (1935) beginnt eine andere Epoche: eine Kritik, die sich zu gleicher Zeit mit dem Stil, der Thematik und dem „auteur" befaßt. Sie setzt ein, als Murnau schon tot ist und der exilierte Lang zum „Hollywood director" geworden ist: Sie ist sowohl Erinnerung als auch Polemik.

„Murnau war schon recht lange vor seinem Tod in die Geschichte eingegangen", schreibt Blin. „Die Bewunderung, dann wieder die Verachtung der ‚Elite' gegenüber seiner Begeisterung für die Technik, dazu sein hoher Anspruch als Künstler, all das hat schnell dazu geführt, daß er bestimmten Kategorien zugeordnet wurde, ohne daß diese hinterfragt wurden. Allein die Erinnerung an einen Mann hätte uns erschüttert, der zwölf Jahre lang Bilder in sich angehäuft hatte, die er als die verwirrendsten Landschaften der Welt und des Geistes wiedergab in einem großen versprengten Leuchten – auch wenn wir nicht von Film zu Film diesen Zeichen gefolgt wären, diesen Figuren, dieser Grazie oder dieser Hoffnungslosigkeit, die ein eindeutiges Universum bilden."[12]

Vier Jahre danach ist Georges Franju wahrscheinlich der erste Filmessayist, der jenseits nationaler Charakteristika in seiner Analyse des „Style de Fritz Lang" FURY in das Werk des Regisseurs einordnet: „Ich erinnere mich an eine einfache Bewegung der Schauspielerin, ein Zeichen, eine Geste: Sylvia Sidney, die sich angstvoll an die Schläfen schlägt (FURY). Diese Geste, die wir in der gleichen Weise ausgeführt, im selben Rhythmus der Schläge, mit derselben Krümmung der Finger wiederfinden – von DER MÜDE TOD über SPIONE (Szene im Taxi), DIE FRAU IM MOND (Raketen-Szene), DAS TESTAMENT DES DR. MABUSE (Szene in der Druckerei) – ist sie nicht ein Zeugnis für die Präzision des Regisseurs? Ein Zeichen von eiserner Entschlossenheit, die Bestätigung ganz persönlicher Ideen, die sich kinematografisch durch den Stil ausdrücken?"[13]

Einen Krieg später redigiert die Emigrantin Lotte H. Eisner ihre „Notes sur le style de Fritz Lang"[14], während Roger Leenhardt, der beste französische Filmkritiker vor André Bazin, einen kurzen, berühmt gewordenen Text mit dem polemischen Titel „A bas Ford! Vive Wyler!" verfaßt.[15]

Diese beiden Essays aus den Jahren 1947 und 1948 sind ausschlaggebend für die zukünftige Entwicklung, die man „politique des auteurs" nennen sollte. Diese führte zu einer Wiederentdeckung des amerikanischen Kinos, etwa so wie die vorangegangene Generation in gewisser Weise das deutsche Kino „wiedererfand" noch während es entstand. Man kann sogar annehmen, daß diese Rezeption die Beziehung zwischen der französischen Kritik der 50er Jahre und dem amerikanischen Kino sowie ihrer Definition eines Wertesystems, das dem amerikanischen Kino selbst fremd war, vorausnahm. In beiden Fällen steht die Intuition gegen die Gelehrsamkeit.

Die Beziehung zwischen dem Film und dem Schreiben: ein konstantes Phänomen der französischen Kinematografie. Man hat sogar (Daney, Godard) die Ansicht vertreten, es gäbe keine französische Filmgeschichte, sondern bloß einige Regisseure, und daß die wirkliche Geschichte des französischen Films die seiner Kritik sei – und die seiner Zuschauer, würde ich hinzufügen. Der Dialog mit dem deutschen Stummfilm hat sich bis zum Nouveau Roman fortgesetzt (Claude Ollier und Alain Robbe-Grillet, der eine übrigens Filmkritiker, der andere Regisseur) und bis zum Comic (die „école belge" von Hergé und Edgar P. Jacobs). Er hat sich doch hauptsächlich mit einem Teil der Nouvelle Vague entwickelt, die scheinbar einen Gegenpol zur „Dämonischen Leinwand" darstellte. SUNRISE als schönster Film der Welt von den „Cahiers du cinéma" gewählt, Murnau als dauerhaftes Muster für Eric Rohmer, die späte Rückkehr zu Lubitsch für François Truffaut, zu Lang für Claude Chabrol, METROPOLIS vom frühen Jacques Rivette zitiert wie FAUST vom späten Godard: Es geht ja nicht um eine stilistische Verwandtschaft, sondern um eine tiefere Strömung.[16]

1934 wurde eine Szene aus Joe Mays HEIMKEHR von Jean Vigo für L'ATALANTE neuinszeniert. Dreißig Jahre später taucht die Szene als Zitat von Vigo in Bernardo Bertoluccis PRIMA DELLE RIVOLUCIONE wieder auf. „Es gibt Filme, die andere Filme erzeugen können", hat Jean Rouch nach Dziga Vertov wiederholt bestätigt. Man sieht also, daß nicht nur Filme, sondern auch Texte andere Filme erzeugen können. Die Zeit einer intuitiven Annäherung ist wohl vorbei, aber die Wissenschaftlichkeit reicht auch nicht aus, wenn sie nicht fähig ist, die imaginäre Dimension des Films wahrzunehmen.

---

1) Louis Delluc: Notes. In: Cinéa, Nr. 8, 24.6.1921. – 2) Jean Cassou zitiert nach: Pierre Leprohon: Le Cinéma allemand. Paris: Le Rouge et le Noir 1928. – 3) Vgl. das Handbuch Gero Gandert: Der Film der Weimarer Republik 1929. Berlin, New York: de Gruyter 1993. – 4) Robert Desnos: Le Dix Commandements, le Cabinet du Docteur Caligari. In: Journal Littéraire, 31.1.1925; zit. n. R. D.: Les Rayons et les Ombres – Cinéma. Paris: Gallimard 1992. – 5) Ebd. – 6) Robert Desnos: Sous-titres. In: Le Soir, 15.6.1928; zit. n. R. D.: Les Rayons et les Ombres, a.a.O. – 7) Pierre Leprohon: Le Cinéma allemand. Paris: Le Rouge et le Noir 1928. – 9) Dankesbrief von Lupu Pick an Leprohon, 10.12.1928. – 10) Henri Philippon: Antonin Artaud nous parle du cinéma allemand. In: Pour Vous, 28.7.1921; zit.

n. Antonin Artaud: Œuvres complètes, Bd. 3. Paris: Gallimard 1961. – 11) Ebd. – 12) Roger Blin: F. W. Murnau. In: La Revue du Cinéma, Nr. 25, 1.8.1931. – 13) Georges Franju: Le style de Fritz Lang. In: CINEMAtographe, Nr. 1, März 1937; wiederveröffentlicht und erweitert in: Cahiers du cinéma, Nr. 101, November 1959. – 14) Lotte H. Eisner: Notes sur le style de Fritz Lang. In: La Revue du cinéma [neue Serie], Nr. 5, Februar 1947. – 15) Roger Leenhardt: A bas Ford! Vive Wyler!. In: L'Ecran français, Nr. 146, 13.4.1948. – 16) Vgl. La liste de Cahiers. In: Cahiers du cinéma, Nr. 90, Dezember 1958; Murnau, c'est tout. Propos d'Eric Rohmer recueillis par Serge Daney. In: Libération, 20.11.1986; Was denkt Eric Rohmer zu Murnau. Gespräch mit Frieda Grafe und Enno Patalas. In: Friedrich Wilhelm Murnau. München, Wien: Hanser 1990, (Reihe Film 43); François Truffaut: Lubitsch était un prince. In: Cahiers du cinéma, Nr. 198, Februar 1968; DOCTEUR M, Film von Claude Chabrol, 1989; PARIS NOUS APPARIENT, Film von Jacques Rivette, 1960; HISTOIRE(S) DU CINÉMA, CHAPITRE IA: TOUTES LES HISTOIRES. TV-Sendung von Jean-Luc Godard, 1989.

Frank Kessler und Sabine Lenk

GALLISCHER HAHN UND DEUTSCHER ADLER
Filmkontakte vor dem Ersten Weltkrieg

Der französische Film spielt in Deutschland vor dem Ersten Weltkrieg eine bedeutende, wenn nicht führende Rolle. Gerade in den Anfängen, doch auch noch bis in die 10er Jahre prägt das Nachbarland die deutsche Filmlandschaft, d.h. Filmproduktion, Filmvertrieb und Filmabspiel. Da bisher kaum Forschungen auf diesem Gebiet durchgeführt wurden, können wir nur einzelne Puzzle-Stücke ineinanderfügen, die stellenweise Zusammenhänge sichtbar machen und einen ersten Einblick in das komplexe und komplizierte Flechtwerk der bilateralen Beziehungen geben.[1]
Vielleicht sind die Anfänge symptomatisch für einige Aspekte der deutsch-französischen Filmbeziehungen. Gehen wir hundert Jahre zurück: Am 1. November 1895 präsentieren die Gebrüder Skladanowsky im berliner Wintergarten ihr Bioskop. Am 28. Dezember führen die Gebrüder Lumière ihren Cinématographe im Grand Café in Paris zum erstenmal einem zahlenden Publikum vor. Für die Einführung des Films in Deutschland ist das zweite Ereignis bedeutender. Ludwig Stollwerck schließt für die Deutsche Automaten-Gesellschaft einen Vertrag über die kommerzielle Auswertung des Cinématographe Lumière im Deutschen Reich ab, obwohl der D.A.G. dabei nur 30 % der Brutto-Einnahmen bleiben.[2] Den Brüdern Skladanowsky jedoch gelingt es nicht, mit ihrer Erfindung in Paris aufzutreten. Die Gründe dafür sind nicht gänzlich aufgeklärt; aber das Bioskop hat in beiden Ländern keine kommerzielle Zukunft.[3] Diese Episode scheint zukünftige Entwicklungen vorweg zu nehmen: Französische Firmen drängen massiv auf den deutschen Markt, während deutsche in Frankreich kaum präsent sind.
Daß französische Filmfirmen die Kinolandschaft im Deutschen Reich beherrschen, läßt sich in Zahlen nur schwer belegen. Die von Herbert Birett ermittelten Zahlen[4] zeigen, daß französische Filme zwischen 1906 und 1912 im Durchschnitt ein Viertel bis ein Drittel aller verfügbaren Filme stellen, zwischen 1913 und 1914 noch ein knappes Fünftel. Die Berechnung beruht auf der Zahl der Titel. Nur wenn man die (leider unbekannte) Zahl vertriebener Kopien pro Film sowie die Abspieldauer der Filme berücksichtigen könnte, wüßte man, wieviel Prozent der Spielfläche französische Produkte wirklich einnehmen.
Auch wenn sich bislang für die ersten Jahre der Kinematographie kaum Importe nachweisen lassen, kann man annehmen, daß Kontakte mit französi-

schen Produktionsfirmen bestanden haben. Der eher national eingestellte Chefredakteur der „Lichtbild-Bühne", Arthur Mellini, stellt zur Lage der deutschen Filmindustrie nach Kriegsausbruch fest: „Unsere Branche seufzt unter dem französischen Joch, und auch noch der letzte deutsche Film wäre in Deutschland selbst ungeboren geblieben, wenn der Krieg nicht gekommen wäre." Er konzediert aber: „Frankreich hat der Welt die Kinematographie geschenkt, und ich kann mit Namen belegen, daß nach 1896 viele kleine deutsche Fabrikanten, die nicht wußten, wie es gemacht wird, ihre Angestellten nach Paris schickten, um dort zu spionieren. Mit geistigem Diebstahl reich belastet kamen sie über die Grenze zurück."[5] Man kann davon ausgehen, daß nicht nur technisches Know-how nach Deutschland importiert wird, sondern auch Filme, zumal zu jener Zeit der Kauf der Filmkopie und nicht das Ausleihen die Regel ist.

Franzosen in Deutschland, Deutsche in Frankreich

Das wilhelminische Reich ist für französische Filmproduzenten ein äußerst attraktiver Markt, denn Deutschland hat viele Ballungszentren und die nationale Konkurrenz ist nicht allzu ausgeprägt. Noch nach Kriegsausbruch 1914 können deutsche Firmen wie Messter, PAGU und Vitascope den Filmbedarf der Kinos nicht aus eigener Produktion decken. In Herbert Biretts Aufstellung zum Filmangebot in Deutschland 1895 – 1911 findet man neben den verschiedenen Pathé-Gesellschaften weitere 13 Produzenten. Die Zahl der Firmen und Marken nimmt nach 1911 noch zu.
Die Franzosen sind in Deutschland in unterschiedlicher Form präsent: Einige pariser Häuser besitzen sofort eigene Filialen, so Théophile Pathé oder Eclipse. Eclipse ist bereits ab 1907, ein knappes Jahr nach der Gründung im August 1906, in Berlin vertreten. Normalerweise arbeitet die Firma in anderen Ländern mit dortigen Vertriebsanstalten zusammen. In Deutschland kann Eclipse aber auf das Büro der Urban Trading Company (1903 von Charles Urban gegründet) zurückgreifen, zu der sie nominell gehört, bis sie 1908 den englischen Firmenteil aufkauft.[6] Théophile Pathé, ein Bruder der Pathé Frères-Gründer Charles und Emile, beginnt mit der Verbreitung seiner Filme in Deutschland um dieselbe Zeit. Schon vor 1905 ist er als Händler für Kinematographen und Zubehör in Berlin. Im März 1905 gründen Théophile, Eugène und Edouard Pathé die Firma „Th. Pathé Frères", aus der im Juli 1906, nachdem sich seine Brüder zurückgezogen haben, „Théophile Pathé et compagnie" wird. Das Unternehmen stellt bis 1910 vor allem Dokumentaraufnahmen her und wird 1913 aufgelöst.[7]
Bei anderen Firmen übernimmt zunächst ein deutsches Unternehmen den Filmvertrieb, so bei Eclair. Die 1907 in Paris gegründete Firma schließt im Mai 1908 einen Vertrag mit der Kinematographen- und Films-Industriegesell-

schaft mbH, die sich jedoch nicht genug um die Filme kümmert. Ab 1910 agiert vorübergehend ein Generalvertreter, bis Eclair 1911 in der Berliner Friedrichstraße, in der sich fast alle Filmvertreter niederlassen, eine eigene Filiale einrichtet.[8]

Wie wichtig das Engagement der Vertreter für die Präsenz einer Firma in der Fachpresse ist, zeigt ein anderes Beispiel. Die 1906 gegründete und 1913 wieder aufgelöste Firma Société des Phonographes et Cinématographes „Lux" eröffnet am 10. April 1908 eine Geschäftsstelle in Berlin. Filialleiterin ist Gertrud Grünspan.[9] Sie setzt sich offenbar engagiert für die Lux ein. Vor allem scheint sie über gute Kontakte zur „Ersten Internationalen Film-Zeitung" zu verfügen, in der Berichte über die Gesellschaft erscheinen, die wie redaktionelle Notizen präsentiert werden, aber eher an Werbetexte denken lassen, da immer wieder der innovative Elan der Firma gepriesen wird. Zum einjährigen Bestehen der Geschäftsstelle wird der Erfolg „neben den vorzüglichen Erzeugnissen der Firma wohl in der Hauptsache der Filialleiterin Frl. G. Grünspan"[10] zugesprochen. 1909 werden auch die pariser Produktionsstätten der Lux präsentiert. Der Berichterstatter stellt die Firma als „eines der größten Etablissements dieser Branche"[11] vor.

Die Produktionsgesellschaft Film d'Art vertreibt ihre aufwendig hergestellten Kunstfilme erst über Pathé Frères und nimmt nach Auslaufen des Vertrags im Dezember 1909[12] den Verkauf selbst in die Hand.[13] Auch der Direktbezug aus Paris ist in den frühen Jahren möglich. Die Compagnie des Cinématographes „Le Lion", 1908 gegründet und 1913 aufgelöst, annonciert in der „Ersten Internationalen Film-Zeitung" unter ihrer pariser Adresse. Am 15. Juni 1909 wird in einer Anzeige zwar ein Agent in Berlin genannt, doch die pariser Adresse weiterhin aufgeführt.[14]

Die Compagnie générale de phonographes, cinématographes et appareils de précision, bekannter als Pathé Frères, ist nicht nur in Deutschland die wichtigste ausländische Filmfirma. Schon 1896, im Gründungsjahr des Unternehmens, wird in Berlin eine Zweigniederlassung registriert, für die ein deutscher Kaufmann Prokura erhält.[15] Die erste deutsche Agentur eröffnet Pathé 1904 in Berlin, später folgen Niederlassungen in acht weiteren Städten. In Berlin gibt es auch eine Filmverleihabteilung. Pathé ist die in den deutschen Publikationen mit Abstand meistgenannte Produktion und wird durch ihr weltweites Vertriebsnetz als dominierendes Unternehmen wahrgenommen. Auf Kapitalkraft und Gewinnspannen von Pathé wird in zahlreichen Veröffentlichungen mit Bewunderung und Besorgnis hingewiesen.[16]

Die Präsenz deutscher Firmen in Frankreich ist bislang kaum erforscht. Eine Liste[17] von Produktions- und Vertriebsgesellschaften aus dem „Annuaire du commerce et de l'industrie cinématographiques" von 1913 gibt einige Anhaltspunkte. Offenbar haben nur wenige ausländische Firmen in Frankreich eigene Filialen eröffnet: Edison, Vitagraph, Nordisk und Cines sowie einige

Film im Film der Pathé frères, 1914

kleinere Firmen. Kein deutsches Unternehmen hat eine eigene Niederlassung; alle vertreiben ihre Filme über Agenten. Die Union des grandes marques cinématographiques von Paul Ladewig vertritt Messter, Charles Helfer die Eiko, Braun et Cie die Royal Films (Düsseldorf) und die Dekage-Film-Gesellschaft (Köln), während die Agence moderne cinématographique die Filme der Imperator-Film Berlin vertreibt. Die Agence Ernest Hebert hat eine Asta Nielsen-Serie im Angebot und vertritt vermutlich auch die Literaria-Film-Gesellschaft. Welchen Marktanteil deutsche Filme in Frankreich haben, ist kaum zu ermitteln; mangels geeigneter Nachschlagewerke sind nicht einmal Titel nachweisbar. Von den Henny Porten-Filmen sieht Messter für Frankreich fünf Kopien vor (ebenso für Italien, Belgien und die skandinavischen Länder, nach Rußland gehen 20 Kopien, nach England 15, einschließlich der für die Kolonien bestimmten).[18] Ein namentlich nicht genannter „künstlerischer Leiter einer Weltfirma" schildert die Lage recht drastisch: „Es ist leider ein Irrtum, wenn man sich in Deutschland einbildet, daß die deutschen Filme international Karriere machen. Frankreich ist z.B. in diesem Punkt fast vollständig chauvinistisch (...). Es bezieht fast nichts aus Deutschland, in der Hauptsache gehen die Aufnahmen des eigenen Landes."[19]

Le charmeur / Hexenmeister und Schmetterling (Segundo de Chomon, Pathé frères, 1907)

Die französischen Fachzeitschriften wie „Le Courrier Cinématographique" und „Ciné-Journal" haben allerdings deutsche Korrespondenten in Berlin, die mehr oder weniger regelmäßig über aktuelle Entwicklungen berichten. In der Zeitschrift „Le Cinéma" findet man 1913 und 1914 in unregelmäßigen Abständen Porträts deutscher Filmstars.[20]
Aufgrund der derzeitigen Quellenlage läßt sich deshalb nichts über die Präsenz deutscher Unternehmen im französischen Filmbetrieb sagen. Für die Teilhabe französischer Firmen sogar am Verbandsgeschehen in Deutschland gibt es hingegen einige Belege. Als am 11. März 1909 in Berlin eine „Versammlung (...) der Filmverleiher sowohl als auch der Kinematographenbesitzer" stattfindet, nehmen neben anderen ausländischen Firmen auch Gaumont-Berlin, Lux-Berlin, Pathé Frères-Berlin und Eclipse-Berlin teil. Das Treffen unter Vorsitz von Oskar Messter dient dazu, „in den am 15. d. Mts. in Paris stattfindenden Verhandlungen der Konvention die Wünsche und Vorschläge der deutschen Kinematographenbesitzer und Filmverleiher zur Sprache zu bringen."[21] Am 25. März trifft man sich erneut, um das deutsche Komitee zu konstituieren. Es trägt den Namen „Filmverband I.E.F. (Comptoir International des Editeurs de Films)". Zum Ersten Vorsitzenden wird Oskar Messter gewählt, Erste Schriftführerin wird Gertrud Grünspan von

der Lux.²² Auch im Vorstand des „Zweckverbandes Deutscher Kinematographen-Interessen" sitzt einige Monate später mit Direktor Grassi von Gaumont, der als Erster Kassierer fungiert, ein Vertreter einer französischen Firma.²³ Ob dies seitens der deutschen Firmen nun nolens volens geschieht, um sich die Unterstützung zumindest der deutschen Filialen französischer Firmen bei Interessenskonflikten zu sichern, oder ob in solchen Fällen das Ursprungsland eines Unternehmens keine Rolle spielt, läßt sich nicht klären. Die Vertreter französischer Gesellschaften in Deutschland beteiligen sich jedenfalls aktiv an der Wahrung „deutscher Kinematographen-Interessen". Auch als 1912 ein Agitationsfonds zum „Kampf gegen die Feinde der Kinematographie" eingerichtet wird, gehören die Franzosen zu den Geldgebern.²⁴ Auch bei gesellschaftlichen Aktivitäten treten französische Gesellschaften neben anderen ausländischen Unternehmen in Erscheinung. Im Dezember 1912 dankt die Vereinigung der Theater-Besitzer Groß-Berlins den Firmen, die durch eine „hochherzige Spende" das Winterfest ermöglicht haben. Pathé Frères, Gaumont und Eclair werden neben anderen aufgeführt.²⁵ Im gleichen Jahr huldigt die deutsche Filmindustrie „der interessantesten aller Persönlichkeiten, auf die je das Objektiv des Kinematographen gerichtet war" und dazu noch einem „der tatkräftigsten Freunde und Förderer der Lichtbildkunst", nämlich Kaiser Wilhelm II. Anläßlich seines fünfundzwanzigsten Regierungsjubiläums wird ein umfangreicher Prachtband mit dem Titel „Der Deutsche Kaiser im Film" zusammengestellt, an dem sich auch Pathé, Gaumont und Eclipse beteiligen.²⁶ Einer Notiz in der „Ersten Internationalen Film-Zeitung" läßt sich entnehmen, daß Mitglieder deutscher Fürstenhäuser sich bisweilen eher von Pathé als von einer deutschen Firma filmen lassen: „Die Weltfirma Pathé hat wieder einen Erfolg zu verzeichnen, da ihr der ehrenvolle Auftrag erteilt wurde, auf Wunsch Seiner Königlichen Hoheit des Großherzogs von Mecklenburg-Schwerin eine kinematographische Aufnahme herzustellen."²⁷

Beispiele deutsch-französischer Zusammenarbeit

Wie erwähnt, steht am Anfang der deutsch-französischen Filmbeziehungen die kommerzielle Auswertung des Cinématographe Lumière in Deutschland durch Stollwerck und die D.A.G. Auch im Herbst 1908 geht der Versuch zur Kooperation von Deutschland aus. Der Regisseur und Produzent Heinrich Bolten-Baeckers nimmt Kontakt mit Charles Pathé auf, um nach dem Vorbild der französischen Film d'Art ein deutsches Pendant zu schaffen. Er versucht, Bühnen- und Romanautoren für seine Initiative zu interessieren. Trotz der positiven Reaktion der Künstler zieht sich Pathé aus nicht bekannten Gründen bald zurück. Das zwingt Bolten-Baeckers zur Aufgabe seiner Pläne.²⁸ In ihrer Untersuchung über Pathé berichtet Evelyn Hampicke von

den Kontakten zwischen der pariser Filmfirma und zwei deutschen Unternehmen: der Firma Alfred Duskes sowie der PAGU-Vitascope mit ihren Leitern Jules (Julius) Greenbaum und Paul Davidson.
Am 28. Dezember 1912 gründen Pathé und Duskes mit französischem Kapital die Literaria-Film GmbH. Es wird ein Glasatelier mit modernster Einrichtung in Tempelhof errichtet. Obwohl in dem Gebäude auch eine Kopieranstalt untergebracht ist, werden die belichteten Negative zur Bearbeitung nach Paris geschickt.[29] Dies entspricht der allgemeinen Firmenstrategie Pathés, die bei ausländischen Filialen die größtmögliche Kontrolle behalten will.[30] Der genaue Status der Literaria ist noch sehr undeutlich. Zwar wird sie in Anzeigen als Tochter der Pathé Frères & Co. bezeichnet; im Handelsgericht ist aber nur Duskes eingetragen. Bemerkenswert ist, daß Pathé erst Ende 1912 eine Produktionsfiliale in Berlin einrichtet, obwohl Deutschland einen der wichtigsten Absatzmärkte der Gesellschaft darstellt. Erstaunlich ist auch, daß die Literaria in Paris erst Ende Oktober 1913 eingetragen wird. Einem Kommentar des Zwangsverwalters der Literaria, Otto Mosgau, kann man entnehmen, daß Duskes weitgehend unabhängig produzierte und Pathé seine Filme aufkaufte. Von Pathé nicht übernommene Produktionen konnte er in Eigenregie in Deutschland vermarkten. Dies deutet darauf hin, daß Pathé die Literaria unterstützt hat, ohne Miteigentümer gewesen zu sein.[31]
Mit der PAGU-Vitascope gibt es ähnliche Geschäftsbeziehungen: Pathé läßt die Negative in Paris bearbeiten und von dort aus vertreiben. Am 1. Juli 1914 mietet Pathé zudem ein von Greenbaum 1913 in Weißensee errichtetes Ateliergebäude für 41.000 Mark im Jahr. Diese Expansion wird aber nur einen Monat später durch den Kriegsbeginn jäh unterbrochen.[32]
Bereits kurz nach der Gründung der ersten Niederlassung französischer Firmen im Deutschen Reich arbeiten die Firmen von Léon Gaumont und Oskar Messter zusammen. Gaumont besitzt im November 1902 ein zufriedenstellendes System zur Synchronisation von Bild und Ton (auf Grammophonplatte); ab 1904 werden im Katalog Tonbilder angeboten. Oskar Messter ist im August 1903 ebensoweit. Beide Firmen erobern schnell nicht nur den nationalen Markt und nehmen bald eine Art Monopolstellung ein. Bereits 1903 finden sich auf deutscher Seite Überlegungen zur Festigung dieser Marktlage. Messter will ein Abkommen schließen, das „die gemeinsame Verwertung der beiderseitigen Konstruktionen mit allen Schutzansprüchen in der ganzen Welt" vorsieht.[33] Zu diesem Zweck möchte er eine Gesellschaft gründen, in die beide Firmen ihre Tonfilmrechte einbringen, um sich die Gewinne zu teilen. Gaumont geht nicht darauf ein, vermutlich weil seine Position auf dem Weltmarkt stärker ist. Immerhin kommt es zu einer friedlichen Übereinkunft über die Marktaufteilung und in Österreich bieten sie das Gaumont-Messter-Chronophon-Biophon gemeinsam an.[34]
Ein Punkt soll nur am Rande erwähnt werden: die Arbeit französischer Künstler für deutsche Unternehmen und vice versa. Georges Sadoul er-

wähnt, daß die Deutsche Kinematographen Gesellschaft Köln (Dekage) 1913 der Gaumont mehrere Stars abwirbt, so die Schauspielerinnen Suzanne Grandais und Yvette Andreyor sowie die Regisseure Charles Decroix und Marcel Robert.[35] Auch die bekannte Tänzerin Mlle. Polaire (d.i. Emilie-Marie Bouchard) dreht 1911 kurzzeitig für den Düsseldorfer Verleiher Ludwig Gottschalk.[36] Während Deutschland für Grandais und Andreyor nur ein Zwischenspiel darstellt, ist Charles Decroix' Karriere untrennbar mit Deutschland verbunden, sowohl als Regisseur für die deutschen Studios der Gaumont in Berlin als auch für die Deutsche Mutoskop & Biograph GmbH.[37] Später dreht er z.b. noch mit Heinrich Bolten-Baeckers. Aber auch Deutsche machen in Frankreich Karriere. Bezeichnendstes Beispiel ist Karl Popert, den Charles Pathé in seinen Memoiren als „seinen Hauptmitarbeiter" bezeichnet und der für seinen Chef ab 1902 in England und Deutschland tätig ist. Er baut für Pathé erst Filialen in Wien, Moskau, Italien und Spanien auf, dann die Verkaufszentrale und die Studios in den USA.[38]

Das Bild des französischen Films in Deutschland

Französische Firmen dominieren den Markt und deutsche Kinobesitzer sind von ihren Produkten abhängig. In vielen Bereichen gilt business as usual, doch die ökonomische Macht der Unternehmen aus dem Land des ‚Erbfeinds' erregt in manchen Kreisen auch Besorgnis und löst deutsch-nationale Reflexe aus. In vielen Punkten sind Pathé, Gaumont und die anderen einfach Konkurrenten; doch auch schon Jahre vor dem Ersten Weltkrieg wird beispielsweise Pathé wegen „tendenziöser Filme" angegriffen.[39] In den Auseinandersetzungen, die 1909 um den Vorstoß von Pathé Frères, den Vertrieb von Verkauf auf Verleih umzustellen, geführt werden, spielt die Tatsache, daß es sich um eine französische Firma handelt, keine Rolle, zumal andere französische Firmen sich ebenfalls gegen Pathé stellen. Offenbar verlaufen die Grenzen zwischen den Lagern auf einer anderen Ebene. In einem offenen Brief an den „Zweckverband" fragt dann auch ein „Interessent für viele, die aber nicht streiten wollen", ob „der Verband die gemeinsamen Ziele aller Interessengruppen vertreten [soll] oder soll er die Interessen der Fabrikanten gegen die Firma Pathé Frères wahren?"[40] Noch im Juli 1914 nennt die „Lichtbild-Bühne" die Übernahme der Union-Vitascope durch Pathé einen „weitere[n] Schritt auf dem Weg der Zentralisierung des Großkapitals", ohne deshalb in antifranzösische Angriffe auszufallen.
Überwiegend werden französische Firmen relativ neutral als Konkurrenz behandelt. Als der Ersten Weltkrieg näher rückt, nimmt jedoch die antifranzösische Stimmung zu. Ab etwa 1913 werden Polemik und Propaganda immer deutlicher spürbar. Die Franzosen reagieren unterschiedlich. Pathé annonciert weiterhin offen mit seinem französischen Namen Pathé Frères &

Plakat, ca. 1907

Co. und verleiht weiter selbst. Gaumont hingegen läßt ab Mai 1913 seine Filme vor allem von bekannten deutschen Verleihern (z.B. Martin Dentler, Ludwig Gottschalk, Johannes Nitzsche), die er bis Anfang 1914 zum großen Teil aufkauft, vertreiben; zudem gründet er am 12. September 1913 die Deutsche Gaumont-Gesellschaft, in die er 99 % des Kapitals selbst einbringt (1 % übernimmt sein französischer Geschäftsführer). Durch den neuen Namen wirkt die Firma deutsch; sogar der im September 1914 eingesetzte Zwangsverwalter benötigt längere Zeit, bevor er die wahren Besitzverhältnisse erkennt.[41] Aus der Eclair wird in den Anzeigen im Juli 1914 die Deutsche Eclair, um der antifranzösischen Stimmung zu begegnen.[42]
Ende Juli/Anfang August 1914 geht die Filmwirtschaft offen zum „Kampf gegen alles Ausländische, speziell [...] die ausländischen Films" über. Ein „Deutscher Filmbund" (wohl aus Produzenten und Verleihern bestehend) fordert alle Kinobesitzer auf, keine fremdländischen Filme mehr zu zeigen.[43] In einem Leitartikel (vermutlich von Arthur Mellini) wird spitz kommentiert: „Mit einem Mal wissen wir es, daß fälschlicherweise unsere deutschen Filmprogramme eigentlich französische waren, und da uns die Scham über diese antinationale Spielfolge packt, machen wir jetzt tabula rasa: raus mit den französischen Films."[44] Und er deckt, die verschiedenen Standpunkte re-

ferierend, indirekt die Hintergründe für die Kampagne auf: Deutschnationales Denken und patriotische Begeisterung mischen sich mit dem Wunsch der deutschen Filmfabrikanten, die Großen der Branche, Pathé und Gaumont, vom deutschen Geschäft auszuschließen und so die Kinobesitzer zwangsweise dazu zu bringen, ihre Filme zu spielen.[45] Obwohl national eingestellt, kann Arthur Mellini, der Chefredakteur der „Lichtbild-Bühne", bei soviel Neid, Mißgunst und Heuchelei den deutschen Produzenten nur den Spiegel vorhalten: „Ich behaupte, daß derjenige den größten Stein auf Max Linder wirft, der ihn am wenigsten kopieren kann, und daß der am lautesten gegen Pathé schreit, der vorher am häufigsten dessen deutsche Geschäftshäuser besuchte." Wer habe denn die Vortragsreisen mit lehrreichen Filmen in Deutschland eingeführt und die erste Wochenberichterstattung ins Kino gebracht, wenn nicht die Franzosen?[46] Die „Lichtbild-Bühne" vertritt hier eher die Kinobesitzer, die an zugkräftigen Filmprogrammen interessiert sind und sich weniger darum kümmern, aus welchem Land sie stammen.

Insgesamt kann man feststellen, daß die Bedeutung der Franzosen für den Film nicht in Zweifel gezogen wird. Die Kinematographie wird durchweg als französische Erfindung anerkannt. Ganz offenbar wird vor dem Ersten Weltkrieg nicht versucht, die Brüder Skladanowsky gegen die Brüder Lumière ins Feld zu führen. Im Gegenteil: Stollwerck und die D.A.G. versuchen 1896 sogar, den Begriff ‚Cinematograph' (bzw. ‚Kinematograph') gesetzlich schützen zu lassen.[47] Ferdinand Hardekopf schreibt Pathé sogar die Erfindung der Zwischentitel zu: „Die kluge Firma Pathé frères, der sich übrigens im Verlauf alle übrigen angeschlossen haben, gibt deshalb auch alle diejenigen Handlungsteile, die nur vermöge des Wortes vermittelt werden können (Briefe, szenische Bemerkungen), nicht durch die Stimme eines Aufsehers, sondern durch das gedruckte oder geschriebene Lichtbild dem Publikum zur Kenntnis."[48] Auch was die Qualität angeht, werden die Leistungen der Franzosen durchaus anerkannt. Wenn 1909 Filme über „Reiterfreuden im Bilde" angepriesen werden, so heißt es: „Das sind Films von einer Güte und Naturwahrheit, die von keinem französischen Fabrikat und wohl überhaupt nicht übertroffen werden können."[49] Die Vergleichbarkeit mit Filmen aus Frankreich gilt als Qualitätssiegel.

Ein interessantes Beispiel für die unterschiedliche Wahrnehmung der französischen Dominanz im Kino liefert eine Reihe von Artikeln im „Ostasiatischen Lloyd – Shanghaier Nachrichten". Eine erste Notiz vom Juli 1907 charakterisiert den Kinematographen als „eine der beliebtesten Vorführungen" und stellt fest, daß alle sieben Unternehmen der Stadt ihre Filme von Pathé beziehen.[50] Im August 1911 wird berichtet, daß ein Herr Pasche im „New Point Hotel" der „Kundschaft der deutschen Kolonie" Shanghais sicher sein kann. Er hätte eine „Lichtbildermaschine aufgestellt" und mit „der leitenden Firma in dem Artikel", nämlich Pathé, einen Vertrag geschlossen.[51] Zwar fallen die Kommentare zu den Programmen eher herablassend aus, doch die Tatsache, daß der Hotelier einen Vertrag mit Pathé abgeschlossen hat, wird als Entscheidung für die beste Qualität gesehen. Zwei Jahre später kommt es zu Klagen über die „Verrohung des Kino", und es heißt: „Die Firma Pathé Frères, die führend in der Herstellung von Kientoppbildern ist, ist auf diesem Gebiet eine große Förderin französischer Interessen. Ihre Bilder, die in allen größeren Städten des Erdballs gezeigt werden, verhimmeln französische Einrichtungen, Erfindungen, das Heer und die Flotte; um auch in englisch-sprechenden Teilen der Welt Absatz für ihre Bilder zu haben, wird nicht unterlassen, für den Ententebruder jenseits des Kanals Reklame zu machen. [...] während Ereignisse in Deutschland völlig, und zwar geflissentlich, übergangen werden. Soweit ich Studien in Shanghai machen konnte, steht das Kino hier auf gleicher Stufe mit der englisch-französischen Welthetzpresse, die alles verschweigt, was für Deutschland günstig sein könnte. [...] Solange allerdings die französische Kinofirma die Alleinherrschaft auf dem Erdball hat, ist auf eine gerechte Würdigung deutscher Verhältnisse nicht zu hoffen." Diese Sicht der Dinge bleibt schließlich nicht unwidersprochen: „Der bekannten französischen Firma Pathé Frères in Valenciennes *(gemeint ist wohl Vincennes bei Paris)* kann man aber, als objektiver Beurteiler, durchaus keinen Vorwurf machen, wenn sie in erster Linie französische Errungenschaften auf den Schirm bringt. Daß sie es ausschließlich täte, trifft durchaus nicht zu. Die „Pathé Gazette" bringt oft Bilder, die Vorgänge verschiedener Natur in Deutschland und anderen Ländern behandeln. Das war zum Beispiel am vergangenen Sonntag wieder im Apollotheater zu sehen, wo eine vom deutschen Kaiser abgenommene Parade von den im Theater anwesenden Deutschen sehr beifällig begrüßt wurde. Was den Patriotismus der französischen Firma betrifft, so ist dieser an sich nur sehr lobenswert; man kann billigerweise nicht von ihr verlangen, daß sie die Errungenschaften einer Nation, die jeder Franzose als Erbfeind betrachtet, laut anpreist. Dagegen erscheint es lächerlich und zugleich höchst bedauerlich, wenn ein deutsches Kino Bilder bringt, die französische Waffentaten des Krieges 1870–71 verherrlichen, wie zu sehen der Schreiber dieses Artikels in Stuttgart voriges Jahr Gelegenheit hatte."[52]

Wahrnehmung und Einschätzung der Filme und ihrer Wirkung sind uneinheitlich: Von dem einen als „Hetze" gesehen, akzeptiert der andere legitime Interessenwahrung und kritisiert nur die Auswahl deutscher Kinobesitzer. Auch an anderer Stelle lassen sich ähnliche Diskrepanzen finden: Bei aller Kritik an den „Schundfilms", vor allem, wenn sie aus französischer Produktion stammen, wird doch das Engagement von Pathé für die Schulkinematographie, der sie ihre „fördernde Aufmerksamkeit zugewandt" hat, als „vorbildliches Vorgehen" herausgestellt.[53]

Inwieweit das breite Publikum Filme der französischen Firmen als französisch wahrnimmt, ist schwer einzuschätzen. In den meisten Fällen dürfte dies dem Kinobesucher gleichgültig gewesen sein. Dazu kommt, daß die Fil-

me in mancher Hinsicht „eingedeutscht" werden. So bekommen französische Komiker deutsche Namen: aus Calino wird Piefke, der Kinderstar Bébé heißt in Deutschland Fritzchen, Rigadin wird zu Moritz und Gavroche zu Nunne. Außerdem werden die Filme natürlich mit deutschen Zwischentiteln gezeigt. Dies gibt wiederholt zu Kritik Anlaß, weil es bei den Übersetzungen immer wieder zu Fehlern und Ungereimtheiten kommt. Von Pädagogenseite wird dieser Umstand als Teil des „Kinematographen-Unwesens" gesehen; in der Fachpresse hofft man, mit einigen „gut deutsch aufklärende[n] Zuschriften (...) den französischen und englischen Fabriken eine bessere Meinung von sprachlichen Ansprüchen der deutschen Kino-Gäste beizubringen".[54] Doch auch hier findet man Stimmen, die hinter der Eindeutschung eine Absicht wittern: „Wenn ein typisch gallischer Hanswurst und sein urfranzösisch angetanes Eheweib ständig als Herr und Frau Lehmann bezeichnet werden, so braucht man das gewiß nicht als Verbrechen gegen die Würde der deutschen Nation zu bejammern; aber eine Geschmacklosigkeit, eine Irreführung (um über das aufdringlich unaufhörliche Vorführen französischer Nichtigkeiten hinwegzutäuschen) (...) ist es doch."[55]
Das Bild, das sich aus diesen Beispielen ergibt, ist alles andere als eindeutig. Allenfalls läßt sich feststellen, daß sich ab 1913 explizit antifranzösische Äußerungen häufen. Doch selbst wenn sich diese Aussage durch weitere Quellen bestätigen ließe, bleibt festzuhalten, daß sogar nach Kriegsausbruch auch nuanciertere Stellungnahmen erscheinen.

Das Ende der französischen Präsenz

Mit dem Ausbruch des Ersten Weltkriegs bricht die Verbindung nach Frankreich von einem Tag zum anderen ab. Damit sind die französischen Filialen von der Filmlieferung aus Paris abgeschnitten, was vor allem Pathé, Gaumont, Eclair und Eclipse betrifft (andere Firmen wie Lux oder Théophile Pathé verschwanden bereits vorher, da, wie erwähnt, die Muttergesellschaften in Paris aufgelöst wurden). Eine Verordnung des Bundesrates von Anfang September 1914 bestimmt, daß alle fremden Firmen einen deutschen Zwangsverwalter erhalten. Dieser hat erst nur die Aufsicht zu übernehmen, greift später aber auch in die Geschäfte ein. Zudem müssen Ausländer deutschen Boden verlassen oder werden in Internierungslager gesteckt. Die strenge Gesetzgebung bewirkt, daß der Besitz der französischen Filialen im Laufe des Krieges entweder von deutschen Staatsbürgern ohne Gegenwehr aus Frankreich übernommen wird, wie bei der (Deutschen) Eclair, die den Grundstock der neugegründeten Decla (Erich Pommer, Fritz Holz und Erich Morawsky) bildet. Unter der Leitung Erich Pommers entwickelt sich die Decla zu einer der wichtigsten deutschen Produktionsfirmen der frühen Weimarer Republik.[56]

La voisine du mélomane (Gaumont, 1908)

Auch bei Gaumont übernimmt zu Kriegsbeginn ein deutscher Angestellter, Georg Bluen, die Geschäfte und rettet die Filiale über die erste Krise. Möglicherweise nicht ganz uneigennützig, da er das Interesse an Gaumont verliert, sobald er einen Teil des Besitzes preiswert für seine neugegründete „Fern-Andra-Film" erstanden hat. Auch die von Gaumont 1914 aufgekauften Verleihunternehmen werden wieder von ihren alten Besitzern übernommen, wohl da der Kaufpreis noch nicht gänzlich beglichen wurde.

In anderen Fällen kommt es zu einer schrittweisen „Austrocknung" der Tochtergesellschaft. Die Société Eclipse wird systematisch von ihrem Zwangsverwalter ruiniert: Er begleicht alte Schulden gegenüber deutschen Gläubigern, unterläßt es aber, deutsche Schuldner zur Zahlung aufzufordern; er verkauft das Filmlager zum Materialwert, obwohl er die Kopien auf mit Deutschland verbundenen Auslandsmärkten gut hätte auswerten können.

Sobald eine Zeitlang keine Geschäftsbewegungen mehr stattfinden, kann nach damaligem deutschen Recht eine Firma liquidiert werden. Eclair wird Anfang 1917 zur Liquidation vorgeschlagen, die Geschäftsauflösung erfolgt im Dezember 1918; eine Löschung beim Handelsgericht erfolgt hingegen nicht und es scheint, daß auch 1929 die Akte Eclair noch nicht geschlossen ist. Eclipse wird 1920 aus dem Handelsregister gelöscht; 1921 strengt die

Mutterfirma einen Schadensersatzprozeß an, der ihr allerdings nur einen Teil der Verluste wiederbringt. Gaumont wird Ende 1917 liquidiert; Léon Gaumont lehnt es nach Kriegsende im Herbst 1920 ab, die berliner Firma wieder zu übernehmen. Eine gewonnene Schadensersatzklage gegen Deutschland und der Verkauf des restlichen Eigentums können den erlittenen materiellen Schaden nicht ausgleichen. Auch Pathé wird 1917 zwangsliquidiert, das Filmlager übernimmt eine Firma, deren Name symbolischer kaum sein könnte: die National-Film GmbH.[57]

Die französische Konkurrenz ist geschlagen, die amerikanische hat noch nicht recht Fuß gefaßt. Unter diesen Bedingungen kann die deutsche Kinoindustrie endlich das erreichen, was sie schon lange wollte: Platz 1 auf Deutschlands Leinwänden einzunehmen. Nach dem verlorenen Weltkrieg hat sich die Situation also gewendet: Nun sind es die französischen Filmproduzenten, die voll Sorge auf eine übermächtige Konkurrenz jenseits des Rheins blicken.

---

1) Für Hilfe und Unterstützung bei der Materialsammlung danken wir Youen Bernard, dem Deutschen Institut für Filmkunde und Martin Loiperdinger sowie ganz besonders Herbert Birett und Evelyn Hampicke, die uns umfangreiches Quellenmaterial zur Verfügung gestellt haben. – 2) Vgl. Martin Loiperdinger: Wie der Film nach Deutschland kam. In: KINtop. Jahrbuch zur Erforschung des frühen Films. Bd. 1. Basel, Frankfurt/Main: Stroemfeld/Roter Stern 1993, S. 115-118; sowie Martin Loiperdinger, Roland Cosandey (Hg.): L'Introduction du cinématographe en Allemagne. De la case Demenÿ à la case Lumière: Stollwerck, Lavanchy-Clarke et al., 1892-1896. Archives, Nr. 51, November 1992. – 3) Vgl. z.B. Friedrich von Zglinicki: Der Weg des Films. Berlin/West: Rembrandt 1956, S. 246-247 (dessen Darstellung und Schlußfolgerungen allerdings nicht durch Quellen belegt sind). Derzeit gehen u.a. Evelyn Hampicke und Deac Rossell dieser Frage weiter nach. Vgl. auch Laurent Mannoni: Le grand art de la lumière et de l'ombre. Archéologie du cinéma. Paris: Nathan 1994, S. 421 ff. Aus dem S. 421 zitierten Brief Carpentiers an Lumière geht zumindest hervor, daß Lumière sich der Konkurrenz aus Deutschland bewußt war. – 4) Herbert Birett: Das Filmangebot in Deutschland 1895-1911. München: Winterberg 1991. Die Zahlen hat Birett für uns ermittelt. Gerade für die ersten Jahre sind diese Zahlen nicht bestätigt, da die erste Filmfachzeitschrift „Der Kinematograph" erst ab 1907 existiert, Schaustellerzeitschriften nur lückenhaft erhalten sind und Tageszeitungen nicht ausgewertet wurden. – 5) Arthur Mellini: Die Politik und der Film. In: Lichtbild-Bühne, Nr. 58, 29.8.1914. – 6) Vgl. Youen Bernard: L'Eclipse. L'histoire d'une maison de production et de distribution cinématographique en France, de 1906 à 1923. Maîtrise d'Etudes Cinématographiques et Audiovisuelles, Université Paris VIII, 1992/93, S. 15. – 7) Zu Théophile Pathé vgl. Thierry Lefebvre und Laurent Mannoni: Annuaire du commerce et de l'industrie cinématographiques (France-1913). In: T. L., L. M. (Hg.): L'année 1913 en France. Paris: A.F.R.H.C. 1993 (1895 hors série), S. 11-65. Vgl. auch Youen Bernard: Les petites maisons de production cinématographique française de 1906 à 1914. DEA d'Etudes Cinématographiques et Audiovisuelles, Université Paris III, 1993/94, S. 55-65. – 8) Für eine ausführ-

liche Darstellung vgl. Sabine Lenk: Lichtblitze. Prolegomena zur Geschichte der französischen Filmproduktionsgesellschaft Eclair im Deutschen Reich und in der K.u.K. Monarchie Österreich-Ungarn. In: KINtop 1, a.a.O., S. 29-57; sowie Lichtblitze. Die Produktionsgesellschaft Eclair – ein Nachtrag. In: KINtop 4, Basel, Frankfurt/Main: Stroemfeld/Roter Stern 1995, S. 163-167. – 9) Vgl. die Notiz in der Ersten Internationalen Film-Zeitung, Nr. 16, 15.4.1909. In den Anzeigen der Firma wird Gertrud Grünspan als Inhaberin aufgeführt, die Adresse ist Mauerstr. 86-88, Berlin W. 66. – 10) Erste Internationale Film-Zeitung, Nr. 16, 15.4.1909. – 11) Dr. K. W.: Ein Spaziergang durch eine Pariser Filmfabrik. In: Erste Internationale Film-Zeitung, Nr. 40, 30.9.1909. – 12) Vgl. Bernard, Les petites maisons, a.a.O., S. 69. – 13) Vgl. Corinna Müller: Frühe deutsche Kinematographie. Stuttgart, Weimar: Metzler 1994, S. 106-107 sowie die Fußnote 21. – 14) Zur Geschichte der kleineren französischen Firmen vgl. Bernard, Les petites maisons, a.a.O. 1994, S. 5-27 (Lux), S. 28-42 (Le Lion), S. 43-54 (Radios) etc. – 15) Vgl. hierzu und im folgenden Evelyn Hampicke: „‚Vive la Concurrence!' oder was sich über Pathé finden ließ. Typoskript eines Vortrags, gehalten im Rahmen einer Ringvorlesung an der Hamburger Universität im November 1995. – 16) Vgl. z.B. Heinrich Auer: Zur Kinofrage. In: Soziale Revue, Nr. 1, 1913, S. 19-36. („Pathé Frères soll allein im vorletzten Jahre 90 Prozent Dividende verteilt haben und 5000 Angestellte beschäftigen."). Zur finanziellen Situation anderer französischer Firmen wie Lux, Eclipse oder Théophile Pathé finden sich Angaben in: Ewald Straatmann: Der Kinematograph. In: Westermanns Monatshefte, Nr. 634, 1909, S. 518-530. – 17) Hannoui Lefebre, ebd. – 18) Vgl. Martin Koerber: Filmfabrikant Oskar Messter – Stationen einer Karriere. In: Martin Loiperdinger (Hg.): Oskar Messter. Filmpionier der Kaiserzeit. Basel, Frankfurt/Main: Stroemfeld/Roter Stern 1994, (KINtop Schriften 2), S. 58. – 19) E. T.: Vom Kino, seiner Gegenwart und Zukunft. Ein Interview. In: Österreichischer Komet, Nr. 200, 14.3.1914. – 20) Vgl. Le Cinéma, 14.2.1913 (Nielsen), 8.8.1913 (Porten), 21.11.1913 (Kayssler), 28.11.1913 (Hofer), 3.2.1914 (Nielsen), 27.2.1914 (Morena), 6.3.1914 (May) und 10.3.1914 (Neumann, Treptow, Orla). – 21) Vgl. Die Konvention. In: Erste Internationale Film-Zeitung, Nr. 11, 11.3.1909. – 22) Vgl. Erste Internationale Film-Zeitung, Nr. 13, 25.3.1909. – 23) Vgl. Erste Internationale Film-Zeitung, Nr. 25, 17.6.1909. – 24) Vgl. Lichtbild-Bühne, Nr. 21, 25.5.1912. – 25) Vgl. Lichtbild-Bühne, Nr. 49, 9.12.1911. – 26) Vgl. Martin Loiperdinger: Kino der Kaiserzeit. In: Lisa Kosok, Mathilde Jamin (Hg.): Viel Vergnügen. Öffentliche Lustbarkeiten im Ruhrgebiet der Jahrhundertwende. Essen: Ruhrlandmuseum/Verlag Peter Pomp 1992, S. 115. – 27) Erste Internationale Film-Zeitung, Nr. 21, 25.5.1912. – 28) Vgl. Helmut H. Diederichs: Der Student von Prag. Stuttgart: Focus 1985, S. 6. – 29) Vgl. Hampicke, a.a.O. – 30) Vgl. Henri Bousquet: L'impérialisme cinématographique de la ‚Compagnie générale de Phonographes, Cinématographes et Appareils de Précision', anciens Ets Pathé. In: Roland Cosandey, François Albera (Hg.): Cinéma sans frontières 1896 -1918. Images Across Borders. Québec: Nuit Blanche Editeur/Lausanne: Payot 1995, S. 206-220. – 31) Vgl. den Kommentar Mosgaus (wahrscheinlich von 1915) zum Gesellschaftervertrag der Literaria vom 28.12.1912, im Staatsarchiv unter Rep: 120 C, Abt. VIII, Fach 1, Nr. 84, Adh. 18, Beih. 2b, Bd. 1-4. – 32) Vgl. Hampicke, a.a.O. – 33) Oskar Messter: Exposé über die neue Sensation der sprechenden, lebenden Photographie zum Zweck einer Gesellschaftsgründung; zit. n. Harald Jossé: Die Entstehung des Tonfilms. Freiburg, München: Alber 1984, S. 79. – 34) Vgl. Jossé, a.a.O., S. 79 f; außerdem Müller, a.a.O., S. 80. Eine Anzeige des gemeinsamen Systems ist abgebildet bei Koerber, a.a.O., S. 50. – 35) Vgl. Georges Sadoul: Histoire générale du cinéma. Bd. 3. Paris: Denoël 1973, S. 365. – 36) Vgl. Müller, a.a.O., S. 156. – 37) Vgl. Jean

Mitry: Histoire du cinéma muet. Bd. 3. Paris: Editions Universitaires 1973, S. 25. – 38) Vgl. Charles Pathé: De Pathé Frères à Pathé Cinéma. (Reprint eines Privatdrucks von 1940), Lyon: SERDOC 1970 (Premier Plan, 55), S. 64. – 39) Vgl. z.B. die Gegendarstellungen von Pathé in: Erste Internationale Film-Zeitung, Nr. 49, 2.12.1909 und Nr. 50, 9.12.1909. – 40) Vgl. Erste Internationale Film-Zeitung, Nr. 20, 13.5.1909. – 41) Vgl. Julius Becker: Der Kampf gegen die ausländischen Films. In: Lichtbild-Bühne, Nr. 62, 19.9.1914; zu Gaumont siehe auch: Herbert Birett, Sabine Lenk: Die Behandlung ausländischer Filmfirmen während des Ersten Weltkriegs. In: 1895-1995: Positionen deutscher Filmgeschichte. München: diskurs film 1996 (diskurs film, Bd. 8), S. 61-74 – 42) Vgl. Lenk: KINtop 4, a.a.O., S. 164. – 43) Vgl. Becker, a.a.O. – 44) Der Einzug der Deutschen in Paris. In: Lichtbild-Bühne, Nr. 58, 5.9.1914. – 45) Vgl. auch Becker, a.a.O., der sogar feststellt, daß „Pathé stets billig und reell war, reeller als manche deutsche Firma". – 46) Arthur Mellini: Die Politik und der Film, a.a.O. – 47) Eine Notiz im Bulletin du Photo-Club de Paris, Nr. 75, April 1897, S. 131 zeigt die Eintragung des Warenzeichens durch Stollwerck an. Im Komet erscheinen ab dem 5.9.1908 mehrere Artikel über die gerichtliche Auseinandersetzung; am 6.3.1909 heißt es, daß die Löschung des Warenzeichens beschlossen wurde. In der Lichtbild-Bühne vom 1.2.1913 wird vom Freispruch Durckels berichtet; am 12.7.1913 erfährt man, daß auch der Revisionsantrag abgelehnt wurde. – 48) Stefan Wronski (= Ferdinand Hardekopf): Der Kinematograph. In: Nord und Süd, Nr. 412, 1910, S. 326-328; zit. n.: Jörg Schweinitz (Hg.): Prolog vor dem Film. Leipzig: Reclam 1992, S. 157. – 49) Vgl. Erste Internationale Film-Zeitung, Nr. 31, 29.6.1909. – 50) Kinematographische Vorführungen. In: Ostasiatischer Lloyd – Shanghaier Nachrichten, 26.7.1907. – 51) Kinematograph New Point Hotel. In: Ostasiatischer Lloyd – Shanghaier Nachrichten, 11.8.1911. – 52) Die Verrohung des Kinos. In: Ostasiatischer Lloyd – Shanghaier Nachrichten, 25.4. 1913 (1. Teil); 9.5.1913 (2. Teil, Leserzuschrift); 16.5.1913 (3. Teil, Antwort auf die Leserzuschrift). – 53) Vgl. Walter Thielemann: Die Nutzbarmachung der Kinematographie für Schule, Jugendpflege und Volksbildung. In: Die Hochwacht, Nr. 10, 1914, S. 244-245; sowie: Kinematographie und Jugendpflege, ebd., S. 270-271. – 54) Vgl. Vom Kino-Deutsch. In: Erste Internationale Film-Zeitung, Nr. 52, 23.12.1909. Vgl. auch Ass. H.F.: Die Verdeutschung fremdsprachiger Titel. In: Erste Internationale Film-Zeitung, Nr. 41, 7.10.1909. – 55) Willy Rath: Emporkömmling Kino. In: Der Kunstwart, Nr. 24, 1912/13, S. 415-424; zit. n. Schweinitz, a.a.O., S. 79. – 56) Lenk, KINtop 4, a.a.O., S. 164 ff. – 57) Zu Eclair vgl. Lenk in KINtop 4, a.a.O.; zu Gaumont und Eclipse vgl. Birett, Lenk, a.a.O. Zu Pathé vgl. den Abdruck einer Anzeige aus Der Kinematograph, Nr. 537, 11.4.1917, in: Michael Hanisch: Auf den Spuren der Filmgeschichte. Berlin: Henschel 1991, S. 116.

Jürgen Kasten

BOCHE-FILME
Zur Rezeption deutscher Filme in Frankreich 1918–1924

Die deutsch-französischen Filmbeziehungen sind 1919 vom gegenseitigen totalen Boykott bestimmt. Sowohl Deutschland, aufgrund des Kriegsgesetzes von 1916, aktualisiert durch ein generelles Einfuhrverbot von 1919, als auch Frankreich, das den Handelsboykott am 6. Mai 1916 erklärt hatte, schotten ihre Märkte gegen Produkte des Nachbarlandes hermetisch ab. Als es ab dem 7. Juli 1919 eine Lockerung des absoluten Einfuhrverbots für deutsche und österreichische Waren gibt, hat der Verband der französischen Kinobetreiber seine Mitglieder bereits aufgefordert, deutsche Filme noch 15 Jahre lang zu boykottieren.

Im Gegensatz zur französischen Filmproduktion expandiert die deutsche in den unmittelbaren Nachkriegsjahren. Gestützt durch die – währungsparitätisch gesehen – kostengünstige Produktion aufgrund der zunehmenden Geldentwertung werden in den Jahren 1919–21 in Deutschland jährlich 400 bis 500 Spielfilme hergestellt, in Frankreich höchstens 150. Daß diese enorme deutsche Produktion sich nicht nur auf dem nationalen Markt amortisieren kann, ist auch der Fachzeitschrift „La Cinématographie Française" (CF) klar. Am 19. Mai 1919 berichtet sie besorgt, daß sich 32 deutsche Firmen zu einem Auslandsvertrieb zusammengeschlossen haben, um mit ihren Filmen für Deutschland Propaganda zu machen. Die deutsche Filmwirtschaft komme durch ein enges Zusammenspiel von Ministerien und Industrie stetig voran. Damit wird die französische Regierung kritisiert, von der die heimische Filmwirtschaft eine stärkere Unterstützung erwartet, insbesondere durch eine Senkung der Steuern bei gleichzeitiger Erhöhung des Einfuhrzolls.

Die strikte Haltung, mit den Kriegsgegnern keine Wirtschaftsbeziehungen aufzunehmen, erweist sich als weiterer Nachteil der nach dem Krieg struktur- und produktionsschwachen französischen Filmwirtschaft. Mit großer Besorgnis weist „La Cinématographie Française" darauf hin, daß die Deutschen mit den USA, England, Italien, den Balkanstaaten und im Orient wieder Handel treiben. Es wird angemahnt, daß „man der deutschen Produktion nicht erlauben (könne), mit der unseren zu konkurrieren, wenn unsere Fabriken zerstört sind".[1] Deutschland könnte die Vorkriegsaktivitäten wieder aufnehmen; aufgrund der kriegsbedingten Schäden könne Frankreich dies nicht. Chefredakteur Paul Simonot fordert deshalb, sich gegenüber der

deutschen Filmwirtschaft flexibler zu verhalten: „Es soll nicht darum gehen, der verdammten Rasse die Türen zu öffnen, aber wir müssen mehr Realitätssinn zeigen".[2]
Fünf Monate später zitiert er einen französischen Kinobesitzer: „Ist es möglich, daß zwei Monate nach dem Versailler Vertrag wieder deutsche Filme auf den (französischen) Markt kommen?"[3] Simonot, nach eigener Aussage Teilnehmer am Krieg 1870/71, ist besorgt über die deutsche Exportoffensive, die den europäischen Markt regelrecht überschwemme. Aber auch über die Qualität dieser Filme, die sich – ganz im Gegensatz zur französischen Filmproduktion – im Weltkrieg perfektioniert habe. Wegen der vorteilhaften Währungsrelationen könnten deutsche Exporteure mit günstigen Preisen locken. Die zynische deutsche Angebotsstrategie ziele mit Dumpingpreisen auf das Profitinteresse der Verleiher und Kinobesitzer: „Wenn wir ihnen gute Filme mit 50 % Reduktion anbieten, wird ihr Patriotismus gute Gründe finden, Konzessionen zu machen." Andernfalls gäbe es schon wieder deutsche Drohungen. Wenn französische Verleiher keine deutschen Filme abnähmen, würde man über Strohmänner eigene Verleihfirmen gründen und den Vertrieb selbst übernehmen.
Simonot erklärt, es sei lebenswichtig für die französische Filmwirtschaft, daß angesichts dieser Lage deutsche Filme in französischen Kinos gezeigt werden. Dies um so mehr, als Frankreich selbst immer stärkere Probleme mit der eigenen Währung habe, was die ehemaligen Kriegsalliierten jedoch ignorierten, während sie gleichzeitig verstärkt mit Deutschland Handel trieben. Für die französische Produktion sei lebensnotwendig: „Wenn wir den Zusammenbruch der Wirtschaft verhindern wollen, müssen wir Importe aus Billig-Ländern vermeiden." Deutschland solle seinen Reparationsverpflichtungen nachkommen, und es solle Rohstoffe und Manufakturwaren nach Frankreich liefern. Aber keine Filme.
„La Cinématographie Française" attackiert die Einfuhr deutscher Filme aus zwei Gründen: Zum einen sieht man die französischen Filme sowohl in ästhetischer Qualität als auch im Preis im internationalen Wettbewerb nicht als konkurrenzfähig an; zum anderen wirkt ein Trauma des Krieges nach: die Wirkung der Propaganda. Bei Filmen handele es sich eben nicht um eine reine Handelsware, „sondern um ein geistiges Produkt". Simonot befürchtet: „Wenn wir deutsche Filme zulassen, öffnen wir die Tür für deutsche Propaganda und Kultur sowie für deutsches Denken." Es ist dies die zentrale Argumentationslinie des Fachorgans gegen deutsche Filme noch bis ins Jahr 1923. Offensichtlich wirkt die Propaganda gegen Filme, die gegen Ende des Kriegs forciert wurde, vor allem nach dessen Beendigung. Für den Fall, daß der Boykottaufruf der französischen Kinobesitzer nicht rechtskräftig sei, weil er etwa gegen Passagen des Versailler Vertrages verstieße, erwartet Simonot eine patriotische Entscheidung der Franzosen: „In unseren Herzen sollte sich eine unüberwindbare Grenze gegen deutsche Kultur bilden." Und

die puren Geschäftemacher unter den französischen Verleihern und Kinobesitzern warnt er: „Wenn noch einige Granaten in den Feldtaschen unserer Soldaten lagern, dann sollte man sie auf die Leinwände werfen, die deutsche Filme zeigen."

Im Laufe des Jahres 1919 entwickelt „La Cinématographie Française" vor allem zwei Argumentationslinien gegenüber dem deutschen Film respektive deutscher Kultur. Einerseits wird die moralische und wirtschaftliche Schuld der Deutschen an den Kriegszerstörungen in Frankreich eingefordert: „Solange das verwüstete Land nicht wiederaufgebaut ist, (...) solange Kriegsschulden nicht bezahlt sind, sollte ganz Deutschland nur arbeiten mit dem Ziel, das große Verbrechen wieder gutzumachen. (...) Unter dieser Knute sollten sich 60 Millionen Boches beugen, bis die Schuld getilgt ist."[4] Auf der anderen Seite wird verstärkt versucht, deutsche Filme – über die man aus dem Ausland berichtet – zu diskreditieren: ihre Themen, Motive, ihren Stil. Diese Linie des Blattes hält ebenfalls bis weit in das Jahr 1923 hinein an.

Trotz dieser Abwehr-Kampagne spitzt sich die Situation für den französischen Film weiter zu. Am 7. Februar 1920 meldet „La Cinématographie Française", die französische Filmhandelskammer berate trotz des Boykottaufrufs der Kinobesitzer über die Einfuhr deutscher Filme, weil amerikanische Firmen – die den französischen Kinomarkt bereits seit 1917/18 dominieren – verstärkt in Deutschland Filme erwerben und gegen Dollar weiterverkaufen. Deshalb sei es notwendig, die kostengünstige Ware selbst zu besorgen.

Doch bald wird über die Modalitäten der sich zaghaft anbahnenden Handelsbeziehungen Klage geführt. Die deutschen Verkäufer versuchten, den französischen Einkäufern drakonische Konditionen aufzuerlegen. Sie würden keine festen Preise akzeptieren (was aufgrund der voranschreitenden Inflation kaum möglich ist) und auf sofortige Anzahlung von ca. 50 % des Preises in harter Währung bestehen, ohne sofort zu liefern; Zahlung nach Lieferung würde stets abgelehnt. Auch hätten die Amerikaner und Engländer bereits die Weltrechte für interessante deutsche Filme aufgekauft.

Am 12. Juni 1920 beschäftigt sich Simonot in einem Grundsatzartikel mit dem Wiedererstarken des deutschen Films auf internationalen Märkten. Es wäre zwar nur gerecht, wenn die zivilisierte Welt mit den deutschen „Untermenschen" keinen Handel triebe, angesichts der wirtschaftlichen Situation solle man jedoch die Fortschritte des deutschen Films nicht ignorieren. Allein Frankreich stelle sich noch gegen die deutsche Exportoffensive. In Italien sei regelrecht eine Welle der „Germanophilie" ausgebrochen. Die deutschen Aktivitäten in Italien werden argwöhnisch beäugt. Denn ebenso wie die französische Politik versuche, ein europäisches Sicherheitsbündnis gegen Deutschland zu installieren, insbesondere in einer Zusammenarbeit mit den romanischen und einigen kleineren osteuropäischen Staaten, so bemühten sich französische Filmkreise um eine enge Zusammenarbeit mit Italien und Spanien. Paris solle ein Zentrum der romanischen Filmproduktion werden,

*Deutsches und amerikanisches Kino,
gesehen durch den Karikaturisten Serge
in der französischen Zeitschrift Pour Vous*

die Italiener jedoch favorisierten eine Zusammenarbeit mit dem Kriegsgegner Deutschland. Das bringt der italienischen Filmindustrie den Vorwurf der „Schläfrigkeit" ein, während die deutsche „voller Aktivität"[5] sei. Unmißverständlich wird die Gefahr einer Dominanz des deutschen Films in Italien an die Wand gemalt, nachdem ein Abkommen der Ufa mit der Union Italiana Cinematografica bekannt wird.

Immer wieder versperren Erinnerungen an den Krieg, Ängste und nationalistische Vorurteile eine klare, unvoreingenommene Einschätzung der deutsch-französischen Handelsbeziehungen. Qualität und Kostengünstigkeit deutscher Filme werden als Bedrohung gesehen, die mit dem Hinweis auf die damit mögliche deutsche Propaganda abgewehrt wird. Stets werden die realen Bedingungen der Filmproduktion und des internationalen Filmhandels verquickt mit Warnungen vor deutschem Revisionismus und dem moralischen wie materiellen Entschädigungs-Anspruch des von Deutschland überfallenen Frankreich, das den Krieg doch gewonnen habe. Mittlerweile berücksichtigt der Chefredakteur der „Cinématographie Française" auch wirtschaftliche Fakten und Profit in seine Argumentation: „Die öffentliche Meinung wird gegen die Vorführung deutscher Filme sein, wenn es nicht beträchtliche Vorteile bringt".[6]

Die nächste Entwicklungsstufe der deutsch-französischen Handelsbeziehungen ist die Warnung, vor allem die Deutschen würden von dem Handel profitieren. „La Cinématographie Française" berichtet von einer Plakataktion einer „Liga gegen die Deutschen", die einen charmanten deutschen Handelsvertreter zeige, der französischen Kindern und Hausfrauen seine Visitenkarte überreiche, dabei aber noch immer Brandfackel und Messer verdeckt mit sich führe.[7] Handelsbeziehungen mit Deutschland gelten als Verlängerung des Kampfes mit anderen Mitteln. Die Eile, mit der jetzt versucht werde, Geschäftsverbindungen aufzunehmen, sei nicht ratsam. Seit drei Monaten bekäme die Zeitschrift Inserat-Aufträge von deutschen Rohfilm- und Filmtechnik-Firmen. Die würden noch nicht einmal beantwortet. Französische Inserat-Aufträge für deutsche Produkte würden immerhin beantwortet, wenn auch abschlägig. Erst wenn die Reparationsforderungen beglichen sind, sollte man guten Willen zeigen und den Handel mit Deutschland intensivieren.

Der Einfuhr von deutschen Kameras, Projektoren und Rohfilm – die deutschen Firmen Agfa, Zeiss, Ernemann und Goertz würden bereits ein dichtes Band von Handelsbeziehungen in Frankreich knüpfen[8] – steht „La Cinématographie Française" mehr als skeptisch gegenüber. Es wird betont, diese Ablehnung sei keineswegs aus dem Geist des Chauvinismus geboren, aber der Hinweis, daß in einer französischen Stadt zwei Waggons mit deutschem Rohfilm stünden und daß auf diese am 11. November (dem Tag der Kapitulation des Kaiserreichs) eine Feuerwerksrakete fallen könnte, erscheint nicht sehr ermutigend.

Erste Handelsbeziehungen

Die an und für sich verständliche Forderung nach Reziprozität beim Im- und Export scheitert zunächst an zwei Umständen: Zum einen ist der Warenimport nach und Export aus Deutschland bis zum 1. Januar 1921 durch staatliche Kontrolle untersagt oder beschränkt. Zum anderen ist der Export nach Deutschland für die meisten Länder wenig attraktiv, da Deutschland kaum in Devisen oder Goldwährung bezahlen kann. Dies wird zwar bis Ende 1923 so bleiben, doch treten im Laufe des Jahres 1921 Änderungen in der deutschen Wirtschaftspolitik ein. Ab dem 1. Januar 1921 wird der Import ausländischer Filme nach Deutschland im Rahmen eines Kontingents von 180.000 m (also etwa 90 Filme im Jahr) erlaubt. Der Export deutscher Filme ist ab Mai 1921 nicht mehr genehmigungspflichtig und damit nicht mehr begrenzt. Obwohl sich bald abzeichnet, daß innerhalb dieses knapp bemessenen Kontingents nur wenige französische Filme nach Deutschland gelangen, gibt es erste deutsch-französische Firmenallianzen, etwa zwischen der Ufa und dem französischen Filmkaufmann Silberberg oder der Luna Film und der Phoecea, die sogar plant, in Deutschland zu produzieren.[9]

Ab Juni 1920 stellen Leser der französischen Zeitschrift „Comoedia" die ablehnende Haltung zum Import deutscher Filme zur Disposition. Dies wird unter anderem damit begründet, Frankreich könne den Anschluß an die filmkünstlerische Entwicklung verpassen. In einem Interview mit dem „Comoedia"-Redakteur Croze bekräftigt Léon Brézillion, Präsident des Syndicat français des directeurs de cinématographes, zwar am 27. Juli 1920 den über deutsche Filme ausgesprochenen Bann für französische Leinwände. Doch einige Kinobesitzer votieren bereits für eine Aufhebung. Die Debatte kommt damit endgültig in Gang.[10]

Als im November 1920 bekannt wird, daß das deutsche Wirtschaftsministerium die Einfuhr von Filmen demnächst zulassen wird, ändert Croze als einer der ersten meinungsbildenden französischen Filmjournalisten seine Haltung dem deutschen Film gegenüber und spricht sich für Geschäftsbeziehungen mit dem Kriegsgegner aus: „Die Entscheidung, deutsche Filme von französischen Leinwänden zu verbannen, muß revidiert werden. Unsere Handelsbeziehungen erfordern es."[11]

„La Cinématographie Française" veröffentlicht am 26. Februar 1921 eine Umfrage unter französischen Produzenten über die Wiederaufnahme des Handels mit Deutschland.[12] Es gibt vier ablehnende Stimmen, u.a. von Gaumont, von Soleil Film und Brézillion (Vitagraph), der eine Marktöffnung noch immer als Störung aus kommerzieller Sicht begreift. Doch zehn Stimmen sind unter der Voraussetzung reziproker deutscher Importe für die Wiederaufnahme. Bei diesem deutlichen Votum schwingt die große Hoffnung mit, durch Engagement auf dem deutschen Markt verlorenes Terrain im zentraleuropäischen Absatzgebiet wiederzugewinnen.

Im Rahmen dieser Umfrage wird auch der Vorsitzende des im Mai 1920 gegründeten Exportverbands der deutschen Filmindustrie, Ufa-Direktor Carl Bratz, zitiert, der sich für eine Reziprozität bzw. für eine Erweiterung des Kontingents einsetzt. Von der französischen Filmhandelskammer und von „La Cinématographie Française" wird dies in den nächsten Jahren immer wieder eingefordert, ohne daß es zu einem solchen Vertrag kommt. Die Zeitschrift kritisiert vehement eine Separat-Vereinbarung zwischen Deutschland und Italien, die vorsieht, daß außerhalb des Kontingents 15 italienische Filme eingeführt werden, wofür Italien im Gegenzug 54 deutsche Filme des Ufa-Konzerns abnimmt. Jetzt sieht man die Möglichkeit, ein ähnliches Abkommen mit Deutschland abzuschließen und den Handel der beiden wichtigsten europäischen Filmländer in Gang zu bringen, andererseits befürchtet man, daß nach Italien verkaufte Filme auf Umwegen nach Frankreich gebracht werden, so daß ein Kompensationsgeschäft mit französischen Filmen nicht mehr möglich wäre.[13]

Der Vorwurf der vaterlandslosen Geschäftemacherei mit Filmen des ehemaligen Feindes gilt nicht nur Verleihern und Kinobesitzern, die deutsche Filme unter unklarer oder verschleierter Herkunftsbezeichnung auf den französischen Markt bringen, sondern auch jenen, die dies planen. Wahrscheinlich sind bis Ende 1921 etwa zehn deutsche Filme in Frankreich unter camouflierter Herkunftsbezeichnung gelaufen.[14] Ein prominentes Beispiel ist die Aufführung von Lubitschs DIE AUSTERNPRINZESSIN in Marseille und Nizza (in Paris gab es nur eine von Protesten begleitete Vorführung für die Kinobranche und Presse). Nach der Aufführung in Nizza soll der Präsident der dortigen Künstlergewerkschaft, Louis Monfils, wohl um die Arbeitsplätze französischer Filmschaffender besorgt, energisch protestiert haben.[15]

Der Film, der in Frankreich unter dem Titel MISS MILLION gezeigt wird, erscheint der „Cinématographie Française" „albern und platt, niedrig und vulgär". Eine paramilitärische Einordnung fehlt nicht: „Die Armee von Bediensteten", die durch die „nackten Säle" marschieren, „denen nur noch der Stahlhelm fehlt", „verneigen sich nach den striktesten Regeln des preußischen Korporalismus". Selbst die mit viel Bildwitz und durchaus ironischem Seitenhieb auf eben diese militärischen Rituale aufgebotene Garde von Dienstmädchen wird als „Armee von Gretchen (empfunden), die ebenso (militärisch) dressiert ist". Die Stilisierung ihres Auftretens wird gerade nicht als Ironie, sondern als eine „Art von Automatismus" begriffen, der „nur steif, eckig und sinister" wirke. Diese Art deutscher Komik erscheint dem „Cinématographie-Française"-Kritiker „rudimentär und grob". Auch ein moralischer Zeigefinger wird gehoben, um vor diesem deutschen Film zu warnen: „Das Äußerste ist, wenn ein Vater sich am Schlüsselloch daran weidet, wie der Schwiegersohn im Schlafzimmer sich der Tochter nähert." Gegen die Aufführung dieses „miesen Films"[16] sollte mit allen Mitteln protestiert werden.

Die ersten Vorführungen mit offener Herkunftsbezeichnung

Noch in einem Klima großen Mißtrauens werden konkrete Handelskontakte geknüpft und Filme in beiden Ländern unter Angabe des Herstellungslands gezeigt. Gaumont plant im August 1920, 50 % des Aktienkapitals der neugegründeten Pax-Film in Köln zu übernehmen und eigene Filme zu vertreiben.[17] Die Aufforderung, seine deutsche Zweigniederlassung wieder zu übernehmen, lehnt er jedoch ab und zieht eine Entschädigung vor. Im August 1921 siedelt sich der ehemalige Generalvertreter Pathés in Deutschland, Paul Pigeard, wieder in Berlin an und gründet mit seinem deutschen Kompagnon Max Loeser einen Filmvertrieb. Pigeard bemüht sich auch, für Pathé die Studios in Weißensee zurückzuerlangen. Zudem soll eine Rohfilmfabrik Pathés in Deutschland in Betrieb genommen werden.[18] Im November 1921 stellen Pigeard und Loeser bei der Decla-Bioscop den Pathé-Film LES TROIS MOUSQUETAIRES und dessen Regisseur und Produzenten Henri Diamant-Berger in Berlin vor.[19] Zum gleichen Zeitpunkt berichtet „La Cinématographie Française", eine Delegation deutscher Filmkaufleute werde zur französischen Filmhandelskammer kommen.[20] Die französische Regierung war einer Forderung des Produzentenverbands nachgekommen und hatte den Zoll für importierte Filme im November 1921 auf 20 % des Versicherungswerts angehoben. Klar wird in der deutschen Fachpresse erkannt, daß dies vor allem den Hauptkonkurrenten auf dem europäischen Markt, die Amerikaner, treffe: „Wenn wir berücksichtigen, daß für 100 FF zur Zeit nahezu 2000 Mark gezahlt werden, so müssen wir sagen, daß der Wertzoll auf deutsche Filme in der nächsten Zeit leicht zu tragen sein wird. Für amerikanische oder englische Filme wird er dagegen fast prohibitiv wirken."[21] Dieser Wunsch blieb unerfüllt. Aber der erhöhte Zoll, der angesichts der schwachen deutschen Währung kaum ins Gewicht fiel, mag ein weiterer Grund dafür gewesen sein, daß deutsche Filme für französische Kinos immer attraktiver wurden. Mit DAS CABINET DES DR. CALIGARI kommt am 3. März 1922 der erste Film im pariser Cinéma de l'Opéra heraus, der offen als deutsche Produktion bezeichnet wird. Die Vorführung hat aber eine Vorgeschichte: CALIGARI lief bereits am 14. November 1921 in einer einmaligen Vorstellung, die Louis Delluc für den Kreis der Filmfreunde seiner Zeitschrift „Cinéa" arrangiert hatte. Bei dieser Vorführung wurde noch versucht, das Ursprungsland zu verdecken. Der Abend wurde als Benefiz-Veranstaltung zugunsten des Spanischen Roten Kreuzes ausgegeben, und das Programm enthielt neben dem deutschen Film einen Torero-Film, einen Flamenco-Tanz und eine Szene aus einem spanischen Theaterstück.[22]

Das außergewöhnliche Echo ermutigt den französischen Verleih Cosmograph, CALIGARI in einem pariser Uraufführungskino zu plazieren. Geschickt wird die deutsche Werbung mit dem geheimnisvollen Titel und dem verzerrt-stilisierten Design kopiert. Außerdem läßt man schnell ein Buch zum Film

Das Cabinet des Dr. Caligari (Robert Wiene, 1919/20): Werner Krauß

schreiben, das zum Kinostart vorliegt. CALIGARI läuft neun Wochen im Cinéma de l'Opéra und danach in anderen Kinos. Über den exorbitanten Einspielerfolg berichtet „Der Film": Im pariser Erstaufführungskino habe er „trotz der Enge des Theaters, das nur 500 Besucher faßt", eine Einnahme von 350.000 FF erzielt. Ähnlicher Erfolg sei CALIGARI in Marseille, Nizza und Toulouse beschert. Die großen Seebäder hätten ihn bereits für das Sommerprogramm gebucht. Man schätzt, daß dieser Film mehr als 1 Mill. FF einspielen werde.[23] Das Einspielergebnis des CALIGARI in Frankreich liegt möglicherweise höher als im Erstaufführungsjahr 1920 in Deutschland. Es beruht neben der ungewöhnlichen Ästhetik des Films vor allem auf zwei Faktoren: der Neugier auf deutsche Filme, um die es in den letzten Monaten aufgeregte Debatten gegeben hatte und der von der nationalistischen französischen Presse verteufelten Dekadenz und Unsittlichkeit dieses Films.

Caligarisme: Ausgeburt dekadenter Boche-Kultur

„La Cinématographie Française" verreißt DAS CABINET DES DR. CALIGARI, was jedoch eher die Neugier auf den Film weckt. Nach der erfolgreichen pariser Premiere folgt eine Reihe von Artikeln, die im „Caligarismus" einen zu bekämpfenden „Snobismus deutscher Herkunft" sehen. Es sei ein Erfolg bei den französischen Snobs, „die vor Bewunderung auf den Bauch fallen würden, sobald es den Deutschen gelungen ist, uns ein besonders krasses Muster ihrer dekadentesten, krankhaftesten und ungesündesten Kunst einzuträufeln". Der später vielfach in unterschiedlichster Bedeutung strapazierte Begriff „Caligarisme" wurde von der „Cinématographie Française" als eine Art Kampfbegriff gegen den deutschen Film geprägt und instrumentalisiert. Er löst das abwertende Schlagwort „Boche-Film" ab. Paul de la Borie (der neue Chefredakteur) unterstreicht bestimmte Stereotype aus dem 1810 von Madame de Staël entworfenen Deutschland-Bild, das die Franzosen lange prägte. Die Vorstellung eines grüblerischen, abseitigen, vor allem im Denken zu Exzessen neigenden deutschen Intellektuellen scheint sich in den schauerromantisch-absonderlichen Motiven des expressionistischen Films zu erfüllen. Die gewalttätigen Obsessionen der verschrobenen Helden dieser Filme werden nicht als Phantastik-Momente, sondern als Manifestation des Grundes der deutschen Seele aufgefaßt.

Was La Borie zudem mißfällt, ist der ausgestellte Antinaturalismus von CALIGARI, den er naiv gegen die bisherige Auffassung naturalistischer Filmbilder abgrenzt: „Alles ist falsch, gemacht, verzerrt, die Personen werden zu entsetzlichen Grimassen, zu sadistischen Verrenkungen gezwungen, inmitten von Dekorationen, die irgendein Münchener Sudler im Delirium allzu starken Biergenusses geschaffen hatte." Eine schon etwas verstaubte ästhetische Vorstellung wird mobilisiert, um gegen den artifiziellen Stil und gegen die darin vermutete nationale Mentalität Front zu machen: „Der ‚Caligarismus' ist also eine Kriegserklärung an die Wahrheit, eine Negation des Lebens, eine Herausforderung an alle geraden Naturen, ein Appell an das Künstliche, Unwirkliche und die Lüge."[24]

Als sich drei Wochen später abzeichnet, daß mit GENUINE (1920, Robert Wiene) ein weiterer expressionistischer Film in Paris gezeigt wird, wiederholt und verstärkt La Borie seine Abneigung gegen die deutschen expressionistischen Filme. Er warnt vor einer ungesunden „*Verbochung* des französischen Kinos".

Der Erfolg von CALIGARI weckt aber auch das Interesse an deutschen Filmschaffenden. Der Regisseur Robert Wiene ziert sogar das Titelblatt einer französischen Filmzeitschrift. Vorsichtshalber betonen die Exporteure der Decla-Bioscop Wienes (angeblich) tschechische Herkunft. Dies hindert La Borie nicht, in ihm „die leibhafte Verkörperung des deutschen Satanismus" zu sehen, bei der man „die Pickelhaube auf Wienes Haupt" stets mitzudenken habe. Wienes Inszenierungsstil sei kein Einzelfall, „er ist nur einer der vielen Jünger jener Münchener Schule, deren Schöpfungen von ungesunder und krankhafter Inspiration eingegeben sind". Filme wie CALIGARI und GENUINE würden „die klaren französischen Hirne verpesten". Ähnliche Filme würden massenhaft in den „kubistischen Bierschenken von München ausgeheckt".²⁵

DAS CABINET DES DR. CALIGARI entfacht in Frankreich eine grundsätzliche Debatte zur Ästhetik des Films, die über die 1920 in Deutschland diskutierte Frage, ob die Zukunft des ambitionierten Films der vollkommen antinaturalistische Film sei, hinausgeht. Grundsätzliche Gestaltungs- und Wirkungsmöglichkeiten werden etwa von Louis Delluc, Emile Vuillermoz, Lionel Landry und in einer Skizze früher filmavantgardistischer Innovationen von Ricciotto Canudo diskutiert.²⁶ Bemerkenswert ist auch, daß sich die literarische Avantgarde intensiver und kritischer als in Deutschland mit der Ästhetik von CALIGARI auseinandersetzt. Blaise Cendrars ruft zu Recht in Erinnerung, daß es ein großes Mißverständnis sei, in dem Film die Anwendung von Formen der modernen Kunst zu sehen. Im Gegenteil: Durch seinen vulgären Hybrid-Stil, dessen Bildverzerrungen nur „Gimmicks" seien, bringe dieser Film „discredit on all modern art because the subject of modern painters (Cubism) is not the hypersensibility of a madman".²⁷

Trotz der Vorurteile La Bories und der Relativierungen Cendrars reüssiert der expressionistische Film in Frankreich. Nach GENUINE werden auch VON MORGENS BIS MITTERNACHTS (1920, Karl Heinz Martin), BRANDHERD/ VERLOGENE MORAL (1920/21, Hanns Kobe)²⁸, DAS HAUS OHNE TÜREN UND FENSTER (1920/21, Friedrich Feher) und RASKOLNIKOFF (1922/23, Robert Wiene) in Paris gezeigt. In Deutschland empfindet man La Bories „Haßorgien" und „Hetzartikel" als störend für „die junge zarte Blüte deutschfranzösischer Filmbeziehungen". Doch es wird richtig bemerkt, daß „La Cinématographie Française" zunehmend eine Minderheitenmeinung artikuliert. So kann „Der Film" süffisant mitteilen, daß La Borie dem Film KATHARINA DIE GROSSE (1920, Reinhold Schünzel) größtes Lob gezollt habe, als er feststellte, daß der „deutsche Charakter des Films nicht ‚aggressiv' hervortrete und daß er ebenso gut ein französischer Film sein könnte, wenn in Frankreich die großen Mittel aufgewendet würden, die zu solchen Produktionen erforderlich seien"²⁹.

Neue Probleme: Die DUBARRY

MADAME DUBARRY war bereits Anfang 1920, als sich der internationale Erfolg abzeichnete, vehement attackiert worden: „Die graziöse und leichte Epoche Ludwig XV. wiedererweckt durch die Herren vom Sauerkraut mit ihren kleinen runden Augen und ihren schweren Bäuchen! Die Heldenzeit unserer Revolution rekonstruiert durch diejenigen, denen man gestern den Stiefel in die Weichen stoßen mußte."³⁰ Noch Anfang 1922 brandmarkt M. Dekobra in „Le Journal" MADAME DUBARRY als „hinterlistige, subtile Attacke gegen Frankreich". Ziel sei es, „den Yankees ein blutrünstiges Revolutions-Frankreich zu zeigen, das trunken von Brutalität und Unordnung ist, ein sowjetisches Vor-Lenin, wo die niedrigsten Instinkte ausgelebt werden"[31]. Ende 1922, nachdem eine Reihe deutscher Filme erfolgreich in Frankreich gelaufen waren, sollte auch MADAME DUBARRY gezeigt werden. Der Film wird jedoch von der Zensur verboten. Der Pariser Abgeordnete Bernard bringt im Parlament eine Anfrage ein und organisiert eine geschlossene Vorstellung, doch die französischen Abgeordneten weigern sich, den Film überhaupt zur Kenntnis zu nehmen. „La Cinématographie Française" bemerkt trotzdem bitter: Wenn sich das französische Parlament schon einmal mit Film befasse, dann ausgerechnet mit einem deutschen.

Die Debatte im Palais Bourbon verläuft ebenso turbulent wie gespenstisch. Während Bernard versucht, anhand von Drehbuchauszügen die Handlung des Films zu referieren, um dabei möglichst die historische Korrektheit gezeigter Vorfälle darzulegen, weigern sich der Kultusminister sowie die Mehrheit des Parlaments, dies anzuhören, geschweige denn, darauf zu reagieren. Tenor der Ablehnung ist die Meinung des Abgeordneten Léon Daudet: „Im Prinzip hat ein deutscher Film sich nicht um französische Geschichte zu kümmern." An Bernard gewandt fragt er: „Glauben Sie, daß die Berliner es ertragen würden, wenn ein französischer Film Friedrich Wilhelm II. lächerlich machen würde?"[32]

Filme des Hasses: die Ruhrproblematik

Im Zeitraum vom 1. Oktober 1921 bis zum 1. August 1922 sind von 500.000 Meter in Deutschland eingeführter Filme 14.899 m französischen Ursprungs (also etwa 7 bis 9 Filme). Frankreich rangiert damit nur an 7. Stelle.[33] Diese Zahl weist trotz des 1922 auf 400.000 m erhöhten Einfuhrkontingents (wovon 80 % durch exportierte Filme zu kompensieren waren) und der nach wie vor unerfüllten französischen Forderung nach Reziprozität auf einen in Gang kommenden Handel.

Eine schwere Belastung der Handelsbeziehungen sind die Reparationsforderungen, die im Januar 1923 in einem französischen Ultimatum an die deutsche Regierung und zwei Tage später in der Besetzung des Ruhrgebiets kulminieren. Die besetzten linksrheinischen Gebiete sind ein ständiges Spannungsfeld. Dies betrifft auch die dortigen Kinos. Bereits am 11. März 1919 beschwert sich „La Cinématographie Française", daß französische Soldaten deutsche Filme sehen müßten, weil die Kinobesitzer zuvor übliche Vorstellungen für das französische Militär nun ablehnen. Jetzt bekämen die Soldaten nur einige wenige Plätze in regulären Vorstellungen. Immer wieder wird berichtet, daß das deutsche Publikum französische oder belgische Filme über die verwüsteten Kriegsregionen mit kaum versteckter Heiterkeit aufnimmt.[34]

Die interalliierte Kommission hat in den linksrheinischen Gebieten weitreichende Befugnisse. So setzt sie etwa zweisprachige Zwischentitel durch, was hohe Kosten für die deutschen Verleiher verursacht. In Mainz, Trier und Kreuznach kommt es zu französischen Militärzensur-Maßnahmen und zu Aufführungsverboten gegen die deutschen Filme MADAME RECAMIER (1920, Joseph Delmont) und GRÄFIN WALEWSKA (1920, Otto Rippert).[35] Natürlich werden auch französische Filme gezeigt, die im übrigen Deutschland noch verboten sind. Da eine deutsche Zollkontrolle am Rhein von den Alliierten untersagt wird, sprechen deutsche Wirtschaftskreise vom „Loch im Westen", durch das ausländische Waren unkontrolliert in das Reich einfließen. Wiederholt wird in Filmzeitschriften darauf hingewiesen, daß das Einfuhrverbot gelte, auch wenn es schwer durchzusetzen sei. Kinobesitzern wird Gefängnis nicht unter einem Monat oder eine Geldstrafe bis zu 500.000 RM angedroht, wenn sie dagegen verstoßen.[36]

Die französisch besetzten Gebiete sind wiederholt Thema in deutschen Spielfilmen. So zeigt der ganz offen als „Tendenzfilm" angekündigte Streifen DIE SCHWARZE SCHMACH. EIN NOTSCHREI AN DIE MENSCHHEIT IN 5 AKTEN überwiegend farbige französische Soldaten, die die Bevölkerung drangsalieren und sich an deutschen Frauen vergehen. Dieser Film bedarf „eigentlich keiner Würdigung als ‚Kunstwerk'", räumt ein Kritiker ein. Vielmehr sei er „ein pathetischer Weckruf", denn „DIE SCHWARZE SCHMACH ist so ziemlich der widerlichste Auswuchs des Militarismus". „Der Publikumserfolg wird groß sein",[37] kündigt das Fachorgan „Der Film" an.

Nach der Ruhrbesetzung empört sich „La Cinématographie Française" über zwei andere deutsche Filme mit ähnlicher Thematik: den Dokumentarfilm DER DEUTSCHE RHEIN und den Spielfilm LE SOLDAT DE LA LÉGION ÉTRANGÈRE (deutscher Titel nicht identifiziert). Der Rhein-Film zeigt die verlorenen und besetzten Gebiete, wo französisches Militär (wiederum meist verkörpert durch schwarze oder marokkanische Soldaten) aufmarschiert. Erschreckte Frauen flüchten und schließen eilig ihre Haustüren. Darauf hätte bei der Vorführung, die der deutsche Korrespondent der „Cinématographie Française" besuchte, das Publikum geschrien: „Raus mit den Hunden. Tod den Schweinen". Als der Film das Straßburger Münster zeigt, rufen die Zuschauer: „Wir holen es uns wieder." Und als symbolische Bilder von Blücher, Ernst Moritz Arndt und einer Germania-Statue eingeblendet werden, steht die „delirierende Menge" auf und singt das Deutschlandlied. LE SOLDAT DE LA LÉGION ÉTRANGÈRE zeigt das Schicksal eines Deutschen in der Fremdenlegion, die von grausamen Offizieren geleitet wird. Weil der Deutsche eine Marokkanerin liebt, wird er zum Tode verurteilt; bei der Exekution singt er das Deutschlandlied. Solche Filme seien „Filme des Hasses", empört sich „La Cinématographie Française" und fragt besorgt: „Wissen die Führer des Reiches eigentlich, welches blutige Morgen sie (mit diesen Filmen) vorbereiten und welche Ernte dieser Haß einfahren wird?"[38]

Nach der Besetzung des Ruhrgebiets am 11. Januar 1923 ruft die „Lichtbild-Bühne" den „Wirtschaftskrieg mit Frankreich und Belgien" aus: „Sämtliche Verbände der Filmindustrie (sollten) in gemeinsamer Erklärung gegen den französischen Film Stellung nehmen"³⁹ und ihn boykottieren. Dem wurde von den meisten Verbänden, insbesondere denen der Kinobesitzer, entsprochen.
Auch die Franzosen produzieren Dokumentarfilme über die Besetzung und das Reparationsproblem (WARUM WIR DIE RUHR BESETZEN). Die Wirtschaftskriegs-Erklärung der „Lichtbild-Bühne" wird von „La Cinématographie Française" mit einer „Déclaration de Guerre"⁴⁰ beantwortet. Erneut keimt Angst vor deutscher Propaganda und deutschem Revisionismus auf.
Und in der Tat hat es vorübergehend den Anschein, als instrumentalisierten beide Staaten – wie im Ersten Weltkrieg – den Film für Propagandazwecke. In Deutschland produziert man Filme, die das Ruhrproblem nationalistisch thematisieren (etwa der Deulig-Propagandafilm UNSERE BRÜDER AN DER RUHR, UNTER FREMDEM JOCH oder DIE RUHRSCHANDE). In Frankreich wird dies zum Anlaß genommen, deutsche Filme im allgemeinen und besonders solche, die irgendeinen Frankreich-Bezug haben, vehement zu diskreditieren. Selbst Joe Mays Vierteiler TRAGÖDIE DER LIEBE (1922/23) wird schon nach der Katalog-Ankündigung angegriffen, weil er ein mondänes pariser Milieu mit Eifersucht, Prostitution und Totschlag verspricht, was als Denunziation und Angriff gegen Frankreich aufgefaßt wird. Daß der Film das pariser Leben nur als Hintergrund für ein tragisches Melodram nutzt, bleibt völlig außerhalb der Betrachtung.
Die Scharfmacher auf beiden Seiten haben Konjunktur. OTHELLO (1922, Dimitri Buchowetzki) kann in Paris nur unter verschleierter Herkunftsbezeichnung laufen. In Deutschland reagieren Kinobesitzer mit einem hysterischen Boykott gegen Henny Porten-Filme, weil angedeutet wird, ihr neuester Film DIE LIEBE EINER KÖNIGIN (1923, Ludwig Wolff) würde mit Geldern von Gaumont produziert.⁴¹ Ebenfalls unterdrückt werden sollen Filme der Wiener Vita-Produktion, die mit Max Linder, René Hervil und Jacques Feyder österreichisch-französische Co-Produktionen durchführt.
Im Zeichen der Ruhrkrise steht die erneute Forderung der „Cinématographie Française" nach einer „rigorosen Selektion importierter Filme"⁴². Unter dem Deckmantel einer Qualitätsdiskussion und der Behauptung, das Publikum würde wegen der schlechten Auslandsfilme nicht mehr ins Kino gehen, wird dazu aufgerufen, keine Billigware einzukaufen – gemeint sind vor allem deutsche Filme. Von erheblicher wirtschaftlicher Bedeutung ist ein Problem, das Pathé-Cinéma dem französischen Zollpräsidenten unterbreitet.⁴³ Das deutsche Wirtschaftsministerium fördert den Import von Negativen ausländischer Filme, um mit der Herstellung von Positivkopien die heimische Rohfilmproduktion und die Kopierwerke auszulasten. Da Deutschland angeblich plane, den europäischen Markt der Kopienherstellung zu dominieren, for-

dert Pathé dringend Zollmaßnahmen gegen die Dumpingstrategie der deutschen Kopierwerke und Rohfilmhersteller.
Noch während dieser Konflikt schwelt, beginnt jedoch endlich auch bei „La Cinématographie Française" ein Umdenken. Angesichts der immer stärkeren Dominanz des amerikanischen Films wird man sich der Beschränktheit nationaler Märkte, insbesondere für Qualitätsfilme und Großproduktionen, bewußt. Film – das erkennt man gerade zu diesem Zeitpunkt neuer Sanktionen und Boykottmaßnahmen – sei „Objekt internationalen Austausches"[44]. Insbesondere die beiden größten europäischen Filmländer seien auf den kontinentalen Markt angewiesen. Darüber hatten bereits im Sommer 1922 Erich Pommer, Louis Aubert, seine Mitarbeiter Vandal und Delac sowie Vertreter aus Italien und England in Paris gesprochen, um vor allem den Austausch von (kostenaufwendigen) Qualitätsfilmen in die Wege zu leiten.[45] Dieser Prozeß europäischer Co-Operation, -Finanzierung und -Produktion war durch die Ruhrkrise aufgehalten, aber nicht grundsätzlich gestoppt worden.

Entspannung

Im September 1923 ruft die deutsche Regierung zur Beendigung des passiven Widerstands im Ruhrgebiet auf. Wirtschaft und Währung des Reiches kollabieren völlig. Beide Umstände befördern einen Neuanfang auch in den deutsch-französischen Filmbeziehungen. Zwar meldet „La Cinématographie Française" (29.9.1923), die deutschen Kinobesitzer hätten noch Angst, französische Filme zu zeigen, „weil sie keine wütende Menge von Nationalisten in ihren Kinos haben wollten". Doch die nunmehr von Deutschland gezahlten Reparationen, eine stabilere Währung und ein neuer Entspannungswille öffnen dem französischen Film den deutschen Markt.
Nach einer Berlin-Reise anläßlich der aufwendigen, gerade auch für internationale Gäste inszenierten Gala-Premiere von DIE NIBELUNGEN warnt La Borie 1924 davor, den französischen Film durch Protektionsmaßnahmen zu schützen; Einfuhrstopp würde auch Ausfuhrstopp bedeuten. Er empfiehlt der französischen Produktion das ästhetische Konzept sowie das Produktions- und Verwertungskonzept der NIBELUNGEN zu studieren: Filme für den internationalen Markt sollen sich gerade durch nationale Besonderheiten, Sujets und Stile auszeichnen.[46] In einem ausführlichen Bericht über die Premiere von DIE NIBELUNGEN lobt er Fritz Langs „mächtige expressive Meisterschaft der Komposition, die bereits bei DER MÜDE TOD frappierte". DIE NIBELUNGEN seien „ein historisches Datum in der Kinematografie"[47], und man freue sich darauf, diesen Film in Paris zu sehen.
Der Umschwung hin zur Propagierung intensiver deutsch-französischer Handelsbeziehungen hat bei „La Cinématographie Française" wahrscheinlich auch damit zu tun, daß die der Zeitschrift nahestehende Gruppe des

Produzenten, Verleihers und Kinobesitzers Aubert im Mai 1924 eine enge Zusammenarbeit mit der Ufa vereinbart. Die Ufa zeigt Auberts Filme in Deutschland, während Aubert Ufa-Filme herausbringt. Ein ähnliches Abkommen, das auch die gemeinsame Produktion von Filmen für den europäischen Markt vorsieht, schließt Pathé im Dezember 1924 mit der Westi-Gruppe,[48] die jedoch die jährlich geplanten zwölf Filme nicht realisieren kann. Der Filmaustausch zwischen Ufa und Aubert läuft dagegen gut an. Die Ufa führt 1924 sechs französische Filme ein. Paul de la Borie betont vor dem Import der NIBELUNGEN noch einmal, wie wichtig die Reziprozität und die dann mögliche Exportfähigkeit für den französischen Film sei, da die Banken sich dann stärker engagierten.[49]

Die weitere Entwicklung des deutsch-französischen Filmhandels erfolgt fast sprunghaft. Zwar gibt es immer wieder in der jeweiligen nationalen Fachpresse angesprochene Probleme, von Plagiatsprozessen über die Begleichung von Alt-Schulden bis hin zur gegenseitigen Abwertung von Filmen aus dem jeweils anderen Land, die stets unter einem besonders kritischen Blick gesehen werden.[50] Doch selbst das deutsche Zensurverbot für KOENIGSMARK (1923, Léonce Perret), der Film würde „das deutsche Ansehen und die Öffentlichkeit gefährden"[51], kann den in Schwung kommenden Austausch und das starke Interesse der Zuschauer nicht aufhalten. 1924 werden 44 französische Filme in Deutschland eingeführt, 1923 war es nur einer. 1924 exportiert Deutschland nur 24 Filme nach Frankreich[52], während von November 1922 bis Oktober 1923 (neben 217 französischen und 540 amerikanischen) 50 deutsche Filme in Frankreich zu sehen waren.[53] Dieser erhebliche Rückgang ist eine Folge der stabilisierten deutschen Währung. Die gestiegenen Produktionskosten in Deutschland, aber auch eine ästhetische Krise führen dazu, daß sich die deutschen Produktionsziffern den französischen wieder angleichen. Die Zeit der Niedrigpreise für exportierte deutsche Filme ist damit vorbei.

---

1) Paul Simonot: Achevons la victoire. In: La Cinématographie Française (CF), Nr. 13, 1.2.1919. – 2) Ebd. – 3) P. Simonot: Le film boche. In: CF, Nr. 38, 26.7.1919. – 4) Alle Zitate ebd. – 5) P. Simonot: Réalités. In: CF, Nr. 102, 23.10.1920. – 6) P. Simonot: Vers le marché mondial. In: CF, Nr. 85, 12.6.1920. – 7) P. Simonot: Embrassons-Nous!... In: CF, Nr. 101, 9.10.1920. – 8) Vgl. Jacques Piétrini: Un Mot à „Der Film". In: CF, Nr. 137, 18.6.1921. – 9) Vgl. Paul de la Borie: Le Commerce des films entre La France et l'Allemagne. In: CF, Nr. 122, 5.3.1921 – 10) Vgl. Comoedia, Nr. 2739, 16.6.1920, Nr. 2777, 24.7.1920, und Nr. 2780, 27.7.1920. Zit n. Kristin Thompson: Dr. Caligari at the Folies-Bergère. In: Mike Budd (Hg.): The Cabinet of Dr. Caligari. New Brunswick, N.J., London: Rutgers 1990, S. 149/50. – 11) Vgl. J.L. Croze: Portes ouvertes. In: Comoedia, Nr. 2877, 1.11.1920; zit. n. Thompson, a.a.O., S. 150. – 12) Paul de la Borie: Les Résultats de nôtre enquête sur la reprise des relations cinématographiques avec l'Allemagne. In: CF, Nr. 121,

26.2.1921. – 13) Vgl. Das Kompensationsgeschäft mit Italien im französischen Lichte. In: Der Film, Nr. 14, 2.4.1921. Über deutsche Filme in Italien hat der dortige Korrespondent der CF, Jacques Piétrini, ungewöhnlich ausführlich berichtet; u.a. am 28.2.1920 (über die erfolgreiche Premiere von MADAME DUBARRY), 6.3., 24.4. und 1.5.1920. – 14) Zumindest vermutet dies Der Film, Nr. 52, 1921, bezogen auf Paris. Darunter folgende Filme: DIE SPINNEN (1919, Fritz Lang) lief unter dem Titel MYSTÉRIA und aufgeteilt in acht Episoden im Frühjahr 1920 in Paris. DAS GEHEIMNIS DES CIRKUS BARRÉ (1920, Harry Piel) kam 1921 in zehn Episoden in die pariser Kinos. Die Information darüber verdanke ich Georges Sturm. Die Lichtbild-Bühne, Nr. 28, 10.7.1920 meldet, daß DIE VON DER LIEBE LERNEN (1919, Eugen Illés) als erster deutscher Film in Paris gelaufen sei. – 15) Vgl. Informations. In: Comoedia, Nr. 3041, 14.4.1921; zit. n. Thompson, a.a.O., S. 150. – 16) Paul de la Borie: Un film Allemand. In: CF, Nr. 117, 29.1.1921. – 17) Deutschland und Frankreich. In: Lichtbild-Bühne, Nr. 33, 14.8.1920. Im Bemühen weiterer ungenannter französischer Firmen, süddeutsche Filmfabriken zu übernehmen, sieht die Lichtbild-Bühne jedoch „separatistische Bestrebungen" und empfiehlt der Reichsregierung größte Aufmerksamkeit. – 18) Vgl. Unsere Wochen-Übersicht. In: Der Film, Nr. 34, 28.8.1921. – 19) Vgl. Der neue französische Film. In: Der Film, Nr. 46, 13.11.1921. – 20) Vgl. On va causer entre Cinégraphistes Français et Allemands. In: CF, Nr. 158, 12.11.1921. – 21) Ist der neue französische Wertezoll für uns ungünstig? In: Der Film, Nr. 49, 27.11.1921. Vgl. auch: Der neue französische Wertezoll. In: Der Film, Nr. 47, 13.11.1921. – 22) Vgl. Informations. In: Comoedia, Nr. 3256, 14.11.1921; Thompson, a.a.O., S. 151. – 23) Nochmals der „Caligarismus". In: Der Film, Nr. 26, 25.6.1922. – 24) Paul de la Borie: Gare au „Caligarisme". In: CF, Nr. 178, 1.4.1922 (auszugsweise auch in: Der Film, Nr. 19, 7.5.1922). – 25) Paul de la Borie: on emboche. In: CF, 22.4.1922 (auszugsweise auch in: Der Film, Nr. 19, 7.5.1922. – 26) Vgl. Louis Delluc: Le Cabinet du Docteur Caligari. In: Cinéa, Nr. 44, 10.3.1922; Vuillermoz: Le Cabinet du Docteur Caligari. In: Cinémagazine, 24.3.1922; Lionel Landry: Caligarisme ou La revanche du théâtre. In: Cinéa, Nr. 51, 28.4.1922; sowie zusammenfassend Riciotto Canudo in: Cinéa, 1923. Die Texte von Landry und Canudo sind nachgedruckt in: Richard Abel (Hg.): French Film Theory and Criticism. Vol. 1: 1907-1929. Princeton: University Press 1988, S. 268-270 u. S. 291-296. – 27) Blaise Cendrars: Sur le Cabinet du Docteur Caligari. In: Cinéa, Nr. 56, 2.6.1922, S. 11; hier zit. n. Abel, a.a.O., S. 271. – 28) BRANDHERD wird für den Export in TORGUS umgetitelt; so wird er international rezipiert und in den meisten Filmgeschichten erfaßt. – 29) Zit. n. Der Film, Nr. 22, 28.5.1922. – 30) J. Piétrini in: CF, Nr. 69, 28.2.1920. Die Lichtbild-Bühne, Nr. 15, 10.4.1920 bringt eine Übersetzung des Artikels, versieht ihn mit redaktionellen Entgegnungen und dem provokanten Titel: „MADAME DUBARRY – ein deutscher Sieg". – 31) Zit. n. CF, Nr. 173, 25.2.1922. – 32) Protokoll der Debatte in: CF, Nr. 215, 16.12.1922; vgl. außerdem den Abdruck von Pressestimmen mit einer Einleitung Paul de la Bories in: CF, Nr. 217, 30.12.1922. – 33) Walther Friedmann: Zur Einfuhrfrage. In: Der Film, Nr. 33, 13.8.1922. – 34) Vgl. La propagande à Mayence. In: CF, Nr. 9, 11.3.1919 sowie La défaite ne les a pas changés. In: CF, Nr. 12, 22.3.1919. – 35) Der Kampf gegen den deutschen Film im besetzten Gebiet. In: Der Film, Nr. 10, 5.3.1921. – 36) Gegen das neue ‚Loch im Westen'. In: Der Film, Nr. 15, 9.4.1921. – 37) Dr. W. K. (d.i. Werner Klette?): Die schwarze Schande. In: Der Film, Nr. 15, 9.4.1921. – 38) Camille Aymard: Films de haine. In: CF, Nr. 224, 17.2.1923. – 39) Lichtbild-Bühne, Nr. 3, 20.1.1923. – 40) Paul de la Borie: Une déclaration de guerre. In: CF, Nr. 223, 10.2.1923. – 41) Vgl. Der Film, Nr. 11, 1923, und Lichtbild-Bühne, Nr. 3, 20.1.1923. – 42) Paul de la Borie: Le film étranger. In: CF, Nr. 245, 14.7.1923. – 43) Vgl. Des Documents. In: CF, Nr. 243, 30.6.1923 sowie den Nachdruck von Artikeln aus der Lichtbild-Bühne und eine Tabelle der Rohfilm-Preisentwicklung, die den Dumpingvorwurf belegen sollen. – 44) Paul de la Borie: Une sentence de boycottage. In: CF, Nr. 246, 21.7.1923. – 45) Vgl. Der Film, Nr. 29, 16.7.1922, und Nr. 30, 23.7.1922. – 46) Paul de la Borie: A Berlin. In CF, Nr. 277, 23.2.1924. – 47) Paul de la Borie: Comment on a présenté à Berlin le film de l'Ufa DIE NIBELUNGEN. In: CF, Nr. 277, 23.2.1924. – 48) Vgl. dazu Der Film, Nr. 51, 1924; Lichtbild-Bühne, Nr. 1, 1.1.1925 sowie Daniel Otto: „... die Filmindustrie Europas retten". In: Jörg Schöning (Red.): Fantaisies russes. München: edition text + kritik 1995, S. 70-72. Die Westi-Pathé-Alliance zerbricht Mitte 1925. Im August 1925 zirkulieren vorurteilsbeladene, um die Verschleuderung deutschen Kapitals besorgte Gerüchte, wonach die Westi für nicht zustandegekommene Filme Ablösegelder in deutscher Währung an Pathé entrichtet habe. – 49) Paul de la Borie: Pour le film français. In: CF, Nr. 278, 1.3.1924. – 50) Etwa „Comoedia" anläßlich der Aufführung von MONNA VANNA und I.N.R.I. in Paris (zit. n.: Pariser Filmbrief. In: Der Film, Nr. 19, 1924). – 51) Das Verbot von KOENIGSMARK. In: Der Film, Nr. 32, 1924. – 52) Nach Alexander Jason: Le film français en Allemagne. In: CF, Nr. 503, 23.6.1928 sowie ders. in: CF, Nr. 555, 22.6.1929. – 53) Werner Klette: Das Austauschprinzip. In: Der Film, Nr. 13, 1924. Die Zahlen entnahm der pariser Korrespondent von „Der Film" einem „Goldenen Buch der französischen Kinematographie 1923".

Jeanpaul Goergen

ENTENTE UND STABILISIERUNG
Deutsch-französische Filmkontakte 1925–1933

Der größte Teil der Berichterstattung der Fachzeitschrift „La Cinématographie Française" über die deutsch-französischen Filmbeziehungen beschränkt sich auf die sachliche Wiedergabe wichtiger Ereignisse wie Uraufführungen, Produktionsnachrichten, Veränderungen bei großen Firmen, Fragen der Lustbarkeitssteuer und des Kontingents, Skandale, usw. Selten finden sich Gespräche mit Künstlern wie G. W. Pabst und Lil Dagover oder Kurzporträts etwa von Luciano Albertini, Wolfgang Zilzer oder Olga Tschechowa.
Im Zeitraum von 1925 bis 1933 kommentiert „La Cinématographie Française" das wirtschaftliche Ungleichgewicht in den Filmbeziehungen zwischen Frankreich und Deutschland weitgehend sachlich und ohne nationalistische Voreingenommenheit. Das schließt nicht aus, daß Meinungen, insbesondere zur immer wieder diskutierten Frage der Film-Kontingentierung, teilweise in scharfem Tonfall vorgebracht werden. Das Meinungsmuster in bezug auf die deutsch-französischen Filmbeziehungen läßt sich aber, davon abgesehen, mit den Stichworten „Entente"[1] im Sinne von Zusammenarbeit sowie „Stabilisierung"[2] beschreiben. Innerhalb der Redaktion ist man sich aber nicht immer einig darüber, ob man dieses Ziel mit „internationalen" oder „nationalen" Filmen erreichen kann. Ausdruck dieser Cooperation ist vor allem der Weltkriegsfilm VERDUN. VISIONS D'HISTOIRE (1928, Léon Poirier). Daß bei dessen Produktion deutsche Soldaten und Offiziere mitwirkten, beweise eindeutig den nichtprovokatorischen Geist dieses Films, wird in Produktionsmitteilungen hervorgehoben.[3] Ausführlich wird über den Erfolg der deutschen Uraufführung Mitte 1929 berichtet. „Kein Lärm, kein Geschrei, weder beim Auftritt Pétains noch beim Auftritt Wilhelms; religiöse Stille. Wie das französische war auch das deutsche Publikum angesichts dieser Horrorvision erschüttert und niedergeschlagen."[4] Marcel Colin-Reval, der Deutschlandexperte der „Cinématographie Française", merkt an, daß es in der deutschen Fassung kaum Schnitte gebe; einzig die symbolischen Szenen seien, da als „kommerzieller Kitsch" eingestuft, entfernt worden; der Film sei dadurch brutaler und realistischer geworden. Poiriers Charakterisierung des deutschen Soldaten in seinem Film sei nicht von Haß oder Ressentiments, sondern von Anerkennung und Zuversicht geprägt: „Starkes Räderwerk des Menschenmaterials. Über die Disziplin zum Heroismus. Opfert sein Leben

für das Ideal, das man ihm beigebracht hat. Zuverlässig. Gewissenhaft. Folgt pflichtbewußt seinen Vorgesetzten bis an den Rand des Abgrunds. Der Mensch, der im Leiden die Freiheit entdeckt. Der Mensch, der das neue Deutschland hervorbringen wird."[5]
Bei der Analyse des Informations- und Meinungsspektrums einer Fachzeitschrift stellt sich die Frage nach der Relevanz dieser Publikation innerhalb des Meinungsspektrums. Inwieweit ist etwa die folgende Aussage von 1926 eine Minderheitenmeinung oder als Ausdruck einer allgemeinen Stimmung zu werten: Paris solle aufgrund seiner geografischen Lage und seiner intellektuellen Stellung in der Welt der zentrale Filmmarkt der Welt sein, denn der natürliche Platz der französischen Kinematografie sei „der Erste"?[6] Ist folgende (in der originalen Schreibweise wiedergegebene) Charakterisierung von Paris als Schmelztiegel Filmeuropas eine Einzelmeinung oder eher typisch: „Die Amerikanische, Scandinavische, Deutsche oder Italienische Produktion haben ihren respektiven eigenen Styl, selbst für den Laien erkennbar. Die französische Produktion schließt nicht aus und unterscheidet sich unter allen. Aber, mehr als die Produktion der obengenannten Länder ist sie, in ihrer Gesammtheit, ein vollständig Ganzes. Gerade so wie die metteurs en scène ihren persönlichen Styl haben, enthält die französische Produktion fast alle charakteristischen Zeichen der Amerikanischen, Schwedischen und Deutschen Werke. (...) Unsere Kinematographische Kunst nimmt alle Arten auf, gebietet alle Richtungen und verschmeltzt sie vorteilhaft im Tiegel der Ideen um sie als innerlich französische wiederzugeben."[7]
Bei der Beschäftigung mit dem bisher kaum erforschten deutsch-französischen Filmverhältnis ist man vorrangig auf die zeitgenössische Fachpresse angewiesen, wobei die Warnung von Jean-Pierre Jeancolas gegenwärtig sein sollte: „Die Fachpresse ist in einer Zeit, wo die Kinos wie Krämerladen verwaltet werden, vorsichtig, ungenau und natürlich konservativ."[8] Insgesamt ist, wie Jeancolas 1983 feststellt, die Überlieferung schriftlicher Quellen miserabel: „Verwaltung, Bilanzen, Produktionsstatistiken? Fehlanzeige." Und weiter: „Für die Zeit vor 1940 gibt es keine Statistik des französischen Films. Es fehlen Übersichten über den Kinobesuch und die Produktionskosten der Filme. Die hier und dort veröffentlichten Zahlen entstammen dem Reich der Phantasie, sind entweder Reklame oder bewußte Irreführung. Man kann nichts kontrollieren, es gibt keine schriftlichen Spuren, es herrscht eine große Unbestimmtheit."[9]
Immerhin kann die Auswertung von „La Cinématographie Française" zu ersten Erkenntnissen auf diesem Forschungsfeld führen, die aber nur als Hinweise und Thesen für weitergehende Untersuchungen dienen können. Ihre Validität ist an anderen Filmzeitschriften des gleichen Zeitraums, an den Filmseiten der Tagespresse und nicht zuletzt an ihrem Pendant jenseits des Rheins, der deutschen Filmfachpresse, an die sie sich häufig, wenn auch unausgesprochen, richtet, zu messen. Die im Blatt regelmäßig publizierten Sta-

Gassenhauer (Lupu Pick, 1930/31): Deppe, Jacob, Hoermann, Staudte

tistiken, die selbstverständlich auf ihre Stichhaltigkeit zu prüfen sind, und deren Einsatz als Argumentationshilfe für die eine oder andere Seite jeweils mitzubedenken ist, beweist aber die Notwendigkeit und Richtigkeit der Detailanalyse der Filmfachpresse auch für das Thema binationaler Filmbeziehungen.

Informationen zum deutsch-französischen Filmverhältnis finden sich in „La Cinématographie Française" vor allem auf drei Gebieten: Zum einen geht es um Atmosphärisches, um Eindrücke und Stimmungen. Zweitens werden vor allem Wirtschaftsbeziehungen und Marktanteile diskutiert; das Problem der Film-Kontingentierung ist das alles beherrschende Thema. An dritter Stelle geht es auch um die Filme, um die Machart, die Inhalte, schließlich auch um Kunst. Hierzu findet man hier allerdings die wenigsten Informationen. Die „Cinématographie Française" ist kein Blatt, in dem große künstlerische Diskussionen geführt werden. Immerhin beginnt Anfang März 1928 François Mazeline eine Interview-Serie unter dem Titel „Vers une esthétique du cinéma", in der er Jean Grémillon, Henri Chomette, Jean Renoir, Claude Autant-Lara und Dimitri Kirsanoff[10] befragt. Es erscheinen natürlich auch Filmkritiken in einer verknappten, standardisierten Form; wer sich über ästhetische Fragen orientieren will, liegt bei der „Cinématographie Française" falsch.

Die Tonart der Auseinandersetzungen, die gelegentlich recht scharf geführt werden, wird in der „Cinématographie Française" stets auf Ausgleich, Verständigung und Zusammenarbeit zurückgeführt. So erinnert beispielsweise der französische Korrespondent seinen deutschen Kollegen daran, daß doch jeder auf seiner Seite diese Aufrufe zum ewigen Haß, die der zivilisatorischen Mission des Kinos unwürdig seien, bedauere.[11] Im Vorfeld des 2. Internationalen Filmkongresses in Berlin hatte es auf französischer Seite erhebliche Irritationen gegeben[12], denn es wurde befürchtet, daß der Kongreß zu einer Propagandaveranstaltung für die neue deutsche Filmproduktion werde.[13] Diese Ängste halten Marcel Colin aber nicht davon ab, nach dem Kongreß zu schwärmen, dieser sei „ganz bestimmt die größte, schönste und positivste Veranstaltung der Filmgeschichte gewesen."[14]

Der Herausgeber der Zeitschrift, Paul Auguste Harlé, polemisiert im Oktober 1931 gegen einen Kollegen, der die Beschäftigung ausländischer Regisseure bei der Paramount kritisiert hatte: Der Wert der Filme und ihre Eigenart entstehe gerade aus der Mischung der Rassen und aus dem Zusammentreffen von Menschen mit unterschiedlicher Erziehung.[15] Die Randnotizen in der Rubrik „Bavardages/Klatsch" können manchmal einen tieferen Einblick in Befindlichkeiten geben als lange Abhandlungen: „Das ist die Höhe!" heißt es beispielsweise 1931: „Ein in Berlin produzierter französischer Tonfilm enthält eine große Werbung für die deutsche Schreibmaschine *Mercedes*. Es handelt sich um einen französischen Film."[16]

Das Grundproblem der europäischen Filmwirtschaft jener Jahre bringt Walther Plugge von der Spitzenorganisation der Deutschen Filmindustrie (SPIO) in einem auf deutsch veröffentlichten Artikel auf den Punkt: „Kein einziges europäisches Land hat einen so starken Markt, daß es bei angemessenen Mietspreisen seine Filme im eigenen Land amortisieren könnte. Es muß also angestrebt werden, für jeden europäischen Film von Qualität einen unbedingt sicheren Markt von der Größe zu finden, daß bei angemessenen Mietspreisen seine Amortisation und ein normaler kaufmännischer Gewinn gesichert ist."[17]

Eine zweite ökonomische Konstante formuliert Alexander Jason in einer Analyse der Filmkonjunktur auf dem deutschen und französischen Absatzmarkt in den Jahren 1924–1927, die ebenfalls auf deutsch im März 1928 erschien: „Die bedeutendsten Filmländer des europäischen Kontinents sind Deutschland und Frankreich; sie allein waren in der Lage, sich eine wesentliche eigene Filmindustrie gegen das kapitalkräftige Filmamerika zu erhalten."[18] Die deutsch-französischen Filmbeziehungen sind somit immer auch als Teil eines Dreiecks zu sehen, an dessen Spitze die Filmgroßmacht USA steht.[19] Die übrigen Filmkontakte dürfen natürlich ebenfalls nicht aus dem Auge verloren werden, etwa die „combinaisons germano-soviétiques", wie „La Cinématographie Française" über die deutsch-sowjetischen Filmbeziehungen argwöhnt.[20]

Ein drittes Dauerthema der späten 20er Jahre ist die permanente Krise des französischen Films. Die Autorin Lucie Derain diagnostiziert bereits im Juni 1929 die Agonie.[21]
Und schließlich geht es immer wieder um das Ungleichgewicht im Filmaustausch zwischen beiden Ländern: Deutschland exportiert wesentlich mehr Filme nach Frankreich als umgekehrt. Die Anzahl der jeweils ausgeführten Filme ist natürlich vor dem Hintergrund der unterschiedlich leistungsstarken Filmindustrien zu bewerten.

Der deutsche Filmmarkt (Filme über 1000 Meter)[22]

	Deutsche Filme		Französische Filme	
1923:	253	(60,6 %)	1	(0,2 %)
1924.	220	(39,3 %)	44	(7,9 %)
1925:	212	(40,9 %)	30	(5,9 %)
1926:	185 [202]	(38,2 %)	23	(4,7 %)
1927:	241	(46,0 %)	28	(5,1 %)[23]
1928:	228 [221]		23	
1929:	192 [185][24]		16 [15]	
1930:			13	

Der französische Filmmarkt (Filme über 1000 Meter)[25]

	Deutsche Filme	Französische Filme
1924:	20	68
1925:	29	73
1926:	33	55
1927:	91	74
1928:	122	94
1929:	130	52
1930:	111	

Nationaler oder europäischer Film?

Anfang 1925 finden in Paris französisch-deutsche Handelsgespräche statt, bei denen es um die Zölle für die Filmeinfuhr geht; der Berliner Korrespondent der „Cinématographie Française" meint dazu, daß dieser „Krieg der Zölle" notwendigerweise zu einer allgemeinen Kostensteigerung führe, die sicherlich nicht die Entwicklung der Filmindustrie fördere.[26] Im März 1925 scheitern diese Verhandlungen und das Blatt fragt besorgt, wie sich nun der Filmaustausch zwischen den beiden Ländern gestalten werde. Der Kommentator erinnert an die Übereinkunft zwischen Erich Pommer und Louis Aubert über den Filmaustausch zwischen Ufa und Société Aubert und den Vertrag zwischen Pathé Consortium Cinéma und Westi-Film sowie an weitere

Projekte ähnlicher Art zwischen französischen und deutschen Produzenten und Verleihern. „Wird es den Filmhändlern der beiden Nationen möglich sein, diese herzliche Zusammenarbeit weiterzuführen, die eine wirklich für alle nützliche Annäherung aufscheinen ließ?"[27]

Im August 1926 berichtet Tony Lekain über seine bei Dreharbeiten in Berlin gewonnenen Eindrücke.[28] Der französische Film sei in Deutschland unbekannt; die Deutschen würden der französischen Filmproduktion aber nicht feindlich gegenüberstehen, sie würden sie schlichtweg nicht kennen. In den sechs Monaten, die er in Deutschland gearbeitet habe, hätte er kein einziges abfälliges Wort gegen Frankreich und die Franzosen gehört. Seine Schlußfolgerungen: Die Deutschen verfügten über die Ausrüstung und die Technik, die Franzosen hätten dagegen die Kunst, das Feingefühl und den Takt; Lekain plädiert für mehr deutsch-französische Filme, in denen die Qualitäten der beiden Völker verschmelzen.

Ende September 1926, anläßlich des „Premier Congrès du Cinématographe" in Paris, greift Ferdinand Bausback, Generaldirektor der Ufa, diese Überlegungen in einem Interview auf: „Eine deutsch-französische Zusammenarbeit ist nicht bloß möglich, sondern auch von größter Wichtigkeit für die Entwicklung des Films. Der französische Film krankt wohl noch an gewissen Mängeln, die mit der Zeit auch behoben werden; hier kann die deutsche Technik vorbildlich und unterstützend wirken. Andererseits weist der Franzose unleugbare Vorzüge auf, die ihn als Mitarbeiter sehr geeignet erscheinen lassen: Temperament, Schönheitssinn, Geschmack."[29]

Anfang 1927 schlägt Gregor Rabinowitsch von der Cine-Alliance einen anderen Ton an. Er plädiert dafür, so schnell wie möglich die nutzlosen und gefährlichen Diskussionen über die Mentalitätsunterschiede zwischen den verschiedenen Ländern zu beenden, und sich, um die Qualität eines Films zu bestimmen, nur auf ein einziges Prinzip zu stützen: „Sich danach richten, ob ein Film gut, d.h. wirtschaftlich ist."[30] Er argumentiert unverhohlen für eine deutsch-französische Zusammenarbeit als Abwehrbündnis gegen die amerikanische Filmindustrie: jedem europäischen Film solle die Priorität vor amerikanischen Filmen gewährt werden. Er denkt an eine Art „Film-Locarno" und begrüßt den Kongreß von Paris als einen ersten Schritt in diese Richtung. Im deutsch-französischen Verhältnis setzt er auf den Grundsatz der Gegenseitigkeit („principe de la réciprocité", auf das Jürgen Kasten in seinem Beitrag in diesem Band ausführlicher eingeht) – wohl auch, um in Deutschland nicht nur die französischen Spitzenfilme, sondern auch die Mittelfilme absetzen zu können, zum Vorteil der französischen Filmindustrie.

Wie aber soll ein europäischer Film aussehen? Anfang 1928 wird Gaston Caval von der „Alliance Cinématographique Européenne" formell: Die ACE sei eine französische Gesellschaft, die von Franzosen geleitet wird. Er möchte das weltweite Agenturen-Netz der Ufa nutzen, um nationale französische Filme zu vertreiben und einen innereuropäischen Filmvertrieb zu installie-

Thérèse Raquin (Jacques Feyder, 1928): W. Zilzer, A. von Schlettow, Gina Manès

ren. Er argumentiert gegen die Formel des internationalen Films und setzt auf die nationale Produktion: „Ich glaube, es ist ein Fehler, ein kinematografisches Potpourri anzurühren, indem wir ausländische Künstler in nationalen Filmen einsetzen. Jedes Land hat seinen persönlichen Stil, seine nur ihm eigenen Fähigkeiten – durch die Anpassung an das Konzept eines internationalen Films würden wir sie unheilbar verfälschen. Wir sind Franzosen, laßt uns französische Filme machen und diese in allen Ländern vertreiben!"[31] Französische Filme machen, das war leicht gesagt, zu einer Zeit, als viele französische Künstler in den berliner Ateliers arbeiten; „La Cinématographie Française" informiert darüber gelegentlich, teils mit bitteren Anmerkungen.[32] Nach dem Erfolg des Films THÉRÈSE RAQUIN, den Jacques Feyder 1928 mit Gina Manès in Berlin dreht (Aufmacher auf der ersten Seite), kommentiert Lucie Derain: „Sehen Sie... Wir haben einen großartigen Regisseur... Jacques Feyder... eine außergewöhnliche Künstlerin... Gina Manès. Wir haben sie ziehen lassen. Die Berliner Kinoleute sind nicht so dumm, sie behalten sie (...), wenn wir sie nicht zurückrufen. Umso schlimmer für uns."[33] Kurze Zeit später veröffentlicht Lucie Derain ein flammendes Plädoyer gegen das Konzept des internationalen Films, dem sie „künstlerische Mittelmäßigkeit" vorwirft und den sie als „gesichtslosen Film" beschimpft. Sie plädiert für die „Kunst, nationale Filme zu machen", die anschließend international verwertet werden: „Nur ein vollständig französischer Film wird auch international bestehen können."[34] Das Ziel sei nicht, den ersten Platz in der Welt einzunehmen, dafür sei es jetzt ein wenig spät, aber zumindest einen wichtigen Platz, vergleichbar dem Deutschlands, das sich durch das Kontingent gerettet habe.

Ende Juli stimmt Marcel Colin-Reval nach einer Deutschlandreise folgenden Äußerungen von Erich Morawsky, dem Leiter der Terra, zu: „Deutschland und Frankreich sind, besser als jedes andere Land, in der Lage, eine europäische Filmkunst zu schaffen. Deutschland besitzt wunderbare Schauspieler, bemerkenswerte Techniker und erstrangige Regisseure. Frankreich hat künstlerischen Geschmack und den Instinkt, ein Fluidum zu schaffen, das in allen Ländern verstanden wird. Frankreich hat Charme und Esprit, Deutschland Dichter und Denker. Warum sollten die beiden Länder nicht zusammen wertvolle Filme herstellen?"[35] Von seinem Deutschlandbesuch bringt Colin-Reval die Überzeugung mit, daß die wichtigsten deutschen Firmen, die Ufa und die Terra, jede für sich, eine Politik verfolgen, die auf die Schaffung eines bzw. des europäischen Blocks hinausläuft. Er verweist auf die in letzter Zeit geschlossenen Koalitionen:

a) Ufa – Gaumont-British – Luce-Pittaluga
b) Terra – Cinéromans – British International Pictures Ltd.
c) Aafa – Alpha

In Frankreich würden nur Cinéromans und die neue Firma von Louis Nalpas diese Strategie verfolgen. „Andere französische Unternehmen haben wohl Vertreter in Deutschland und Großbritannien, sie haben aber keine Verträge, die ihnen die Amortisation ihrer Produktionen bei unseren Nachbarn ermöglichen."

Drei Motive macht Colin-Reval hinter dieser Bewegung in Richtung einer europäischen Entente auf Produzenten-Ebene aus:
1) Verringerung der Produktionsrisiken,
2) Sicherung der Amortisation in den europäischen Ländern,
3) erfolgreicher Kampf gegen den amerikanischen Film (d.h. durch Zahl und Qualität der europäischen Filme zu gleichberechtigten Verhandlungen mit den amerikanischen Filmunternehmen kommen).

Mitte August scheint Lucie Derain wiederum Colin-Reval zu antworten, diesmal in Form eines Plädoyers für ein neues französisches Kino, das auf der Höhe seiner Zeit und insbesondere seiner neuen jungen Literatur sein sollte. „Die französischen Intellektuellen (...) lassen das französische Kino links liegen." – „Unser Kino ist kraftlos, alt, sogar sehr alt, ein Kino ohne Jugend!" Wenn man, so ihre Argumentation, schon nicht den Reichtum der Amerikaner erreichen könnte, so könnte doch Paris als intellektuelles Zentrum auf dem Gebiet Drehbuch eine wichtige Rolle spielen.[36] Sie erwähnt in diesem Kontext u.a. François Mauriac, Joseph Delteil, Marc Chardoune, Philippe

Heimkehr (Joe May, 1928): Dita Parlo, Lars Hanson

Soupault, Georges Bernanos, René Crevel und Alexandre Arnoux. Ende September 1928 greift Chefredakteur Harlé in die Diskussion ein. In einer Vorbemerkung zu einer Umfrage über die europäischen Produktions- und Verleihabkommen legt er die Linie fest: „Wir bewegen uns auf den europäischen Spitzenfilm zu. (...) Einzig der Spitzenfilm kann die Tür zu Amerika öffnen."[37] Wie er sich „diese großen nationalen, vom Wesen her europäischen Filme"[38] vorstellt, läßt er allerdings offen.

Ende März 1929 läßt „La Cinématographie Française" dann Erich Pommer zu Wort kommen, der im Drehbuch die Grundlage eines „internationalen" Films sieht, ein Drehbuch, das international ansprechen soll. Als Beispiel führt er seinen Film HEIMKEHR (1928, Joe May) an, der im Ausland sehr erfolgreich gewesen sei. „Jedes Land sollte in den Filmen seine nationale Eigenart mit all jenen Bestandteilen, die das Beste enthalten, was es zu bieten hat, bewahren. Es sind diese Elemente, die diese Filme für die ausländischen Zuschauer interessant machen. (...) Ein Regisseur darf niemals seine Nationalität vergessen."[39]

Offenbar angesichts des aufkommenden Tonfilms spielt dann die Auseinandersetzung „internationaler" versus „nationaler" Film in der Zeitschrift keine Rolle mehr. Erst Ende November 1929 greift sie dieses Thema wieder auf, indem sie den Produzenten Gregor Rabinowitsch zu Wort kommen läßt. Die Frage, ob es möglich sei, einen guten Tonfilm durch Zusammenarbeit zu machen, beantwortet er mit einem eindeutigen „Ja". Zur Zeit des Stummfilms sei die Frage der Zusammenarbeit eine politische Frage gewesen, jetzt sei sie zu einer Überlebensfrage des europäischen Tonfilms geworden: „Um einen großen Tonfilm amortisieren zu können, muß man ihn in mehreren Versionen in drei oder vier verschiedenen Sprachen drehen. Dafür müssen ausländische Künstler engagiert werden."[40]

Ende 1931 definiert der Herausgeber Harlé seine Position gegenüber Deutschland und der deutschen Filmindustrie, insbesondere der Ufa, als eine „Politik der Freundschaft und loyaler Konkurenz"[41]. Und Anfang 1932 zitiert das Blatt den „Film-Kurier" mit dessen Lobeshymne auf die deutsch-französischen Filmbeziehungen: „Berlin dreht mit Debrie, Paris projiziert mit Ernemann."[42]

Die Machtübernahme durch die Nationalsozialisten in Deutschland wird von „La Cinématographie Française" als „Reformwind" gewertet.[43] Das Verbot des Films LES CROIX DE BOIS (1931, Raymond Bernard) im Jahr 1933 stellt das Blatt lediglich in den tradierten Kontext einer möglichen deutschen Offensive gegen französische Filme.[44] Im September 1933 vergleicht Lux die Reformen in der deutschen Filmindustrie mit einem Staatsstreich – einem wirtschaftlichen Staatsstreich, denn, so fügt er hinzu, „die Politik müssen wir außen vorlassen". So kann er denn auch, rein ökonomisch argumentierend, feststellen: „Es ist unbestreitbar, daß sich auf dem Gebiet der deutschen Filmindustrie eine wirkliche *Renaissance* vollzogen hat."[45]

Diese Fallstudie untersucht, wie „La Cinématographie Française" (CF) das französische Fachpublikum von 1925 bis 1933 über den deutschen Filmmarkt und die Filmbeziehungen zwischen Deutschland und Frankreich informiert. Ausgangsmaterial ist eine von Malte Hagener, CineGraph Hamburg, vorgenommene Auswahl der Beiträge; zusätzlich habe ich die Jahrgänge 1928 und 1929 systematisch ausgewertet. Ich konnte dem Themenkomplex für 1928 112 Beiträge, für 1929 82 Beiträge zuordnen. Berücksichtigt wurden Leitartikel, Produktionsmitteilungen, Starporträts, Interviews, Analysen und Berichte. Filmkritiken wurden nicht ausgewertet.

„La Cinématographie Française" vertritt die Interessen der französischen Filmindustrie, insbesondere der Kinobesitzer, ohne jedoch deren Fachorgan zu sein. Das Blatt erscheint Anfang 1928 zweimal in der Woche, danach wöchentlich. In jedem Trimester veröffentlicht es eine internationale Ausgabe mit Beiträgen auf englisch, deutsch und spanisch. Chefredakteur ist 1928 und 1929 Paul-Auguste Harlé. Marcel Colin, später Marcel Colin-Reval, berichtet von Paris aus über deutsche Themen, offenbar überwiegend durch Auswertung der deutschen Presse; gelegentlich reist er nach Berlin. Der berliner Korrespondent Franck schreibt 1925/26 „Nouvelles d'Allemagne", dann bringt Georg Fuchs unkommentierte Informationen vom deutschen Filmmarkt unter „Allemagne". Er wird im Februar 1929 durch

Harald Bredow, Mitarbeiter von „Der Film", abgelöst. Außerdem schreibt ab Mitte Januar 1929 unter dem Pseudonym LUX ein namentlich nicht bekannter Mitarbeiter aus Deutschland. Insgesamt ist die Berichterstattung in den Rubriken über Amerika und England umfangreicher und regelmäßiger als die über Deutschland.
1) Marcel Colin-Reval: La nouvelle Politique du Cinéma Allemand. In: CF, Nr. 508, 28.7.1928. – 2) P. A. Harlé: Stabilisierung. In: CF, Nr. 503, 23.6.1928. – 3) Ce qu'évoque Verdun. Visions d'Histoire. In: CF, Nr. 515, 15.9.1928. – Les Allemands et Verdun. Visions d'Histoire. In: CF, Nr. 519, 13.10.1928. – 4) Verdun. Visions d'Histoire a été présenté Jeudi soir à Berlin. In: CF, Nr. 554, 15.6.1929; Marcel Colin-Reval: Verdun. Visions d'Histoire à Berlin. In: CF, Nr. 555, 22.6.1929; La Reichswehr visionne Verdun. Visions d'Histoire. In: CF, Nr. 556, 29.6.1929; Le succès de Verdun. Visions d'Histoire s'intensifie en Allemagne. In: CF, Nr. 562, 10.8.1919. – 5) Le soldat allemand. In: CF, Paris, Nr. 509, 4.8.1928. – 6) Der Französische Markt in 1925. In: CF, Nr. 387, 3.4.1926. – 7) Ebd. (zitiert unter Beibehaltung der originalen Schreibweise) – 8) Jean-Pierre Jeancolas: 15 ans d'années trente. Paris: Stock 1983, S. 13. – 9) Alle Zitate ebd. – 10) François Mazeline: Vers une esthétique du cinéma. Jean Grémillon. In: CF, Nr. 487, 10.3.1928; ders.: Henri Chomette. In: CF, Nr. 488, 3.3.1928; ders.: Jean Renoir. In: CF, Nr. 490, 24.3.1928; ders.: Claude-Autant-Lara. In: CF, Nr. 500, 2.6.1928; ders.: Dimitri Kirsanoff. In: CF, Nr. 509, 4.8.1928. – 11) Franck: Nouvelles d'Allemagne. In: CF, Nr. 419, 13.11.1926. – 12) Marcel Colin: Quand le Congrès aura-t-il lieu à Berlin? In: CF, Nr. 485, 18.2.1928; ders.: A quand le Congrès à Berlin?. In: CF, Nr. 490, 24.3.1928. – 13) M. Colin-Reval: Un grand congrès du Cinéma aura lieu à Berlin du 21 au 24 août 1928. In: CF, Nr. 505, 7.7.1928. – 14) M. Colin-Reval: Le Congrès International. In: CF, Nr. 513, 1.9.1928. – 15) P. A. Harlé: Pas d'étrangers chez nous! In: CF, Nr. 675, 10.10.1931 – 16) Bavardages. In: CF, Nr. 652, 2.5.1931 – 17) Walther Plugge: Internationale Filmorganisation. In: CF, Nr. 516, 22.9.1928. – 18) Alexander Jason: Die Filmkonjunktur auf dem deutschen und französischen Absatzmarkt 1924/27. In: CF, Nr. 490, 24.3.1928. – 19) P. A. Harlé: Attention à l'Allemagne! In: CF, Nr. 570, 5.10.1929. – 20) N.L.: Combinaisons Germano-Soviétiques. In: CF, Nr. 544, 6.4.1929. – 21) Lucie Derain: Où va la Production Française? In: CF, Nr. 555, 22.6.1929. – 22) Nombre de films consommés en Allemagne de 1923 à 1927 [recte: 1926]. In: M. Colin: Le Développement Progressif du Cinéma Allemand. In: CF, Nr. 464, 24.9.1927; M. Colin-Reval: Le Marché Européen en 1929. In: CF, Nr. 585, 18.1.1930; P. A. Harlé: En face de l'Allemagne. In: CF, Nr. 652, 2.5.1931; leicht abweichende Zahlen für die in Deutschland 1926-1929 hergestellten Filme bei Hans Helmut Prinzler: Chronik des deutschen Films 1895-1994. Stuttgart, Weimar: Metzler 1995. – 23) Prozentangaben nach Alexander Jason: Der französische Spielfilm in Deutschland. In: CF, Nr. 503, 23.6.1928. – 24) M. Colin-Reval: En 1929, tandis que la France a produit 52 films, l'Allemagne en a realisé 185. In: CF, Nr. 583, 4.1.1930. – 25) Le Marché Français depuis 1924. In: M. Colin-Reval: Le Marché Français en 1929. In: CF, Nr. 581, 21.12.1929; P. A. Harlé: En face de l'Allemagne, a.a.O. – 26) Franck: Lettre d'Allemagne. In: CF, Nr. 325, 24.1.1925 – 27) Gaston Phelip: Quelles seront les conséquences de la Rupture économique franco-allemande sur les échanges de films entre les deux pays? In: CF, Nr. 333, 21.3.1925 – 28) Tony Lekain: Pour une Collaboration Franco-Allemande. In: CF, Nr. 405, 7.8.1926. – 29) Georges Epstein: Unterredung mit General-Direktor Dr. Bausback. In: CF, Nr. 413b, 29.9.1926. – 30) Grégoire Rabinowitsch: Collaboration Franco-Allemande. In: CF, Nr. 431, 5.2.1927. – 31) H.: Les Accords de la Société Générale de Films et de l'Alliance Cinématographique Européenne. In: CF, Nr. 482, 28.1. 1928; Vgl.: Le programme de l'Alliance Cinématographique Européenne. In: CF, Nr. 485,

18. 2.1928. – 32) L'activité Franco-Allemande. In: CF, Nr. 462a, 7.9.1927; Vgl. auch: Harlé: Utilisons les artistes français. In: CF, Nr. 463, 17.9.1927; Les Français à Berlin. In: CF, Nr. 480, 11.1.1928; Malcolm Todd... jouent en Allemagne. In: CF, Nr. 492, 7.4.1928; Dans la Capitale Berlinoise. In: CF, Nr. 534, 26.1.1929; Lucie Derain: Où va la Production Française? In: CF, Nr. 555, 22.6.1929; Maurice Tourneur tourne son deuxième film en Allemagne. In: CF, Nr. 570, 5.10.1929. – 33) L. D. [d.i. Lucie Derain]: Le Triomphe de Thérèse Raquin à Berlin. In: CF, Nr. 487, 3.3.1928. – 34) Lucie Derain: Vers une Internationale du Film Français. In: CF, Nr. 495, 28.4.1928. – 35) M. Colin-Reval: Le nouvelle Politique du Cinéma allemand. In: CF, Nr. 508, 28.7.1928. Der Artikel scheint eine Antwort auf den zitierten Aufsatz von Lucie Derain zu sein (vgl. Fußnote 34). – 36) Lucie Derain: Pour un Cinéma Neuf. In: CF, Nr. 511, 18.8.1928. – 37) P. A. Harlé: Les Accords Européens pour la Production et la Distribution. In: CF, Nr. 516, 22.9.1928. – 38) P. A. Harlé: Les Accords Internationaux pour la Production et la Distribution. In: CF, Nr. 517, 29.9.1928. – 39) Erich Pommer: Peut-on faire des Films Internationaux? In: CF, Nr. 542, 23.3.1929. – 40) Marcel Colin-Reval: Une nouvelle formule Artistique et Commerciale pour le Film Sonore et Parlant Européen. In: CF, Nr. 578, 30.11.1929. – 41) P. A. Harlé: Politique d'Amitié et loyale concurrence. In: CF, Nr. 683, 5.12.1931. – 42) Lux: L'Effort Franco-Allemand. In: CF, Nr. 689, 16.1.1932. – 43) P. A. Harlé: Le Mirage du Cinéma. In: CF, Nr. 754, 15.4.1933. – 44) P. A. Harlé: L'interdiction des CROIX DE BOIS est-elle le Prélude d'une Offensive germanique contre les Films français? In: CF, Nr. 749, 11.3.1933. – 45) Lux: Considérations pratiques sur l'état actuel du Cinéma allemand. In: CF, Nr. 778, 30.9.1933.

Andrew Higson

FILM-EUROPA
Kulturpolitik und industrielle Praxis

„Film-Europa – keine Theorie mehr" lautete die Schlagzeile des „Film-Kurier" im August 1928.[1] Daß die Etablierung eines europäischen Films die einzige Möglichkeit zur Bekämpfung von Hollywoods Vormachtstellung wäre, war in der Fachpresse in den vergangenen Jahren häufig behauptet worden. 1928 erreichten diese Diskussionen ihren Höhepunkt, und tatsächlich sah es etwa ein Jahr lang so aus, als könnte Film-Europa Realität werden.

Seit etwa 1924 hatten einige der größten europäischen Filmfirmen Handels- und Co-Produktions-Abkommen über nationale Grenzen hinweg abgeschlossen. 1928 entwickelte sich zwar hektische Geschäftigkeit, aber außerhalb deutscher Fachkreise sprach man immer noch selten von einem zusammenhängenden und zentralisierten Film-Europa.

Der Zeitpunkt der Veröffentlichung im „Film-Kurier" war kein Zufall. Im August 1928 wurde in Berlin der erste Internationale Kinobesitzer-Kongreß ausgerichtet und wurde so zu einem Zentrum der Entwicklung (trotz des Wortes ‚international' konzentrierte man sich hauptsächlich auf Europa). Außerdem sollte auf der Konferenz ein Handelsgremium ins Leben gerufen werden, das die weitere europäische Zusammenarbeit koordinieren und die gemeinsamen Interessen der Filmindustrie fördern sollte.

Doch war dies nicht die erste Konferenz ihrer Art. 1923 war in Paris eine internationale Konferenz der Kinobesitzer abgehalten worden, eine weitere Filmkonferenz fand 1926 in Paris unter der Schirmherrschaft des Völkerbundes statt. Auf die berliner Konferenz von 1928 folgte 1929 eine in Paris und eine weitere 1930 in Brüssel. Ich will mich im folgenden auf diese Konferenzen konzentrieren und die Themen behandeln, die aus den Möglichkeiten und tatsächlichen Aktivitäten der inter-europäischen Zusammenarbeit in der Filmindustrie entstanden.

Paris 1923

Gesamteuropäische Aktivitäten und die dahinter verborgenen Impulse bieten eine wichtige Grundlage zum Verständnis der Beziehung zwischen der französischen und der deutschen Filmindustrie in den 20er und 30er Jahren. Die Zeit unmittelbar nach dem Ersten Weltkrieg war bestimmt von Konkurrenz und Handelsbeschränkungen. Deutschland z.B. verbot bis 1920 alle ausländischen Filme, während Kinos in Großbritannien und Frankreich mit einem Vorführstopp für alle deutschen Produkte belegt waren. In den frühen 20er Jahren begannen einige Leute, mehr Kooperation zwischen europäischen Filmindustriellen zu fordern. Die Konferenz von 1923 war die erste konkrete europäische Initiative – doch Widerstände und die Inflation führten dazu, daß keine deutschen Repräsentanten eingeladen wurden. Die Verstimmungen zwischen dem Gastgeberland Frankreich und Deutschland beschäftigten auch die Fachpresse, die jedoch die Bedeutung internationaler Koordination in einer vorwiegend international tätigen Industrie erkannte und Deutschlands Teilnahme an späteren Konferenzen befürwortete.[2] Die Entscheidung für Paris als Konferenzort 1923 und 1926 war sowohl Zeichen für Frankreichs politische Bedeutung in Europa als auch für die Stärke seiner Filmindustrie.

Ebenso bedeutsam, vielleicht wichtiger noch als die offiziellen Diskussionen bei diesen Konferenzen, waren die konkreten Vereinbarungen, die zwischen europäischen Filmfirmen getroffen wurden. Einer der ersten und bedeutendsten Verträge wurde 1924 zwischen Erich Pommer für die Ufa und den Etablissements Aubert in Frankreich geschlossen. Dieses vielbeachtete Abkommen erlaubte den Vertrieb der Filme beider Firmen in beiden Ländern. Durch die politische und wirtschaftliche Entwicklung wurden grenzüberschreitende Absprachen gefördert, so daß auch die französisch-deutsche Film-Kooperation weniger umstritten war.

Man wollte durch solche Abkommen einen europaweiten Markt schaffen, von der Größe her dem amerikanischen Binnenmarkt vergleichbar. Dies hätte grundsätzlich die Rentabilität der einzelnen Filme erhöht und deshalb größere Produktionsbudgets gerechtfertigt. Man hegte die Hoffnung, solche Filme wären den amerikanischen Filmen ebenbürtig; sie sollten sich auf dem europäischen Markt stärker durchsetzen können und die amerikanischen Filme zurückdrängen.

Pommer kommentierte das so: „Ich glaube, daß europäische Produzenten endlich daran denken müssen, eine gewisse Zusammenarbeit zu vereinbaren. Es ist unbedingt notwendig, ein System des regelmäßigen Handels zu begründen, das es den Produzenten ermöglicht, ihre Filme schnell zu amortisieren." Er fährt im selben Interview fort: „Es ist notwendig, ‚europäische Filme' zu machen, die nicht länger französische, englische, italienische oder deutsche Filme sind, sondern ganz ‚kontinentale' Filme."[3]

Dies ist das andere Hauptmotiv für die Idee eines Film-Europa: eine bestimmte Art von internationalem Film zu kreieren, der über alle Grenzen hinweg gefiele, wie dies offensichtlich vielen amerikanischen Filmen gelang. Eine der Schlüsselstrategien zur Verwirklichung dieser Politik war es, in Co-Produktionen zu investieren, was u.a. durch den vielgepriesenen französisch-deutschen Zusammenschluß von Pathé und Westi realisiert wurde. Co-

Produktionen sollten die Kosten von Großproduktionen für die einzelnen Firmen möglichst reduzieren. Eine andere Strategie war es, bekannte Stars und Techniker aus anderen Ländern zu engagieren, um mit ihnen Filme für diese Märkte zu drehen.

Die Konferenz 1923 in Paris war in vieler Hinsicht typisch für die anderen internationalen Filmkonferenzen der 20er Jahre. Die meisten Berichterstatter hielten sie für ein bedeutendes Großereignis, obwohl weder deutsche noch amerikanische Repräsentanten anwesend waren und die Filmindustrie nur durch die Kinobesitzer vertreten war. Ein Delegierter benannte die zentrale Frage, die auf der Konferenz diskutiert wurde: „Gemeinsamer Feind"[4] sei nicht die amerikanische Konkurrenz, über die wohl nicht gesprochen wurde, sondern die Besteuerung. Es wurde vereinbart, die europäischen Regierungen zur Streichung der auf Filmvorführungen erhobenen Steuern zu bewegen. Andere Konferenzbeschlüsse betrafen die Standardisierung der Geräte, die Probleme der lokalen, willkürlichen Zensur und den Widerstand gegen – wie die Kinobesitzer fanden – unnötig lange Filme.

Doch die Konferenzleitung fühlte sich nicht in erster Linie für Fragen des Handels und der Wirtschaft zuständig, sondern für kulturelle, politische und moralische Aufgaben. Besteuerung sei nicht richtig, so wurde argumentiert, da das Kino ein lebendiges, künstlerisches und wissenschaftliches Werkzeug der modernen Gesellschaft sei sowie ein unerläßliches Mittel zur Stärkung der öffentlichen Moral. Mehrere Redner betonten die Bedeutung des Kinos als erzieherisches Medium für den Handel, das das Ansehen der Filmindustrie verbessert hätte. Deshalb wurde eine Kommission zur Förderung des Lehrfilms eingerichtet.

Die Konferenz beschloß auch die Gründung eines ständigen Beratungs- und Verwaltungsgremiums, das die Bemühungen der Filmindustrie zur Verbesserung ihrer Position und zur weltweiten Vertretung ihrer Interessen koordinieren sollte. Man vereinbarte, gegen die Stimmen einiger französischer Delegierter, Deutschland in dieses internationale Gremium aufzunehmen. Obwohl es sich offiziell um einen Zusammenschluß der Kinobesitzer handelte, nannte man ihn damals oft „Filmvölkerbund"[5]. Dies war zweifelsohne ein Versuch, das Ansehen der Föderation zu verbessern und die Interessen der Produktion einzubeziehen. In einem Leitartikel mit der Überschrift „Internationalising the Film" schrieb eine britische Fachzeitung, die Konferenz „set up a standard of production that should so considerably widen the scope of appeal of each individual film as to bestow upon it an international appeal, which must inevitably result in the broadening of the scope of bigger and better pictures, the adopted slogan of every producer, and creating an opening for every picture, no matter what the nationality of its origin, in the markets of the world."[6]

Der Artikel verbindet wirtschaftliche Logik mit kulturellen und politischen Prinzipien, besonders „the principle (...) that the photoplay, speaking in an

universal language, is capable of being made the ambassador of nations, to the advancement of trade, commerce and general security, and the welding into one common brotherhood of the peoples of the whole universe."
Die Bemühungen zur Gründung einer gesamteuropäischen Handelsvereinigung kamen letztlich nicht recht voran. Wichtig ist jedoch der Hinweis auf den Völkerbund und die Übernahme seiner Idee, nicht zuletzt, weil dieses Gremium die pariser Konferenz 1926 unterstützte. Der Völkerbund, Vorgänger der Vereinten Nationen, wurde auf der Friedenskonferenz 1919 in Paris gegründet, um die internationale Zusammenarbeit zu verbessern und sie gegenüber nationalen Anliegen zu unterstützen. Aber es ist wichtig, sich daran zu erinnern, daß sich sowohl die USA von dem Bund distanzierten, als auch, daß Deutschland erst 1926 aufgenommen wurde und sich 1933 wieder zurückzog.
Der Völkerbund gründete verschiedene beratende Komitees, darunter auch das Internationale Komitee für intellektuelle Kooperation. Dieses Komitee diskutierte 1924 einen Bericht zum Thema Film. Sein Autor Julien Luchaire schrieb, das Kino stelle eine vitale Größe in der zeitgenössischen Kultur dar und sei das beste Mittel für die Erziehung der Weltbevölkerung und für die Vermittlung der Idee intellektueller und internationaler Zusammenarbeit.[7] Das Komitee verfolgte also in erster Linie politische, kulturelle und moralische Anliegen. Der Text verwendete dieselben Formulierungen, mit denen die Konfernz von 1923 die Regierungen aufgerufen hatte, die Steuern für Filmvorführungen abzuschaffen.
Luchaire schrieb, daß die Bemühungen zur Gründung einer internationalen Filmvereinigung nicht erfolgreich waren, und schlug vor, das Internationale Komitee für intellektuelle Kooperation solle diese Initiative übernehmen. Tatsächlich sollte aber das geplante Handelsgremium in ein kulturelles Gremium umgewandelt werden. Der Völkerbund versuchte, dem vorrangig am Profit interessierten Handel die moralischen und politischen Aufgaben des Films als allgemeines Kulturgut aufzuzwingen. Diese Vereinnahmung ermöglichte es, die Unterscheidung in Kommerz und Kultur deutlich zu formulieren; wobei die Filmindustrie – und selbstverständlich die Filmmacher – wirklich auch an kulturellen Fragen interessiert waren und sie nicht nur zum Vorwand nahmen.

Paris 1926

Zahlreiche Reporter begrüßten 1926 die Idee einer französisch-deutschen Filmproduktion, da so beide Seiten ihre Vorzüge einbringen konnten. Ufa-Direktor Ferdinand Bausback schrieb beispielsweise: „Wenn wir Deutschen Ihnen auf dem Gebiet der Technik einen gewissen Vorsprung haben, so ist unbestreitbar, daß der Franzose mit seinem schönen Temperament, seinem

Geschmack und seiner feinen Empfindsamkeit unleugbare Qualitäten besitzt, die seinen künstlerischen Äußerungen ein Gütesiegel verleihen, das wir als erste anerkennen."[8]
Ohne Zweifel war der Hauptgrund für die verschiedenen französischdeutschen und anderen europäischen Initiativen die Bekämpfung der Vorherrschaft amerikanischer Firmen im europäischen Filmgeschäft. Kristin Thompsons Statistik legt die Vermutung nahe, daß dies auch zu einem bestimmten Grad gelang :[9]

Herkunft der in Deutschland und Frankreich verliehenen Filme (in %):

	Deutschland		Frankreich	
	1926	1929	1926	1929
USA	45	33	79	48
Deutschland	39	45	6	30
Frankreich	4	4	10	12

Ein Hauptproblem der europäischen Zusammenarbeit, deren Hauptziel es war, den USA Konkurrenz zu machen, waren die guten Geschäfte, die große europäische Filmfirmen mit amerikanischen Firmen machten. Ohne diese Verbindungen wäre es sehr schwierig gewesen, in den verführerisch großen, gut organisierten und potentiell sehr profitablen amerikanischen Markt einzudringen. Und natürlich hatte die Ufa seit 1925 mit dem Parufamet-Vertrag ein gegenseitiges Vertriebsabkommen mit Paramount und M-G-M.
Das internationale Komitee für intellektuelle Kooperation akzeptierte den Bericht, den Julien Luchaire 1924 vorgelegt hatte und schlug die Organisation einer internationalen Film-Konferenz vor: Daraus ergab sich dann die pariser Konferenz von 1926 – organisiert vom französischen Nationalkomitee für intellektuelle Kooperation, dem ausführenden Gremium des internationalen Komitees, und dem Internationalen Institut für intellektuelle Kooperation in Paris; die Leitung hatte Luchaire.
Die Fachpresse sprach drei Jahre nach dem ersten Kongreß immer wieder von der Notwendigkeit einer Kooperation zwischen Deutschland und Frankreich. Und auch wenn die deutsch-französischen Beziehungen nicht ausdrücklich auf der Tagesordnung der Konferenz von 1926 standen, waren sie in den Köpfen der meisten Teilnehmer doch sehr präsent. Die Organisatoren der Konferenz luden Intellektuelle und Erziehungswissenschaftler aller Nationen, Moralisten und Reformer, Kulturjournalisten, Politiker und natürlich Repräsentanten der Filmwirtschaft ein. Zwangsläufig erzeugten sie damit Spannungen zwischen intellektuellen und wirtschaftlichen Interessen. Der anfängliche Widerwille der Vertreter der Filmwirtschaft aller Länder gegen die – aus ihrer Sicht rein intellektuelle – Konferenz, schwand im Laufe

der Veranstaltung, weil diese zunehmend von Wirtschaftsinteressen dominiert wurde. Die deutsche Filmindustrie hatte anfangs alle Einladungen abgelehnt, obwohl Deutschland dem Völkerbund gerade erst beigetreten war, was jedoch den Handel nicht besonders interessierte. Doch letztlich stellte Deutschland die größte und bestorganisierte Delegation mit etwa 40 oder 50 Delegierten und einem klaren Programm wirtschaftsbezogener Themen. Außerdem waren viele französische Filmmacher und Industrielle anwesend. Insgesamt kamen etwa 427 Delegierte aus 28 Ländern, vor allem Europas.

Jenseits des Atlantiks verfolgte die amerikanische Filmindustrie die Vorbereitungen zur Konferenz sehr aufmerksam. Doch als die USA aus dem Völkerbund austraten, sah man die Konferenz als rein europäische Initiative und als potentielle Bedrohung der amerikanischen Filminteressen. Das Hays Office bemühte sich intensiv, die Konferenz im Vorfeld scheitern zu lassen. Dann versuchte man, sie um ein Jahr zu verschieben – weil noch Statistiken über den Filmhandel in aller Welt erstellt werden müßten, was nur Amerika könnte. Als auch diese Taktik scheiterte, verlegten sich die Amerikaner darauf, die Konferenz durch ihre Fachpresse herunterspielen zu lassen: „Some twenty nations will gather in Paris to discuss the future of motion pictures. (...) Art, literature, education and internationalism will be discussed. Some eighty papers will be read in many different languages. That's interesting, in view of the fact that there is but one international language – motion pictures. The result of the gathering may or may not be important. The world is a tremendous audience. Like all audiences, big or small, it is fickle. Certain standards of American production have been set. They must be maintained and improved with the march of progress. Perhaps some constructive practical thoughts will come from the Paris gathering; but whatever the outcome, it's a good safe bet that American producers will continue on their merry way of giving the public of America and of the world what it wants."[10]

Amerikanische Funktionäre versuchten auch, Wirtschaftsthemen von der Tagesordnung fernzuhalten und die Konferenz auf ihre intellektuellen und künstlerischen Ziele festzulegen. Dies waren natürlich genau die Gebiete, mit denen sich die Konferenz schließlich befassen sollte. In der offiziellen Ankündigung heißt es: „Die Konferenz wird weder industriell noch kommerziell" – obwohl klar war, daß ein großer Teil der Tagesordnung sich mit Handelsinteressen befaßte.[11]

Die Sorge Hollywoods wurde am Ton einiger Artikel der amerikanischen Fachpresse deutlich; besonders im „Daily Express", der die „Organisation einer offensiven Kampagne gegen das amerikanische ‚Weltmonopol'"[12] vorhersagt, welche die Einführung einer Quotenregelung und anderer Beschränkungen für den europäischen Import beinhalten. Solche offenen Feindseligkeiten gegen den amerikanischen Handel findet man in der europäischen Fachpresse nur sehr selten, was als Zeichen ihrer Sympathie für amerikanische Interessen gesehen werden kann.

„Film Daily" hatte jedoch keine Zweifel an den wahren Aufgaben der Konferenz. Ein Artikel auf der Titelseite bemerkte, daß „der erste Internationale Film-Kongreß mit der Tarnung seiner Motive durch ein altruistisches Programm zur Erhebung des Films versucht, den Zusammenschluß gegen das amerikanische ‚Filmmonopol' zu perfektionieren. (...) In den Besprechungen der acht Kongreßkomitees, in die sich die Konferenz unterteilt hat, kam es zu massiven Angriffen auf amerikanische Produzenten. (...) Doch jenseits der allgemeinen Idee eines rivalisierenden Zusammenschlusses fehlt es an klaren Vorschlägen, um die ‚Filmkönige von New York und Hollywood' zu umgehen".[13]

Andere Veröffentlichungen in der europäischen Fachpresse bestätigen die Berichte über ein kulturelles und politisches Forum, das von Geschäftsinteressen übernommen wurde, betonen aber auch das Fehlen konkreter Entwicklungen, die der europäischen Filmindustrie greifbare Ergebnisse bringen könnten. Die Idee des Völkerbundes und seines Internationalen Komitees zur intellektuellen Kooperation könnte man die offizielle Grundstimmung der Konferenz nennen: die Diskussionen über den Internationalismus und über die erzieherische und kulturelle Bedeutung des Films für alle. Doch gab es auch einen inoffiziellen Wirtschaftsdiskurs.

Die offizielle Debatte der Konferenz hatte eine dreifache Bedeutung: Erstens befaßte er sich mit dem Film als kultureller Ausdrucksform; eine Position, die sich viele anwesende Filmindustrielle nur zu gerne zu eigen machten, um ihre vorwiegend wirtschaftlichen Interessen zu rechtfertigen. Zweitens stellte er sicher, daß man sich wenigstens zeitweise mit dem Sachfilm, wissenschaftlichen Film und Lehrfilm auseinandersetzte, also mit dem, was wir heute Dokumentarfilm nennen. Und drittens ergab sich eine Reihe von mehr oder weniger rhetorischen oder zumindest unrealisierbaren Beschlüssen.

So gab es Diskussionen über das Verhältnis zwischen dem Film und den anderen Künsten sowie Resolutionen, die alle Filmmacher und Industriellen dazu aufriefen, die Produktion von Filmen zu verhindern, die Haß zwischen Völkern schüren oder andere Nationalitäten verunglimpfen würden. Die Produktion von Filmen zur Förderung der internationalen Verständigung und Kooperation wurde angeregt, von Filmen auf hohem moralischen Niveau. Ein weiterer Beschluß forderte, alle historischen Filme sollten die Ereignisse korrekt wiedergeben und die Völker verständnisvoll schildern. Aber es gab natürlich keine Möglichkeit, diese guten Absichten nun auch durchzusetzen – kein Äquivalent zum Hays Office of the Motion Picture Producers and Distributers Association (MPPDA) in den USA. Versuche, eine Art ständiges Komitee zu bilden, führten jedoch ebenso wie 1923 zu keinem Ergebnis.

Es gibt viele Hinweise darauf, daß „Film Daily" das Aufkommen eines viel wichtigeren, wirtschaftlich orientierten Diskurses, der sich mit der Etablierung verschiedener Formen europäischer Zusammenarbeit befaßte, zu Recht fürchtete. Die Geschäftsleute standen den intellektuellen Anliegen der Konferenzorganisatoren recht zurückhaltend gegenüber: „Film ist eine Industrie und ein Handelsunternehmen und diese Herren scheinen das völlig vergessen zu haben."[14] Ein Berichterstatter bemerkte, daß „bei der jetzigen Arbeit des Kongresses die Filmwirtschaft freie Bahn hat". Die meisten Komitees bestanden aus Vertretern des Filmgeschäfts, „so daß der Kongreß, der auf einem ‚intellektuellen Podest' begann, bald in so etwas wie einer internationalen Filmwirtschaftsdebatte endete".[15]

Die Fachzeitschriften berichteten in Sonderausgaben ausführlich über die Diskussionen. In vielen Stellungnahmen wurde die Konferenz als Anregung für eine gut organisierte und zusammenarbeitende europäische Kino-Allianz verstanden – als europäischer Block, der der amerikanischen Filmindustrie vielleicht ernsthaften Widerstand leisten könnte. Auch viele Filmmacher betonten die Bedeutung der Konferenz für Kontakte mit ausländischen Kollegen. Außerdem hervorgehoben, wie wichtig die Zusammenarbeit der beiden größten filmproduzierenden Länder in Europa, Frankreich und Deutschland, war. Viele Filmfirmen nutzten die Konferenz, um ihre neuesten Filme einem Fachpublikum vorzuführen – obwohl dies nicht zum offiziellen Teil der Veranstaltung gehörte.

Es gab eine deutliche Diskrepanz zwischen der offiziellen Völkerbunds-Position der Konferenz und den kommerziellen Diskussionen, die bald viele Veranstaltungen bestimmten. Doch beide stimmten in ihren anti-amerikanischen Ansichten überein. Dem Internationalen Komitee für intellektuelle Kooperation erschien das amerikanische Kino meist moralisch anstößig und für europäische Filmmacher und Industrielle war Amerika der wirtschaftliche Gegner. Doch dieser gemeinsame Nenner war nicht tragfähig. So fand es Ernst Hugo Correll von der Phoebus besonders wichtig, keine anti-amerikanische Politik zu machen.[16]

Auch wenn die Film-Europa-Idee im Grunde anti-amerikanisch war, konnte es sich die europäische Filmindustrie insgesamt doch nicht leisten, die amerikanischen Filmfirmen zu verstimmen – und so waren die Delegierten sehr bestürzt und verärgert, daß die amerikanische Filmindustrie trotz ihrer überragenden Position im internationalen Filmgeschäft keine Vertreter geschickt hatte. Dieselben Delegierten versuchten jedoch zugleich, eine europäische Film-Allianz zu etablieren, die den Marktanteil europäischer Filme zu Lasten des amerikanischen Films vergrößern sollte. Ein Journalist bemerkte: „Wir haben auf die Amerikaner in Paris gewartet, wie man sonst nur auf den reichen Onkel wartet."[17]

Man kann nicht behaupten, daß diese Konferenz – oder irgendeine der anderen – wirklich grundlegend Einfluß auf die Entwicklung des europäischen Films dieser Jahre hatte. Ohne sie hätte es wohl keine Resolutionen zu internationaler Verständigung und ähnlichem gegeben. Doch auch wenn die

Teilnehmer Kontakte knüpften und möglicherweise Verträge abschlossen und die Konferenz deswegen wichtig fanden – Film-Europa als solches stand nie wirklich auf der Tagesordnung.
Das wäre im Paris des Jahres 1926 auch gar nicht möglich gewesen. Die Idee einer europäischen Film-Allianz nahm dort jedoch konkretere Form an, die aber ohne eine ständige Kommission zur Koordinierung der Aktivitäten und Interessen der Teilnehmer nicht weiterentwickelt werden konnte. Wie im Jahr 1923 wurde die Gründung dieses Gremiums beschlossen. Doch wegen der Widersprüche zwischen den industriellen und kulturellen Interessen kam man nicht darüber hinaus. Die Industriellen und Filmmacher fühlten sich durch die „Intellektuellen" in der Kommission behindert, während die Vertreter des Komitees für intellektuelle Zusammenarbeit das Gefühl hatten, das Gremium widmete sich zu sehr dem Handel (die Kommission war eher damit beauftragt, die Interessen der Filmindustrie als die Interessen der Menschheit zu schützen).[18]
Eine konkrete Aufgabe des Gremiums war es, eine zweite Konferenz in Berlin 1927 zu organisieren. Im Mai 1927 wurde mitgeteilt, diese würde auf 1928 verschoben und außerdem seien alle Vertreter des Internationalen Instituts für intellektuelle Kooperation von der Kommission zurückgetreten.[19] Dies bedeutete das Ende der Beteiligung des Völkerbunds an der Konferenz, doch tauchten einige Elemente seiner kulturreformerischen und internationalistischen Ideen auch auf späteren Konferenzen auf.

Berlin 1928

Die Tatsache, daß die Konferenz 1928 in Berlin abgehalten wurde, war ein klares Zeichen für die Vitalität der deutschen Filmindustrie und für deren Streben nach einer führenden Rolle im europäischen Film. Wie auch die Franzosen in Paris 1923 und 1926 zeigte sich in Berlin der Gastgeber von seiner besten Seite und warb für die Einrichtungen der einheimischen Filmindustrie.
Die berliner Konferenz war ein rein wirtschaftsorientiertes Ereignis und sogar eine spezielle Kinobesitzer-Konferenz: die erste internationale Kinobesitzer-Konferenz, wie sie irreführend genannt wurde. Die verschiedenen Komitees waren diesmal besser auf die Bedürfnisse der Industrie zugeschnitten – die unterschiedlichen Steuern für Filmvorführungen, das Problem der Filme mit Überlänge, die Blockbuchungen, der Wunsch nach Standardisierung der technischen Geräte usw. Letztlich gab es jedoch kaum Fortschritte im Vergleich zu 1923. Eine Resolution forderte, daß kein Film mehr eine Nation diffamieren oder nationale Gefühle verletzen sollte[20], aber man stellte auch fest, wie unwahrscheinlich die Durchsetzung solcher Forderungen sei, die typisch für einen Teil der Debatten waren.[21]

Einen konkreten Vorschlag machte das Deutsche Lichtspiel-Syndikat (eine Gründung der Kinobesitzer), das für die Gründung eines europaweiten Kino-Syndikats oder Trusts mit Tausenden von Kinos plädierte. Auf dieser Basis sollte eine Filmproduktion mit garantiertem Absatzmarkt entstehen. Das Modell war der First National in Amerika nachempfunden und wurde in einer britischen Fachzeitschrift als „einer der wichtigsten Schritte, die jemals in der Geschichte des europäischen Films eingeleitet wurden" beschrieben.[22] Doch natürlich war das nicht so einfach, denn offensichtlich waren in der geplanten Organisation Produzenten und Verleiher vertreten, die auf einem starken europäischen Markt mit ihren eigenen Produkten handeln wollten, was einige Kinobesitzer abschreckte.[23] Man versuchte auch wieder, einen europaweiten Handelsverband für Kinobesitzer zu gründen. Wegen dieser beiden Projekte formulierte die amerikanische Fachpresse erneut ihre große Sorge über die, wie „Variety" es nannte, Gründung einer „formidable opposition to combat American film supremacy"[24].

Paris 1929 und 1930

Dem neuen Problem des Tonfilms stellte man sich hauptsächlich mit dem Ruf nach Standardisierung der Geräte und Systeme sowie der Vereinheitlichung der Verträge. Importbeschränkungen, Tarifschranken und Quotenregelungen waren weitere Themen der Konferenz von 1929. Man sollte annehmen, daß eine Kinobesitzer-Konferenz deutlich gegen Importbeschränkungen eintreten würde: Filme ziehen nicht deswegen viele Besucher an, weil sie aus einem bestimmten Land kommen, sondern weil das Publikum sie mag. Doch stattdessen beschloß die Konferenz, die nationale Produktion durch eine Art Quotenregelung zu schützen. Wie ernst die Kinobesitzer diese Beschlüsse nahmen, ist schwer zu beurteilen, jedenfalls war eine Sondervorstellung der M-G-M-Produktion BROADWAY MELODY (1929, Harry Beaumont) ein Höhepunkt der Konferenz. Es hatte sich also nichts geändert: Unrealistische Resolutionen wurden verabschiedet, die Gründung der angestrebten europaweiten Handelsvereinigung war 1929 immer noch nicht realisiert; es gab noch kein ständiges Büro zur Durchsetzung der Konferenzbeschlüsse oder zur Koordinierung der Film-Europa-Idee.
Die Hauptredner der Konferenz führten den kulturellen Diskurs des Völkerbundes fort. So rechtfertigte Leon Brézillon, Präsident der französischen Vereinigung der Kinobesitzer, die Notwendigkeit, die Industrie Europas zu organisieren: „Wir müssen uns fragen, ob unser intellektuelles Erbe, das wir in 2000 Jahren Zivilisation aufgebaut haben, nicht in fremde Hände übergeht, um danach von Angehörigen eines ganz anderen Kulturkreises an uns ausgeliehen zu werden. Wir müssen eine Vereinigung in Erwägung ziehen und uns auf unserem eigenen Gebiet verteidigen."[25]

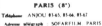

Anzeige in La Cinématographie Française, Januar 1928

Charles Delac behauptete, die Konferenzteilnehmer wären die Pioniere der zukünftigen Vereinigten Staaten von Europa.[26] Der Hinweis bindet die Entwicklungen in der Filmindustrie ein in allgemeine wirtschaftliche Zusammenhänge, in denen sich die französische Regierung seit 1924 für den europaweiten Handel einsetzte.[27]
Auf der Konferenz von 1930 war der Tonfilm zu einem noch dringenderen Thema geworden. Für die europäische Filmindustrie wurde der Schlüssel zum Erfolg in der Entwicklung von Mehrsprachen-Produktionen gesehen.[28]

Film-Europa

Film-Europa war kein einheitliches Projekt und ist insofern ein irreführender Begriff. Wenn es je irgendeine reale Form hatte, dann wohl am ehesten als eine Reihe sich überschneidender, zusammenhängender, teilweise auch widersprüchlicher Diskurse und Praktiken. Die wichtigsten europäischen Filmindustriellen trafen verschiedene Verleih- und Co-Produktions-Absprachen über nationale Grenzen hinweg und man versuchte, eine europaweite Kinokette zu gründen.
Diese Entwicklung sollte man in den allgemeinen Trend dieser Zeit einordnen: weg vom offenen Wettbewerb der Anfänge der Filmindustrie und hin zu wirtschaftlicher Konzentration und Konsolidierung, wie sie für eine kapitalische Entwicklung typisch sind. Man verlangte von den Regierungen, diese oder jene Quotenregelungen einzuführen, und zwar hauptsächlich zur Begrenzung des Anteils amerikanischer Filme auf dem europäischen Markt, aber die Länder koordinierten ihre Bemühungen nicht ausreichend. Auf ausdrücklichen Wunsch der USA unterstützte der Völkerbund 1927 eine ökonomische Regelung zur Aufhebung aller Handelsbeschränkungen zwischen seinen Mitgliedsstaaten. Mit Hilfe dieser Regelung focht die amerikanische Filmindustrie dann die 1928 in Frankreich eingeführte Quotenregelung an.[29]
Neben diesen verschiedenen wirtschaftlichen Maßnahmen – hypothetischen und realistischen – stand die kulturelle Idee der internationalen Kooperation und Verständigung. Diese verband die verschiedenen Konferenzen der 20er Jahre vielleicht mehr als alles andere, aber lediglich auf rhetorischer Ebene.
Zwei Themen wurden bei jeder Konferenz diskutiert: Einerseits wiesen die Journalisten darauf hin, daß solche Konferenzen kaum etwas Konkretes erreichen könnten, andererseits betonten dieselben Berichterstatter die Bedeutung der Konferenzen als Basis für das, was man heute „Networking" nennt. Es wurden Grundlagen für spätere Zusammenarbeit geschaffen, Ideen und Informationen ausgetauscht und Diskussionen über die Zukunft des Films als Kulturgut geführt. Die Ironie dabei ist, daß wegen der Unfähigkeit,

irgendetwas Konkretes wie ein ständiges Handelsgremium zu schaffen, dieselben Debatten auf allen Konferenzen wiederholt wurden – und folgenlos blieben.
Trotz aller Bemühungen der Delegierten gab es immer noch keine europaweite Handelsvereinigung zur Koordinierung der verschiedenen kulturellen Programme und Industriepraktiken zur Bildung und Vereinheitlichung einer Strategie für das europäische Kino. 1930 konnte wieder einmal festgestellt werden, die Erwartung, die Konferenz könnte einen direkten Nutzen bringen, habe sich nicht erfüllt, gleichzeitig sei aber ein besseres Verständnis für die kollektiven und individuellen Schwierigkeiten der Kinobesitzer in den fünfzehn Ländern, die Delegierte schickten, erzielt worden.[30]
Es war also weiterhin notwendig, Kontakte zu knüpfen und Erfahrungen auszutauschen, denn es gab noch immer kein Äquivalent für das MPPDA, das diese tägliche Arbeit routinemäßig erledigt hätte; es gab noch kein Gremium, das all die Beschlüsse umsetzen könnte: die gegen chauvinistische Filme oder – ganz pragmatisch – jene über die Notwendigkeit zur Standardisierung der Vorführgeschwindigkeit, der Plakatgröße, der Tontechnik oder der Arbeits- und Versicherungsverträge.
Ein Reporter meinte 1928, die pariser Konferenz von 1929 würde ihren Zweck erfüllen, wenn sie der amerikanischen Industrie zeigen könnte, daß es wirklich eine europäische Bewegung mit eigenen Zielen und Interessen gibt.[31] Ein großes Problem war die Vielfalt der Interessen, die in der Film-Europa-Idee zusammenkamen: Kulturpolitik, industrielle Praktiken, die unterschiedlichen Interessen der Produzenten, Verleiher und Kinobesitzer, schließlich die Notwendigkeit zur Zusammenarbeit mit Hollywood wie auch gleichzeitig das amerikanische Kino zu bekämpfen.
Die Idee des Internationalismus, die die verschiedenen Konferenzen vom Völkerbund übernommen hatten, beruhte auf der tiefen Sorge um nationale Kulturen. Mit der Verdrängung des Internationalismus durch die immer aggressiveren Nationalismen der 30er Jahre sowie mit der Umstellung auf Ton und der Einführung verschiedener Sprachen statt der offenbar internationalen Sprache des Stummfilms verlief die Idee eines zentral koordinierten Film-Europa-Projekts (soweit es jemals existierte) mehr oder weniger im Sande. Jetzt erschien die Idee eines „Film-Völkerbundes" rein theoretisch (oder schlichtweg unpatriotisch). Die mächtigsten europäischen Firmen unterstützten dennoch internationale Filmprojekte und Co-Produktionen. Und natürlich wurde der Markt für Tontechnik eine Zeitlang von einer der erfolgreichsten europäischen Initiativen beherrscht, die es je gab: der multinationalen Firmengruppe der Tobis-Klangfilm-Küchenmeister.

Ich danke den Mitarbeitern von CineGraph sowie Lawrence Napper, Uwe Brunssen, Sonia Paternoster und Nick Riddle für ihre Unterstützung bei den Recherchen zu diesem Aufsatz.

1) Film-Kurier, Nr. 187, 7.8.1928. – 2) Vgl. z.B. Film-Kurier, Nr. 239, 22.10.1923 und Nr. 251, 2.11.1923. – 3) C. de Danilowicz: Chez Erich Pommer. In: Cinémagazine, Nr. 27, 4.7.1928; zit. n. Kristin Thompson, David Bordwell: Film History. New York: McGraw-Hill 1994, S. 184. – 4) Zit. n. The Bioscope, 1.11.1923. – 5) Vgl. z.B. The Bioscope, 1.11.1923. – 6) The Bioscope, 25.10.1923. – 7) Vgl. William Marston Seaburry: Motion Picture Problems. The Cinema and the League of Nations. New York: Avondale Press 1929, S.147 ff., und Anhang 1 und 3. – 8) Zit. n. La Cinématographie Française (CF), Nr. 413 B, 29.9.1926. – 9) Thompson und Bordwell, a.a.O., S. 186. – 10) Nicht identifizierte amerikanische Fachzeitschrift; zit. n. The Bioscope, 22.7.1926. – 11) Details von Seaburry, a.a.O., S. 148-54. – 12) Daily Espress, 27.9.1926. – 13) Film Daily, 30.9.1926. – 14) CF, Nr. 413, 2.10.1926. – 15) Georges Clarrière: The Bioscope, 14.10.1926; Vgl. Seaburry, a.a.O., S. 154: „The congress was chiefly industrial." – 16) Zit. n. CF, Nr. 413 D, 1.10.1926. – 17) Film-Kurier, Nr. 233, 5.10.1926. – 18) Seabury, a.a.O., S. 379 und 156 ff. – 19) Seabury, a.a.O., S. 159-60. – 20) Zit. n. Close Up, Vol. 3, Nr. 4, Oktober 1928, S. 18-19. – 21) The Bioscope, 29.8.1928. – 22) The Bioscope, 29.8.1928. – 23) Vgl. Kinematograph Weekly, 30.8.1928 und Variety, 22.8.1928 – 24) Ebd. – 25) Zit. n. Kinematograph Weekly, 13.6.1929. – 26) Ebd. – 27) Vgl. Kristin Thompson: The End of the „Film Europe" Movement. In: Tom O'Regan, Brian Shoesmith (Hg.): History on/and/in Film. Perth: History and Film Association of Australia 1987, S. 47. – 28) Vgl. Andrew Higson: Way West. Deutsche Emigranten und die britische Filmindustrie. In: Jörg Schöning (Red.): London Calling. München: edition text + kritik 1993, S. 42-54; Film-Europa. Dupont und die britische Filmindustrie. In: Jürgen Bretschneider (Red.): Ewald André Dupont. Autor und Regisseur. München: edition text + kritik 1992, S. 89-100. – 29) Seabury, a.a.O., S. 131 ff. – 30) Kinematograph Weekly, 12.6.30. – 31) Kinematograph Weekly, 6.6.1929.

Eric Le Roy

E. C. B. WESSBECHER, GENANNT DONATIEN
Filmproduktion zwischen Frankreich und Deutschland

Im Jahr 1928 erschienen in der Fachpresse Berichte über eine Zusammenarbeit zwischen Donatien, dem vielseitigen Künstler des französischen Films, und dem berliner Produzenten Klaus Fery. Die Beziehungen zwischen französischen und deutschen Filmfirmen expandierten zu dieser Zeit, deshalb ist es interessant, sich mit den Männern zu befassen, die diese Firmen leiteten, besonders mit Donatien.
Donatien hieß mit richtigem Namen Emile Charles Bernard Wessbecher. Sein Vater Emile Bernard Wessbecher (1851–1928) gehörte zu jenen elsässischen Großindustriellen, die 1871 für die französische Staatsbürgerschaft optiert hatten. Die jüdische Familie Wessbecher stammte aus Deutschland und lebte in Lauterbourg. 1880 ließ sich Wessbecher senior mit seiner Frau in Paris nieder und gründete dort eine Firma für Kunstschmiedearbeiten, die Betten aus Eisen oder Kupfer herstellte, Theater- und Kinoausstattungen, und die 1914 bereits 300 Mitarbeiter beschäftigte und weltweit aktiv war. Das Unternehmen beteiligte sich an zahlreichen internationalen Messen und gewann über hundert Medaillen. Besonders intensive Geschäftsbeziehungen bestanden mit Deutschland.
Emile Charles Bernard wurde 1887 in Paris geboren. Sein künstlerisches Interesse zeigte sich früh – nach einer kunsthandwerklichen Ausbildung und der zweijährigen Militärzeit trat er 1910 in die Firma seines Vaters ein. Nach der Mobilmachung vom 1. August 1914 schloß er sich dem 1. Kürassierregiment an und kämpfte ab dem 3. August „contre l'Allemagne".[1] Er wurde mehrmals versetzt und schließlich demobilisiert. Ihr Engagement gegen die Deutschen kostete die Familie zwei Menschenleben: Donatiens Brüder Henri, 26 Jahre alt, und André, 20, fielen 1918 innerhalb weniger Wochen. Der trauernde Vater war dennoch stolz auf das siegreiche Frankreich und errichtete ihnen eine prächtige Grabstätte auf dem Friedhof von Passy in Paris sowie eine heute nicht mehr vorhandene Statue im Rathaus von Lauterbourg. Donatien verarbeitete die schrecklichen Erfahrungen der Kriegsjahre später in seinen Filmen MON CURÉ CHEZ LES RICHES (1925) und MON CURÉ CHEZ LES PAUVRES (1925).
Nach Kriegsende wollte Donatien nicht in die Firma zurückkehren, sondern beschloß, künstlerisch zu arbeiten. Er änderte seinen Namen, um sich vom Vater zu unterscheiden, aber auch, um nicht zum Opfer der damals sehr

scharfen anti-deutschen Angriffe zu werden.² Eher aus Zufall wählte er das Pseudonym Donatien. Er arbeitete als Innenarchitekt und Dekorateur, betrieb einen Laden und eine Werkstatt, verkaufte selbstentworfene Möbel, Stoffe und Gläser, eigene Gemälde, aber auch Antiquitäten und besonders chinesische Kunst.

Zu seinem Freundeskreis, meist Künstler und Theaterleute, zählten Lucien Rozenberg, Direktor des Théâtre de l'Athénée, der Schauspieler und Regisseur Edouard-Emile Violet, Jacques Ollendorff, der Sohn des Verlegers Paul Ollendorff, der Produzent und Verleiher Pierre Weill, der Hutmacher Lewis und der Schuhfabrikant André Pérugia. Donatien stattete Wohnungen aus, Theaterstücke und Filme. Seine Freundin war eine der interessantesten Schauspielerinnen der Zeit, Lucienne Legrand, die ihn bei seinen Unternehmungen unterstützte.

Zum Zeitpunkt, als Donatien beschloß, auch in Deutschland zu arbeiten, hatte er bereits Filme in verschiedenen Ländern gedreht: LES HOMMES NOUVEAUX (1922), seinen ersten Streifen, in Marokko mit Edouard-Emile Violet, außerdem in Spanien (LA SIN VENTURA, 1923), Polen (LA CHEVAUCHÉE BLANCHE, 1924), Italien (L'ILE DE MORT = SIMONE, 1926) und in der Schweiz (PRINCESSE LULU, 1925). Seine Filme waren bei der deutschen Kritik und dem deutschen Publikum erfolgreich, vor allem NANTAS (1924) und die beiden Filme der MON CURÉ-Serie von 1925.

Ende 1927 besuchte Donatien zusammen mit Lucienne Legrand Berlin und traf dort Klaus Fery, um die formell beschlossenen gemeinsamen Projekte auf den Weg zu bringen. Die deutsche und die französische Fachpresse („Film-Kurier" und „Cinéma") berichtete ausführlich: Es wird dabei deutlich, daß der Anstoß zur Gründung dieser französisch-deutschen Firma von Klaus Fery ausging. Er hatte sich vermutlich für Donatien entschieden, weil dessen Film NANTAS so erfolgreich war und auch Fery gut gefallen hatte. Donatiens Herkunft spielte dabei wohl keine Rolle.

Der Grundgedanke war, die Firma unter die Leitung zweier Direktoren zu stellen und die Filme von einem deutschen Regisseur drehen zu lassen, der von einem französischen Co-Regisseur unterstützt würde. Auf dieser Basis wurde die in der Fachpresse „Donatien Fery Films" genannte Firma gegründet; der Gründungsvertrag konnte bisher nicht aufgefunden werden.³

Donatien war sich seiner Sache ganz sicher, sprach in einem Interview in „Cinéma" am 15. Januar 1928 von geplanten Dreharbeiten und nannte die Titel MISS EDITH, DUCHESSE, auch SALUT, CHÉRIE und einen GUILLAUME TELL, den er in der Schweiz realisieren wollte.

Lucienne Legrand war der große Star der Firma. Sie besichtigte in Begleitung ihres Mentors die Filmstudios von Berlin und machte dort die Bekanntschaft von Regisseuren, Technikern und Schauspielern, darunter auch Brigitte Helm. [Der deutsche Star kam im folgenden Jahr zu Dreharbeiten von L'ARGENT (Marcel L'Herbier) nach Paris.⁴]

Atelierbesuch in Babelsberg: Brigitte Helm, Lucienne Legrand, Donatien (im Bogen)

Da die Kontingent-Gesetze der Nachkriegszeit noch in Kraft waren, ging Donatien sicher, daß alles den Vorschriften entsprach: mindestens 50 % der Innen- und Außenaufnahmen sollten in Frankreich gedreht werden, ein Teil in den Studios der Franco-Film in Nizza.

Auf deutscher Seite finden sich nur wenige Informationen über Klaus Fery. Bekannt ist nur, daß er 1919 in Hannover eigene Firmen, Fery-Film-Atelier und Fery-Film GmbH, gegründet hatte und daß es sich dabei um ein Atelier, ein Filmkopierwerk und eine Produktionsfirma handelte.

Seine Produktionen mit Titeln wie DER EWIGE MÖNCH IM BANNE DER MUSIK (1920), GELEGENHEIT MACHT LIEBE (1920), DAS GROSSE LOS (1920), FEINDLICHES BLUT (1920) oder DER GROSSE SCHLAGER gehören nicht zum Kanon der überlieferten Klassiker. Offensichtlich ging Fery 1923 nach Berlin, 1926 hatte er ein Kapital von 21.000 RM. Als er 1927 die Vereinbarung mit Donatien schloß, verbuchte er 7.588 Meter Film für die Produktion von vier Filmen.[5] Hier hatten sich also zwei Außenseiter der Industrie zusammengetan, die nicht zu den Großen gehörten und sich gegenseitig ergänzten.

Es ist schon erstaunlich, daß Donatien sich so entschlossen engagierte, obwohl er im Krieg gegen Deutschland gekämpft hatte. Zudem geriet 1928 die Weimarer Koalition bereits ins Wanken, soziale Auseinandersetzungen standen in den kommenden Monaten auf der Tagesordnung, und der Aufstieg der Nationalsozialisten deutete sich an. Liegt darin vielleicht der Grund für das spurlose Verschwinden der Co-Produktionsfirma von Donatien-Fery? Das Engagement des französischen Künstlers für die Werte der Demokratie und der Freiheit, des Denkens und Handelns sind bekannt. Es ist auch gut möglich, daß er sich bei der Durchsetzung der vereinbarten Produktionsstrukturen mit Klaus Fery überwarf, denn Donatien drehte bald schon in Nizza MISS EDITH DUCHESSE für die Franco Film.

So war die angestrebte französisch-deutsche Zusammenarbeit nur von kurzer Dauer, konkrete Ergebnisse gab es nicht. Bald darauf häuften sich für Donatien die Schicksalsschläge: 1929 verließ ihn Lucienne Legrand und entschied sich für André Pérugia, den in Filmkreisen berühmten Schuhfabrikanten, der übrigens auch für Göring arbeiten sollte. 1930 drehte Donatien einen Film, der die Zukunft vorwegnahm: POGROM. Das Negativ verbrannte im Kopierwerk.

Nach dem Mißerfolg der Tonfassung von MON CURÉ CHEZ LES RICHES gab Donatien das Filmmachen ganz auf – er malte wieder und widmete sich der Keramik. Nach dem Einmarsch der Deutschen zog er sich in das Département Jura zurück, 1944 wurde er wegen seiner republikanischen Aktivitäten von der Gestapo verhaftet. Im Dorf war seine Einstellung zur Besatzungsmacht bekannt. Donatien wurde in der Zitadelle von Besançon gefangengehalten und von den deutschen Offizieren beim Verhör geschlagen. Durch Zufall erkannte ihn ein Soldat, der früher in den deutschen Studios gearbeitet hatte, wieder. Einige Stunden später wurde Donatien freigelassen und ging in die Dordogne. Der Transport nach Drancy verließ Besançon ohne Donatien wenige Tage darauf.

Donatien starb 1955 an den Folgen der Folterungen in der Gestapo-Haft.

1) Eintragung in seinem Militärbuch, deponiert in: Les Archives de Paris. – 2) Tatsächlich haben zu dieser Zeit viele Künstler und Personen des öffentlichen Lebens ihren Namen geändert, nicht nur Juden mit deutsch klingendem Namen. – 3) Ich danke Daniel Otto herzlich für seine wertvolle Hilfe bei den Recherchen zu diesen Informationen. Ebenso danke ich Susanne Höbermann und Pamela Müller (GFS, Hannover) und Eva Orbanz (Stiftung Deutsche Kinemathek). – 4) Brigitte Helms Ankunft in Paris wird von Jean Dréville gefilmt, der damals Marcel L'Herbiers Assistent ist. – 5) Laut Karl Wolffsohn (Hg.): Jahrbuch der Filmindustrie, 3. Jahrgang, 1926/1927. Berlin: Lichtbild-Bühne 1928. Andere Quellen enthalten leicht widersprüchliche Angaben.

Thomas Elsaesser

CHACUN AU MONDE A DEUX PATRIES
Robert Siodmak und das Paris der 30er Jahre

Paris, das mich schon immer in meinen Ferientagen amüsiert hatte, war zu schön (...). Die Emigration war keine Härte, sie war eine Reise. Es gab den Glanz der feuchten Boulevards in den Lichtnächten, es gab das Frühstück im Distrikt am Montmartre, mit Kognac im Glas, Kaffee und den lauwarmen Brioches und den übernächtigten Gigolos and Nutten ... ein Dachzimmer in einem alten, lieben Hotel in der Rue Lord Byron wo ich wohnte.... es gab ganz Paris, das genauso war wie der kleine Moritz es sich vorstellt, es empfing mich mit seiner intelligenten Sorglosigkeit. Der Nachtportier (...) lud mich zum Coup de Rouge ein und prophezeite: „Ca va s'arranger, Monsieur ... j'en suis sur. Chacun au monde a deux patries. La sienne et Paris."[1]

Mit charakteristischer Leichtigkeit beschwört Max Ophüls hier den Mythos von Paris als der natürlichen Heimat europäischer Emigranten. Sein Bild ist bereits ausgeleuchtet wie eine Filmkulisse, und es verwandelt das Exil in eine bittersüße Romanze, bevölkert von Klischees modischer Dekadenz und pittoresker Armut.

Während die 20er Jahre Berlin gehörten, als der „Hauptstadt Europas" und Stadt der Sünde und der Moderne, dominierte Paris zweifellos die 30er Jahre. Politisch und intellektuell hatten die Deutschen, die nach 1933 nach Paris kamen, den Beginn dieses Jahrzehnts als wesentlich glücklichere Zeit erlebt als sein turbulentes Ende, das sie in dreifacher Unsicherheit gefangen hielt: Sie waren Ausländer, sie waren als Arbeitslose lästig für die Behörden, und sie waren Flüchtlinge, die wegen ihrer Rasse oder Überzeugung verfolgt wurden.[2] Viele Schriftsteller und Politiker der gescheiterten Weimarer Republik haben beschrieben, wie die wenig beneidenswerte Wahl zwischen Internierung und Deportation ihr Leben nach 1940 überschattete.[3]

Doch zu der Zeit hatten die meisten Filmmacher Paris verlassen und waren nach Großbritannien oder Amerika weitergezogen. In den Darstellungen der Filmgeschichte bildet die deutsche Filmemigration nach Frankreich höchstens eine Episode, eine Zwischenstation auf der Reise nach Hollywood. Frankreich schien nur der Warteraum zu sein, in dem man Filme produzierte, um sich die Zeit zu vertreiben, bis der Vertrag mit Warner, Universal oder M-G-M eintraf. Berichte aus erster Hand widersprechen allerdings dieser auf den ersten Blick plausiblen und letztlich doch oberflächlichen Einschätzung. Kurt/Curtis Bernhardt z.B. hatte ganz und gar nicht die Absicht, in die USA

zu gehen, ehe die Umstände ihn dazu zwangen: „"Hatten Sie vor [1939] schon mal daran gedacht, nach Amerika zu gehen?' – ‚Niemals. Ich hatte sogar 1936 ein Angebot der Columbia abgelehnt.'"[4]
Genau wie im Falle der deutschen Emigranten in Hollywood, wo jeder Regisseur, jeder Techniker und jeder Film zugleich Teil mehrerer „Geschichten" ist,[5] kommt es auch bei der Emigration nach Frankreich auf die feineren Unterschiede an. Abgesehen von der Tatsache, daß Künstler wie Ophüls, Bernhardt, Robert Siodmak und zahllose andere jeweils im Zentrum einer eigenen Geschichte stehen, ist das Exil stets auch eine persönliche Tragödie, die auch nicht durch die große Zahl gelindert wird, vor allem, wenn man bedenkt, daß der Aufenthalt in Frankreich die deutschen Flüchtlinge je nach Beruf verschieden hart traf. Für die Regisseure beispielsweise war die Filmarbeit in Frankreich weder so ungewohnt noch so traumatisch, wie sich der Kampf ums Überleben für Schriftsteller und andere Intellektuelle darstellte. Außerdem waren die Filmleute weniger isoliert, da das Filmgeschäft schon damals eine international organisierte Industrie war, in der Frankreich, Deutschland und Hollywood versuchten, sich die Anteile an den nationalen und europäischen Märkten streitig zu machen, paradoxerweise teils durch Zusammenarbeit und teils als Rivalen, wobei Co-Produktionen, gegenseitige Vertriebsabkommen und Mehrsprachen-Versionen die anerkannte Währung dieser Bilateralität wurden.[6] Deutsche und französische Produktionsfirmen tauschten alles untereinander aus: Stars, Produktionseinrichtungen, Patente oder Vertriebsrechte. Die amerikanische Firma Paramount hatte große Studios in Paris, während Babelsberg französische Schauspieler wie Maurice Chevalier und Jean Gabin unter Vertrag hatte und französische Firmen in den Sanddünen von Groß-Berlin Legionärs-Filme drehten.[7]
Von den deutschen Regisseuren, die in den 30er Jahren in Frankreich arbeiteten, haben Max Ophüls und G. W. Pabst dort je sechs Filme gedreht. Fritz Lang machte nur einen Film, Robert Siodmak neun und Curtis Bernhardt vier – die französischsprachigen Versionen ihrer deutschen Filme nicht mitgerechnet. Zu denen, die einen oder zwei Filme drehten, gehören Billy Wilder, Robert Wiene, Ludwig Berger, Wilhelm Thiele, Kurt Gerron, Max Nosseck, Richard Eichberg und Victor Trivas; kurz, die Crème der Regietalente des frühen deutschen Tonfilms. Dennoch mag auf den ersten Blick der Eindruck gerechtfertigt scheinen, den Aufenthalt der Deutschen in Frankreich als eine reine Episode zu betrachten, weil kaum einer ihrer Filme besonders erfolgreich war – weder beim französischen Publikum noch sonst irgendwo. Wenn man allerdings die Filme heute betrachtet (die meisten haben glücklicherweise überlebt), wird deutlich, daß die Arbeit einer ganzen Generation während fast eines Jahrzehnts mehr ist als ein Intermezzo zwischen dem Ruhm einer deutschen Karriere und ihrer eventuellen Vollendung in Hollywood.[8] Selbst wenn man die Filme ausschließlich unter dem Aspekt des Gesamtwerks eines Autors würdigt, nach dem Langs, Ophüls' oder Wilders

französische Filme den Rang ihrer Hollywood-Filme angeblich nicht erreichen, verlieren wir einige wichtige Momente aus den Augen: vor allem die komplizierten französisch-deutschen Filmbeziehungen, die bis zur Mitte der 20er Jahre zurückreichen und unter dem Namen „Film-Europa" bekannt geworden sind; hinter diesen stand der Einfluß zweier Produzenten – Seymour Nebenzahl und Erich Pommer – die in Deutschland konkurrierten, ehe es sie beide nach Paris verschlagen sollte.

Zu diesem Komplex (den Andrew Higson in seinem Aufsatz in diesem Band näher beschreibt) gehörten sowohl Pommers Verleih-Abkommen mit Aubert 1923 als auch die pariser und berliner Konferenzen 1926 und 1928 und das Tonfilm-Patent-Abkommen von 1930 mit den US-Majors. Wenn die deutschen Produktionen der Emigration auch besonders stark durch den Einfluß dieser zwei Produzenten geprägt waren, so handelt es sich doch um äußerst unterschiedliche Persönlichkeiten: Nebenzahl als Besitzer der pariser Nero Film, die fast ein Dutzend Filme von Emigranten verantwortete, blieb stets ein (höchst umstrittener) „Independent"-Produzent und bewegte sich trotzdem mühelos in der Welt der Filmfinanz und der Verleiher.[9] Pommer dagegen verkörperte für viele die Großkonzerne höchstpersönlich: war er doch der vormals allmächtige Leiter der internationalen Ufa-Produktionen und nun Europa-Chef einer Hollywood-Firma – der Fox Corporation – in Frankreich, eine Position, die es ihm erlaubte, vielen früheren Ufa-Kollegen Arbeit zu verschaffen. Ohne Pommers und Nebenzahls ausgeprägten Geschäftssinn und ihre internationalen Verbindungen hätten manch ein Regisseur und besonders Drehbuchautoren in Frankreich überhaupt nicht arbeiten können. Diese Produzenten wiederum konnten ihre Projekte nur dank der seit langem bestehenden „Konkurrenz durch Kooperation" zwischen der deutschen und französischen Filmindustrie verwirklichen und damit auch die sich immer mehr erschwerenden Umstände nach dem politischen Einschnitt von 1933 für sich und ihre Mitarbeiter ausnutzen. Die Herstellung französischer Filme bedeutete für Nebenzahl, Pommer – und in geringerem Maße auch für Eugen Tuscherer[10] – nach außen hin kaum mehr als die logische Konsequenz ihrer Unternehmungen aus der Zeit um 1930, als sie französische Sprachversionen der meisten größeren deutschen Produktionen in Auftrag, Produktion und Verleih gehen ließen.

So könnte man jedenfalls glauben. Doch die Emigranten und ihre Produzenten mußten aus verschiedenen Gründen in diesem Nachbarland besonders umsichtig vorgehen. Zunächst, weil das französische Kino durch die Einführung des Tonfilms in eine tiefe Krise geraten war, die die internen Schwierigkeiten der Neustrukturierung der inländischen Produktion vergrößerte, während man gleichzeitig versuchte, die Marktposition französischer Filme zu behaupten. Bereits zu Beginn des neuen Jahrzehnts wurde deutlich, daß der deutsche Tonfilm eine bedrohliche Konkurrenz darstellte, denn besonders die französischsprachigen Versionen von Pommers Ufa-Musicals, in denen meist etablierte französische Stars die deutschen Schauspieler ersetzten, waren beim französischen Publikum sehr beliebt. Als Beispiele der größten Erfolge seien erwähnt: DER KONGRESS TANZT (1931, Erik Charell), DIE DREI VON DER TANKSTELLE (1930, Wilhelm Thiele), DIE 3-GROSCHEN-OPER (1930/31, G. W. Pabst) oder VIKTOR UND VIKTORIA (1933, Reinhold Schünzel).

Diese gespannte Lage macht vielleicht auch verständlich, daß die verhältnismäßig guten Chancen einiger Flüchtlinge und Exilanten, beim französischen Film beschäftigt zu werden, zu Anfeindungen durch die einheimischen Beschäftigten führten. Besonders wenn man den traditionellen Chauvinismus beider Seiten und den noch immer verletzten Stolz der französischen Filmindustrie, nicht mehr die Nummer 1 in Europa zu sein, mit einbezieht. Schon bald aber nahmen die Spannungen die düstere Färbung von offenem Rassismus und Antisemitismus an, und selbst die französischen Gewerkschaften scheinen für solche Propaganda nicht unempfänglich gewesen zu sein.[11] Dies hatte zur Folge, daß die deutschen Emigranten letztlich nur bei den B-Produktionen der vielen kleinen, neuentstandenen Firmen arbeiten konnten. Die einzige Alternative waren die „internationalen" Produktionen, die Pommer sowohl für seine neue Firma S.A.F. Fox Europe organisierte, als auch die im Zusammenhang der ACE-Abmachungen (Alliance Cinématographique Européenne) realisierten Projekte.

Aus diesem Grund ist es nicht überraschend, daß für fast alle deutschen Regisseure Anfang der 30er Jahre die erste Arbeit in Frankreich darin bestand, die französische Version ihres letzten deutschen Filmerfolgs zu drehen: Ophüls überarbeitete LIEBELEI als UNE HISTOIRE D'AMOUR, Nebenzahl überredete (einige behaupten auch: zwang) Lang, französische Versionen von M – LE MAUDIT und DAS TESTAMENT DES DR. MABUSE herzustellen, Ludwig Berger drehte WALZERKRIEG als LA GUERRE DES VALSES, und sogar Joe May machte aus IHRE MAJESTÄT DIE LIEBE die Fassung SON ALTESSE L'AMOUR.

Innerhalb dieser groben Umrisse beginnt man die Produktionsdynamik und die Logik zu verstehen, aus der die Filme entstanden sind; sie sagen jedoch wenig über die besondere Rolle dieser Filme in ihrer Zeit oder in der heutigen Filmgeschichte aus. Müssen sie nicht das bleiben, was die Filmgeschichten behaupten: entweder blasser Abklatsch der großen Weimarer Filme, oder mißlungene Imitationen französischer Filme, denen jede Auseinandersetzung mit ästhetischen Formen fehlt? Obwohl die folgenden Anmerkungen kaum den Anspruch haben können, diese Fragen erschöpfend zu behandeln, versuchen sie doch, einige vorläufige Thesen zu unterbreiten – vor allem für drei unterschiedliche Bereiche. Der Einfachheit halber konzentriere ich mich, wenn auch nicht ausschließlich, auf die Filme Robert Siodmaks, dessen französische Arbeiten sowohl in ihrer Quantität als auch in ihrer Wirkung auf das französische Kino eine größere Rolle spielen als das Werk anderer Deutscher – die französischen Filme Pabsts eingeschlossen.

Arbeit an Le chemin de Rio (1931): Siodmak (l) mit Nebenzahl (m), Käthe v. Nagy, Suzy Prim

Deutsche Regisseure in Frankreich: Zu Gast im eigenen Genre

Folgende Aspekte scheinen mir besonders ergiebig: die Genres, die emigrierte Regisseure aufgriffen; die Funktion der Schauspieler und Stars in ihren Produktionen; und schließlich die Frage, inwiefern man von „nationalen" Eigenschaften sprechen kann, ob gewisse Verhaltensmuster, visuelle Klischees oder wiederkehrende Motive den Filmen ihren Platz in der Kinogeschichte – sei es der deutschen oder der französischen – zuweisen.

Um mit den Genres zu beginnen: Es fällt auf, daß die Filmstoffe, die deutsche Regisseure anzogen, als sie nach Frankreich kamen, und die Art, wie sie sie behandelten, ein gemeinsames Merkmal aufweisen: Es handelt sich vornehmlich um bekannte, für den großen kommerziellen Markt bestimmte Unterhaltungsthemen. Auch das sollte davor warnen, einen ausschließlich auf den Autorenfilm orientierten Ansatz gegenüber den französisch-deutschen Filmbeziehungen einzunehmen.

Robert Siodmaks LE CHEMIN DE RIO (1936) ist ein gutes Beispiel für den Emigrantenfilm: produziert von Nebenzahl, mit Dialogen von Henri Jeanson und Musik von Paul Dessau, einem Komponisten, der später mit Bertolt Brecht in Kalifornien und dann in Ost-Berlin zusammenarbeitete. LE CHE-

MIN DE RIO erzählt von den Abenteuern einer Journalistin, die, um den weißen Sklavenhandel aufzudecken, sich als Tänzerin in einer Bar in Barcelona verdingt, dort aber von einem Kollegen des Konkurrenz-Blatts erkannt wird, ihn zur Verfolgung der Banditen überreden kann und sich in ihn verliebt; schließlich retten sie sich gegenseitig das Leben.
Interessanterweise besteht der Film im wesentlichen aus drei Geschichten, die auf drei verschiedene (Sub-)Genres verweisen: ein schon im Titel annonciertes Exposé zum „Weißen Sklavenhandel", wie es fast seit Beginn des Kinos beliebt war[12]; eine Screwball comedy über eine Reporterin und einen Reporter, beide verkleidet und hinter den gleichen Gangsterbanden her,[13] und schließlich eine typisch französische Geschichte von eifersüchtigen Vätern und mißratenen Töchtern, allerdings im Unterweltmilieu angesiedelt.
LE CHEMIN DE RIO beginnt im fantasmagorischen Dekor eines Bordells, in dem gerade eine Orgie im Gange ist – zugleich fachmännisch wie argwöhnisch beobachtet von einer Puffmutter, die aus Pabsts DIE FREUDLOSE GASSE stammen könnte. Ein Mann kommt herein, geht die Treppe hoch, die Kamera zeigt seinen breiten Rücken, als er sich einem der Mädchen nähert. Sie schreit, weicht zurück, wirft sich über das Geländer und stürzt in den Tod. Schnitt, ein anderer Ort, andere Personen, eine andere Zeit: die Anfangsszene wirkt durch das Fehlen der Erklärung und Motivation besonders gewalttätig und rätselhaft, aber seltsamerweise auch verfremdet, weil sie nicht Teil des Raum-Zeit-Kontinuums der Geschichte ist.
Der Bruch scheint gewollt und ist beunruhigend: die beiden Zeitspannen – die der Intrige und die Inszenierung der einzelnen Episoden – konkurrieren miteinander. Die Bordellszene zeigt sich nicht nur bewußt als stilistische Tour de force, sondern auch als ein Zitat des deutschen Films der 20er Jahre. Wie dort fehlt der Dialog, nur Musik und das Zusammenspiel der Blicke, Bewegungen, Schatten und des Dekors bestimmen die Handlung. Das expressionistische Pathos eines vergangenen Stils wirkt in dem realistischen Dekor fast verspielt: eine sich selbst zu erkennen gebende Satire. Und weil wir (noch) nicht wissen, wer die Charaktere sind, wirkt das gewalttätige Drama selbst wie eine Choreografie der Körper und wird so zum Film-im-Film. Die Regie bewegt sich jetzt auf zwei Ebenen: auf der der Intrige, mit ihren narrativen Verwicklungen, und auf der der Überraschungseffekte durch die häufigen Drehortwechsel, die den Eindruck vermitteln, die Szenen wollten sich von der Geschichte lösen, der Exotik oder des touristischen Schauwerts wegen. Nachdem Siodmak dieses doppelte Interesse im Zuschauer wachgerufen hat, wird es zum Merkmal eines sehr deutlichen, fast „persönlichen" Tons oder Stils. In der Folge dient jede Geschichte mehr als formales denn als dramatisches Gegenstück zur anderen, was mal melodramatisch direkt, mal wehmütig gebrochen wirkt.
Diese Suche nach einem strukturellen Prinzip oder Kontrapunkt innerhalb der Stereotypen und melodramatischen Möglichkeiten des Genrefilms

scheint mir ein zentraler Beitrag dieses deutschen Regisseurs zum französischen Kino zu sein; und sie hilft bei der Beantwortung der Frage, warum so unterschiedliche Filme wie LE CHEMIN DE RIO, MOLLENARD (1937, Siodmak), LILIOM (1933, Lang) oder DE MAYERLING À SARAJEVO (1940, Ophüls) die verschiedenen Schauplätze und Räume in einer Art getrennt halten und voneinander absetzen, die für das französische Kino dieser Zeit recht ungewöhnlich ist (auch wenn in manchen Fällen wohl wegen der technischen Unzulänglichkeit früher Tonaufnahmegeräte an unterschiedlichen Orten gedreht werden mußte). Aber die scharfen Gegensätze, die Siodmak in MOLLENARD für die Szenen in Dünkirchen und Shanghai, oder auch Lang in den Szenen auf dem Rummelplatz und in der Holzhütte in LILIOM (ganz zu schweigen von der Szene im Himmel) herausarbeiten, besteht nicht nur, weil alles im Studio gedreht wurde, sondern belegt die Absicht, eine Symmetrie durch Wechsel zu kreieren (ähnlich der Gegenüberstellung von Hotel und Mietskasernen in Murnaus DER LETZTE MANN) und gleichzeitig durch den subtilen Rhythmus der Asymmetrie Variationen einzubringen, indem sich die Handlungsorte im Ton und der dramatischen Textur voneinander unterscheiden.
Um das Typische am Einsatz der Schauspieler in den Filmen emigrierter deutscher Regisseure vorwegzunehmen, sei hier kurz auf Siodmaks Meisterwerk MOLLENARD verwiesen. Harry Baur, der 1943 von den Nazis deportiert und umgebracht wurde, spielt die Geschichte eines Kapitäns aus Dünkirchen, der von seiner Frau verachtet und von seiner Mannschaft vergöttert wird und in Shanghai in Verdacht gerät, Ladung und Schiff zum Waffenschmuggel mißbraucht zu haben. Sein langer Leidensweg, sich den Machenschaften der Reederei, der Bürger von Dünkirchen und besonders denen seiner Frau zu entziehen, um einen würdigen Tod sterben zu können, machen den Großteil der Handlung aus.
Der Harry Baur in Shanghai ist nicht der gleiche Harry Baur, der in Dünkirchen ankommt: was natürlich der moralische Angelpunkt ist, den die Geschichte mit bitterer Ironie hervorheben und unterstreichen will. Doch statt diesen Prozeß der Degradierung als psychologischen und physiologischen Verfall zu zeigen, läßt Siodmak den Hauptdarsteller einfach zu einer anderen Figur werden: als ob zwei getrennte Filme ineinandergeschnitten worden wären.
Ähnlich die Anfangsszene von CARREFOUR (1938, Bernhardt), mit einer atmosphärisch dichten Montage eleganter Schuhe, raschelndes Laub aufwirbelnd, gefolgt von Einstellungen hoher nebelverhangener Mauern und schemenhafter Gestalten, die durch Bäume huschen: all dies scheint wenig Verbindung zu dem sich sich daran anschließenden Drama im Gerichtssaal zu haben, bei dem die Handlungsorte zwischen einer eleganten pariser Villa, einem Nachtclub und einer Vorort-Fabrik wechseln. Der Stil ist von Diskontinuität und Zusammenstößen bestimmt, sowohl im dramatischen Ton

als auch in der Vermischung der Genres innerhalb eines Films: Der Effekt besteht in einer bestimmten Art von Abstraktion und selbstbewußtem Meta-Kino, allerdings nicht auf der thematischen Ebene, sondern lediglich auf der Ebene der technischen Virtuosität.
So ist z.b. am Anfang von CARREFOUR Charles Vanels Spazierstock in Szene gesetzt, als fange er das Licht ein. Sich von seinem Besitzer und dessen Umgebung lösend, bewegt er sich wie ein Lichtbündel über die Leinwand, halb surrealistisches Objekt, halb abstraktes Formenspiel im Experimentalfilm. Hier und anderswo werden Licht und Beleuchtung (deren Intensität oder Verteilung im Bild) durch den scharfen Umriß, den sie den Objekten verleihen, fast zu einem Ersatz für den Schnitt. Selbst ein Film wie MAUVAISE GRAINE (1933, Billy Wilder), in dem der Hauptdarsteller ein von Rennwagen besessener junger Mann ist und dessen Haupthandlung aus Jagden, Verfolgungen und Rennen besteht, zeigt eine ähnliche Auseinandersetzung mit Ungleichzeitigkeit, Raum und Licht. Die ersten Einstellungen von MAUVAISE GRAINE sind aus der Perspektive einer Radkappe aufgenommen, die in freier Fahrt durch die Straßen von Paris rollt, als sei es ein Film von Walther Ruttmann, ehe die Geschichte sich zu einem typisch deutschen Vater-Sohn-Melodram wandelt, das wiederum abwechselnd zwischen Gangsterkomödie, Thriller und Doku-Drama eines Paars auf der Flucht changiert. Der Film endet wie ein romantisch-exotischer Jean Gabin-Film, mit einem Dampfschiff auf dem Weg nach Südamerika und einem Liebespaar, das sich erst findet, als die Sirenen pfeifen und die letzte Gangway hochgezogen wird. Die Identifikation wird durch den Einsatz der vielen Genres gebrochen, die ihrerseits jedoch die Aufmerksamkeit auf die Möglichkeiten von Raum und Licht lenken und die Zeit als emotionale Intensität erfahrbar machen, sowohl als Weg von Unschuld zu Wissen und Reue als auch in ironischer Wiederholung gefangene Momente.
In CARREFOUR begreift ein erfolgreicher Geschäftsmann nach und nach, daß er ein gesuchter Verbrecher sein könnte und daß alles, woran er sich erinnert, vielleicht nur etwas ist, was andere ihm erzählt haben, ein illusionistischer Trick von Identifikation und Projektion, was ihn letztlich auch an der Echtheit seiner Gefühle für Frau und Kind zweifeln lassen muß. Der Prämisse des Films, insbesondere, daß eine Kriegsverletzung zur Amnesie führen kann, wird weniger Aufmerksamkeit gewidmet als dem romantisch-expressionistischen Thema des Doppelgängers und dem Spiel mit der Zeit, wo sich Greifbares und Sichtbares aufspalten, um eine Dimension zu enthüllen, die weder Vergangenheit noch Gegenwart ist. Wie die Ironie ist das Unheimliche hier eine Art doppelter Wahrnehmung, deren Verschiebung der Ebenen von Erzählung und Darstellung eines der Prinzipien ist, die das deutsche Kino der späten Weimarer Periode mit ins Exil gebracht zu haben scheint. Soweit es Genres betrifft, haben die deutschen Regisseure tatsächlich viel Geschick bei der Nachahmung und Anpassung an die Normen ihrer Gast-

länder bewiesen, während sie zugleich ihr umfassendes Fachwissen einbrachten und den Überblick behielten. So konnten sie verschiedene Genres spezifisch deutschen Ursprungs, sei es das Kammerspiel oder das in Rückblenden erzählte Gerichtssaal-Drama, in dem Maße mit ihrem – teils vorsichtigen, teils sicheren – Verständnis für „internationale" Produktionsstandards (was hauptsächlich Hollywood-Genres bedeutete) kombinieren, wie letztere bei den europäischen Zuschauern des Tonfilms an Beliebtheit gewannen.
Dies wirft die interessante historische und kritische Frage nach der deutlichen und anhaltenden Enttäuschung über die Filme der Deutschen in Frankreich auf, die sich in allen zeitgenössischen Kritiken wiederfindet. Abgesehen von einigen Siodmak-Filmen schienen sie mit den Erwartungen der etablierten Kritiker unvereinbar gewesen zu sein. Wegen ihrer Erwartung an die Regisseure, „deutsche" Filme zu drehen (was ihnen ermöglicht hätte, sie wegen der „Andersartigkeit" ihrer Filme zu bewundern), schienen die französischen Kritiker von der Tatsache irritiert, daß man oftmals nicht erkennen konnte, ob ein Film von einem Deutschen oder von einem Franzosen inszeniert worden war. Die sich kaschierende Assimilierung wurde als viel größere Bedrohung gesehen als die offene „Andersartigkeit", gab also Anlaß zu Angst vor „Kolonisation" und „Besatzung" und nahm so schon um 1935 politische Entwicklungen der kommenden Jahre vorweg.
Retrospektiv wird gewöhnlich argumentiert, das deutsche Kino sei zwischen 1927 und 1933 im selben Maße niedergegangen wie die Weimarer Republik. Dem widersprechen jedoch die wirtschaftlichen Fakten, denn die Filmmacher, die Deutschland 1933 verlassen mußten, hinterließen eine rege und technisch sehr leistungsfähige Industrie. In den frühen Jahren des Tonfilms entwickelte sie sich auf vielfältige Art. Das Repertoire der deutschen Industrie reichte von Thrillern, Problemfilmen und psychologischen Dramen bis zu Musicals, und deswegen fiel es den Regisseuren auch leicht, sich den kommerziellen Anforderungen in anderen Ländern anzupassen. Als Schwäche statt als Stärke erscheint dies nur, wenn man davon ausgeht, daß deutsche Filme einen einheitlichen ästhetischen Stil mit einer identifizierbaren sozialen Aussage haben sollten. Ein kurioses Paradox: Je weniger typisch „deutsch" – das bedeutet expressionistisch – deutsche Filme waren, desto häufiger wurde behauptet, das deutsche Kino sei im Niedergang begriffen und der sichtbare Endpunkt dieser Entwicklung sei die Machtergreifung der Nazis.
Man könnte jedoch mit dem gleichen Recht behaupten, daß man es einfach mit verschiedenen Generationen zu tun hat. Pabst wurde 1885 geboren, Lang 1890, Siodmak und Ophüls 1900 beziehungsweise 1902. Doch wenn man sich britische und französische Kritiken der frühen 30er Jahre ansieht, wird deutlich, daß die Kritiker das deutsche Kino nicht mit dem Expressionismus der frühen 20er Jahre assoziierten, sondern mit einem anderen Stil: dem Realismus der Neuen Sachlichkeit; man erwartete das soziale Engage-

ment und den harten Milieu-Realismus von Langs MABUSE-Filmen oder populären Erfolgen wie M oder das Pathos von Filmen wie KAMERADSCHAFT (1931, Pabst), BERLIN–ALEXANDERPLATZ (1931, Phil Jutzi) und MÄDCHEN IN UNIFORM (1931, Leontine Sagan).
Für die einflußreiche Zeitschrift „Close Up" oder die London Film Society war die Arbeit Pabsts, besonders von DIE FREUDLOSE GASSE (1925) bis DIE 3-GROSCHEN-OPER (1930/31), typisch für das Beste am deutschen Kino. Das Scheitern der deutschen Emigrantenfilme in den 30er Jahren war Teil dieser Mischung aus kulturellen Mißverständnissen und ästhetischen Widersprüchen. Die Kritiker verwehrten diesen Filmen ihre Gunst nicht, weil sie zu schwerfällig teutonisch oder expressionistisch, sondern im Gegenteil zu leicht, zu frivol, zu oberflächlich waren (und somit entweder zu typisch „französisch" oder zu typisch „amerikanisch"). Es gab z.B. kaum einen emigrierten Filmmacher, den man nicht zu irgendeinem Zeitpunkt mit René Clair verglichen hätte; LA CRISE EST FINIE (1934, Siodmak) wurde sogar als „absichtlicher Versuch, die mitreißenden Revue-Musicals der Warner Brothers zu kopieren", gedeutet.
Es gibt unzählige Verweise auf René Clair. Wenn wir mehr oder weniger zufällig zwei herausgreifen, sehen wir, daß bei Ophüls' LA TENDRE ENNEMIE (1936) der Vergleich „René Clair ohne den Snobismus" ausnahmsweise schmeichelhaft, in den meisten anderen jedoch abwertend ist. Francis Courtade übernimmt z.B. Klischees der 30er Jahre, wenn er um 1966 über Langs LILIOM urteilt: „LILIOM ist ein wenig wie SOUS LES TOITS DE PARIS, LE MILLION und QUATORZE JUILLET. Aber Fritz Lang ist nicht René Clair und offensichtlich fühlte er sich nicht sehr wohl dabei. M lag mehr auf seiner Linie."
Lang drehte LILIOM für Pommer während Ophüls ON A VOLÉ UN HOMME vorbereitete, ebenfalls für Pommer. „Meiner Meinung nach", sagte Ophüls später, „war dies ein doppelter Fehler. Pommer hätte es andersherum machen sollen. Lang hätte bestimmt einen beachtlichen Thriller gemacht, während ich wahrscheinlich eine gute romantische Komödie zustandegebracht hätte." Das Thema der Genres hat somit eine Spur von Tragikomödie oder Verwechslungskomödie, was beweist, daß die Trennung von Hochkultur und Populärkultur oder die Frage, ob der Film nun „Kunst" oder „Kommerz" sei, zu diesem Zeitpunkt bereits die gerechte Einschätzung oder historisch informierte Beurteilung von Filmen verhängnisvoll beeinträchtigte.
Der Aspekt der Schauspieler und Stars, die in den Emigrantenfilmen besetzt wurden, ist politisch und ästhetisch sogar noch komplexer. Es kommt der bereits angedeuteten Frage, in welchem Ausmaß die Deutschen wegen ihrer unheimlichen Fähigkeit, sich anzupassen und das „Französische" nachzuahmen, als Bedrohung gesehen wurden, am nächsten. Hierfür muß man sich kurz mit dem sozio-ökonomischen Kontext und beruflichen Status der deutschen Filmschaffenden zu Beginn der Tonfilmära befassen. Im Frankreich des Jahres 1934, das von wachsender Arbeitslosigkeit und einer Folge

Pièges (Robert Siodmak, 1939): Jean Temerson, Marie Déa

instabiler Regierungen geprägt war, wurden die deutschen Filmmacher – obwohl sie sich selbst als politische Flüchtlinge verstanden – von ihren Gastgebern als Plage und Störenfriede gesehen. Protestdemonstrationen wurden veranstaltet, und unter dem Druck der Gewerkschaften vergab die Regierung Arbeitsgenehmigungen nur noch in Ausnahmefällen.
Chauvinismus und rassistische Vorurteile spielten hierbei keine geringe Rolle. Es muß Kurt Bernhardt als eine schreckliche Ironie des Schicksals erschienen sein, daß er gezwungen wurde, Deutschland zu verlassen, weil er nicht deutsch genug war, doch in Frankreich letzten Endes nicht bleiben konnte, weil er zu deutsch war[14]. Zum Vorwurf kam wohl die Ungerechtigkeit: Jude zu sein bedeutete, nicht als Anti-Faschist, sondern als Repräsentant des deutschen Kapitalismus betrachtet zu werden, also als aggressiver und erfolgreicherer Konkurrent. Die politisch bedingte Emigration auch als Teil eines Handelskriegs zu sehen, durch den Deutschland auf die versuchte Kolonisierung des europäischen Markts durch Hollywood reagierte und dabei auch den Nachbarn Frankreich einspannte, macht vielleicht die empfindliche Haltung der französischen Filmindustrie etwas verständlicher, wie eine solche Perspektive auch die Verbindung zwischen der „ersten" Generation Filmemigranten (Lubitsch, Murnau, Dieterle) zu den nachfolgenden „Wellen" unterstreicht, wenn auch damit nicht abtut. Die Tatsache, daß Deutschland in Europa eine ähnliche Taktik verfolgte wie die USA gegenüber Europa, hebt auch die Unterschiede zwischen Frankreich und den USA hervor – sowohl politisch, als auch in Hinblick auf ihre Filmindustrie. Es zeigt, daß politische und ideologische Faktoren weder hundertprozentig mit wirtschaftlichen übereinstimmen noch völlig von ihnen zu trennen sind. Emigration bedeutete politisches Exil und gleichzeitig Teilnahme an wirtschaftlichem Austausch, während die Filme selber das Produkt mehrerer, oft gegensätzlicher Determinanten sind.
Deutsche Regisseure, die bei der Ufa gelernt hatten, wußten im allgemeinen mehr über die technische Seite des Filmmachens als ihre französischen Kollegen. Seit Mitte der 20er Jahre hatten deutsche Kameramänner den Ruf, die besten der Welt zu sein. Mit dem Aufkommen des Tonfilms engagierten viele französische Produktionen deutsche Tontechniker und benutzten technische Geräte, die in Deutschland patentiert waren. Kameramänner wie Curt Courant und Eugen Schüfftan und Filmarchitekten wie Andrej Andrejew und Alfred Junge (der mit Emmerich Pressburger nach England kam) waren außerhalb Deutschlands hoch angesehen. Man könnte sagen, daß deutsche Techniker, die nach Frankreich emigrierten, eine deutlichere Spur in der beruflichen Infrastruktur der Filmindustrie hinterließen als die Regisseure. Zeitgenössischen Berichten zufolge begegneten die französischen Filmarbeiter den deutschen Methoden jedoch mit Skepsis: „Pommer versuchte, die Arbeitsmethoden der Berlin-Ära auf Paris zu übertragen. Die Drehbuchbesprechungen begannen zum Beispiel pünktlich und dauerten dann Stun-

den. Die Sitzordnung war streng hierarchisch. Er saß am Kopf des Tisches und an den Seiten alle anderen, vom Regisseur bis runter zum Requisiteur. Das Recht zu reden war entsprechend geregelt. Zur dritten Besprechung erschienen die Franzosen mit Schultaschen und Schiefertafeln. Pommer nahm es gelassen und schüttelte lächelnd den Kopf. Als gegen sechs Uhr abends der Konferenzraum fast leer war, fragte Pommer den leitenden Kameramann: ‚‚Warum gehen Sie schon so früh?' An der Tür drehte sich der Kameramann um: ‚C'est l'heure de l'apéritif, Monsieur.'"[15]

Wie zu erwarten, drehen sich viele solche Anekdoten um die Mahlzeiten und das leibliche Wohl. Eine typische Anekdote wurde über Fritz Lang erzählt: „During the shooting of LILIOM, Lang attempted to work through the dinner hours, a practice which had elicited a mild protest from the French co-workers. To remind him in a subtle way it was time to stop, one of the propman followed the practice each day of boiling a saucepan of soup behind the flats stored in the studio, fanning the odorous fumes in Lang's direction. After a few minutes, the director would stop his work and dismiss the crew for lunch."[16]

Auf den ersten Blick scheint sich wenig davon in den von Emigranten in Frankreich gedrehten Filmen niedergeschlagen zu haben. Dennoch ist dies genau der Punkt, an dem sie als solche beginnen, interessant zu werden. Die Filmmacher fanden andere Produktionsumstände vor, sprachen ein anderes Publikum an (die meisten Filme hatten ein relativ bescheidenes Budget und waren deshalb hauptsächlich für den französischen Markt gedacht) und trafen auf eine wesentlich andere Vorstellung vom Film und seiner sozialen Funktion. Es gab also unvermeidliche Veränderungen, doch auch genügend Kontinuitäten, um die Filme von Emigranten und französischen Regisseuren der 30er Jahre über vergleichbare Themen voneinander zu unterscheiden. Jenes deutsche Kino, das erst nach Frankreich und später nach Hollywood ging, legte mehr Gewicht auf den Prozeß des Erzählens und nicht auf den des dramatischen Konflikts, oder vielmehr, es spielte immer wieder die erzählte Zeit gegen die Handlungszeit aus. Dieser doppelte Rahmen ist der Grund für das schon oben genannte Pathos: pessimistisch und melancholisch, aber auch ironisch und zynisch.

Solch eine Welt der Objekte, der stillen Momente und der von Abwesenheit geprägten Räume verlangt vom Schauspieler eine besondere Art der Zurückhaltung. Psychologische Wahrheit liegt in den Nuancen und Gesten, die manchmal fast unabhängig vom Rest der Figur wirken: Der Schauspieler wird wie ein architektonisches Ornament eingesetzt, dessen menschliche Substanz mit dem ihn umgebenden Raum und Dekor verschmilzt. Peter Lorre, Fritz Kortner und Emil Jannings wirken oft wie Teile des Sets und ihre physischen Charakteristika spiegeln sich in den sie umgebenden Objekten: Lorres schwerfällige Rundheit in M wird von den Spielbällen der Kinder, den kugelförmigen Straßenlampen oder den wie Säcke aufgeblähten Schatten aufgenommen; Jannings kantige Gestalt ragt aus der hellen Komposition der Wohnungsszene in STÜRME DER LEIDENSCHAFT (1931, Siodmak) heraus. In der französischen Version, TUMULTES, wird der Jannings-Part von Charles Boyer gespielt. Alain Masson bemerkt, daß „der Rücken des deutschen Schauspielers wohl massiger war und deshalb eindrucksvoller"[17]. Elisabeth Bergner, eine durch ihre Filme huschende, nervöse und ruhelose Erscheinung, kündigt in dem späten Stummfilm FRÄULEIN ELSE (1929, Paul Czinner) durch das Anziehen eines Pelzmantels – der sie doppelt so groß macht – ihren aufopfernden Selbstmord an.

Die deutschen Regisseure arbeiteten mit vielen damals bekannten Schauspielern zusammen: Jean Gabin, Charles Boyer, Louis Jouvet, Harry Baur, Charles Vanel, Albert Préjean, Danielle Darrieux, Florelle, Edwige Feuillère oder Suzy Prim, die ihre Ausbildung meistens am Theater erhalten hatten oder aus Revuen und pariser Nachtklubs kamen. Dadurch brachten französische Schauspielerinnen und Schauspieler in ihre Rollen nicht nur sorgfältig erarbeitete Studien sozialer Typen ein und die Körpersprache eines sofort erkennbaren Milieus, sondern auch den Sinn für ein gutes Verhältnis zum Publikum. Dies machte französische Schauspieler „theatral" – nicht irgendwelche Übertreibungen und Clownerien; sie wußten instinktiv, daß sie für ein dankbares Publikum spielten – das konnte der Filmpartner sein oder der Zuschauer im Parkett. Im deutschen Film wurden Dekor und Objekte zum Spiegel und zur Quelle von Reaktionen und Antworten, aber nicht das Gesicht des Partners. Dieser Unterschied zwischen dem Schauspieler-Kino, wie es in Frankreich verbreitet war, und dem deutschen Kino der Inszenierung und des Raums war für die Emigrantenfilme wahrscheinlich das größte Hindernis auf dem Weg zum Erfolg bei der Kritik und erklärt das Unbehagen und die Desorientierung, die sie in Frankreich hervorgerufen haben. Die Leistung der Schauspieler entsprach nicht den erwarteten Sehgewohnheiten, die Kritiker hielten sie für fehlbesetzt. Die deutschen Regisseure benutzten die französischen Schauspieler hingegen gerne etwas gegen ihren Typ, um eine anti-psychologische, anti-naturalistische Darstellung zu erreichen.

Auch Jean Gabin, ein Schauspieler, der essentiell durch seine Gesten und die dadurch evozierten klassenspezifischen und national-typischen Resonanzen definiert ist, war in französischen Versionen deutscher Filme wie CHACUN SA CHANCE (1931, Hans Steinhoff) und LE TUNNEL (1933, Kurt Bernhardt) zu sehen, in denen er dann aufgefordert ist, sein Spiel durch eine Armbewegung zu betonen, die eine eindrucksvolle Diagonale in der Bildkomposition liefert, aber völlig untypisch für Gabin ist, macht einem sowohl eine bestimmte Qualität der französischen Filme bewußt als auch der charakteristischen deutschen Regie. Andere Beispiele zeigen recht deutlich, daß die Filmmacher sich völlig darüber im klaren sind, an welchem Detail ein nationales Publikum seine Helden erkennt. Zu Recht hat z.B. Fritz Göttler bemerkt, daß „in der deutschen Version von LE TUNNEL Paul Hartmann als

Bergbauingenieur Schaftstiefel trägt, wogegen Jean Gabin in derselben Rolle grobe Arbeitsschuhe trägt", was viel aussagen kann über „den Unterschied zweier verschiedener Interpretationen und Ideologien".[18] Das letztere ist vielleicht etwas hoch gegriffen, doch im Erkennen solcher Details findet bestimmt auch der heutige Zuschauer beim Ansehen solcher Filme Vergnügen an der Entdeckung, und die Wahrhaftigkeit des Fundes gibt den Filmen den Status des historischen Dokuments.

Robert Siodmak: Autor seiner Filme oder Meister der Verkleidung?

Einer der Gründe, warum die Karriere Robert Siodmaks in Frankreich vielleicht die interessanteste von allen ist, liegt an seiner sich anschließenden Arbeit in den USA, die eng mit einem Genre und Stil in Verbindung gebracht wurde, dessen Ursprung in Deutschland vermutet wird, das jedoch einen französischen Namen trägt: Film noir.[19] Siodmaks Arbeit in Deutschland, Frankreich und Hollywood legt sich nicht nur gegen die bereits angedeutete Idee des Autorenfilms quer, sondern scheint auch gängige Kausalitäten und – wie wir sehen werden – sogar Chronologien umzukehren. Dies gibt die einmalige Gelegenheit zur Spekulation über die Frage nationaler und trans-nationaler Identitäten in der Filmgeschichte, wie sie sich um den dreifachen Schnittpunkt darstellen, den ich hier gewählt habe: die Frage des Genres, der Regisseure und der Stars. Wenn man Siodmaks Karriere betrachtet, zeigt sie Anzeichen eines talentierten, aber nicht außergewöhnlichen Regisseurs, der im Studio-System gut funktionierte und das Glück hatte, einen vielleicht noch talentierteren Bruder – Kurt Siodmak – zu haben, der erfolgreiche Romane und kommerzielle Drehbücher schrieb und über ausgezeichnete Verbindungen verfügte. Ein erfolgreicher Genre-Film folgt dem anderen, doch MENSCHEN AM SONNTAG (1929) und ABSCHIED (1930), LA VIE PARISIENNE (1934) und PIÈGES (1938) scheinen noch nicht auf solche Hollywood Film noir-Klassiker hinzuweisen wie PHANTOM LADY (1944) und THE KILLERS (1946).

Wenn man sich nun PHANTOM LADY ansieht, der als erfolgreichster Film von Siodmaks „noir" Periode gilt, und ihn in den Mittelpunkt seines Werks stellt, ist es, als ob sich seine gesamten vorherigen Arbeiten neu ordnen lassen. Unter dem „Autoren"-Aspekt zeigen Siodmaks vorausgegangene Filme dann eine gewisse Geschlossenheit, die jedoch weniger das Resultat einer für die Theorie des Autors notwendigen retrospektiven Sichtweise ist als eher der verschachtelten Logik einer Geschichte von Jorge Luis Borges gleicht, in der Chrologie, Kausalität und Raum jeweils eine eigene Dynamik entfalten. Denn während MENSCHEN AM SONNTAG und ABSCHIED wenig Spuren von Expressionismus oder Kammerspielfilm (der fälschlicherweise oft zum expressionistischen Kino gezählt wird) zeigen, sondern entsprechend einer ganz anderen, wenn nicht gar diametral entgegengesetzten Ästhetik funktionieren, könnte PHANTOM LADY mit seinen harten Kontrasten, den Gegenlicht-Einstellungen und den abstrakten Großstadtszenen fast als Paradebeispiel des „Expressionismus" dienen. Er führt uns zurück zu den Straßenfilmen und zur Klaustrophobie Ufa-typischer, im Studio gedrehter Außenaufnahmen.

In PHANTOM LADY versucht eine junge Frau die „andere" Frau zu finden, die ihrem des Mordes verdächtigten Chef und Freund ein Alibi verschaffen könnte. Der Titel des Films suggeriert den Titel eines deutschen Siodmak-Films, DER MANN DER SEINEN MÖRDER SUCHT, der außer diesem „noir" Titel par excellence eigentlich eine Komödie an der Grenze zum Slapstick ist: Der selbstmörderische Held versucht, den auf sich selber angesetzten Amateurkiller von seinem Vorhaben abzubringen.

In Amerika dagegen „erinnert" sich Siodmak des Expressionismus: Eine Szene in PHANTOM LADY, in der Kansas, die Heldin, ihren Chef im Gefängnis besucht, ist ausgeleuchtet und inszeniert, als sei es ein Zitat aus DAS CABINET DES DR. CALIGARI, während die Sequenz, in der Kansas vor dem Schlagzeuger Cliff (gespielt von Elisha Cook, Jr.) flieht und über die Straße läuft, um Detective Burgess anzurufen, stark den deutschen Straßenfilm anklingen läßt: Die Konzentration auf Schritte und Schatten, eine bedrückende Atmosphäre und das Chaos der Großstadt vermitteln gleichzeitig das Bild einer Stadt, in der jeder alleine ist. Gleichzeitig suggerieren die nächtlich verlassene Straße und die Häuserschluchten all jene namenlosen Bedrohungen, die dem Individuum auflauern, letztlich aber ihren Ursprung im Inneren der Person haben. Um die „Phantom lady" aufzuspüren, die das lebensrettende Alibi für ihren Chef verschaffen könnte, flüchtet die Detektivin spielende Kansas hastig aus Cliffs schmuddeliger Wohnung, weil sie für den naiven und dennoch unberechenbaren Cliff selber zur „Phantom lady" wurde. Sie ist die personifizierte femme fatale, sowohl im metaphorischen Sinne durch ihre sexuellen Reize und Provokationen, als auch buchstäblich, da ihre Bekanntschaft mit Cliff und dem Barmann für beide fatale Folgen hat und ihnen den Tod bringt.

PHANTOM LADY basiert auf einem Roman von Cornell Woolrich, der nicht nur die meisten der „noir" Effekte von Siodmaks Inszenierung exakt beschreibt – es finden sich sogar mehrere Seiten, die das Licht detaillieren, so unterscheidet er z.B. zwischen Schatten, die der Lichtstrahl einer hellen unbeweglichen Quelle wirft, und den flackernden Schatten, den eine Flamme auf einer rauhen Oberfläche erzeugt. Er beschreibt auch, bis hin zum Toneffekt, wie der Medusenblick der zur femme fatale gewordenen Sekretärin zur beklemmenden Nemesis des Barmanns wird.[20] Müssen wir daraus schließen, daß Woolrich der eigentliche Autor von PHANTOM LADY ist? Nicht unbedingt, denn wir brauchen nur einige Jahre in Siodmaks Karriere zurückzugehen – zurück ins Frankreich des Jahres 1938 – um in PIÈGES eine

Phantom Lady (Robert Siodmak, 1943): Ella Raines, Franchot Tone

klar erkennbare Vorgängerin der Figur der Kansas aus PHANTOM LADY zu finden. Auch hier wird eine junge Frau, ein sogenanntes Taxigirl von der Polizei als Lockvogel engagiert, um denjenigen aufzuspüren, der hinter dem Verschwinden einer Reihe von jungen Frauen – unter ihnen auch die Partnerin des Mädchens – steckt. Ebenso wie Kansas schlüpft die Heldin von PIÈGES jedesmal mühelos in eine andere Rolle, um so verführerisch wie möglich für den zu entlarvenden Mann zu sein: den alternden Modeschöpfer (Erich von Stroheim), den Industriellen und Playboy (Maurice Chevalier) und den sadistischen Butler, der sich privat-intim gerne von Frauen demütigen läßt. Von PHANTOM LADY aus gesehen, erkennt man PIÈGES unschwer als das Werk eines „Autors" vom Schlage Hawks' oder Wylers, der moralische Themen und Stilelemente von Film zu Film vertieft und weiter entwickelt.

Der umgekehrte Schluß ist jedoch nicht zulässig: Betrachtet man PIÈGES in seinem eigenen filmhistorischen Kontext, hat er weniger gemein mit PHANTOM LADY als letzterer – trotz Hollywood und B-Produktionsbedingungen – mit PIÈGES. Denn wenn wir PIÈGES für sich betrachten, wird etwas völlig anderes deutlich, nämlich vor allem eine intertextuelle Verbindung, die in die entgegengesetzte Richtung weist, also nicht hin zur „Signatur des Autors", sondern zum oben genannten Topos der „Assimilation". Denn eigentlich ist PIÈGES eine typische Landru-Blaubart-Geschichte und somit besten französischen Ursprungs, mit dem Unterschied, daß Landru hier in zwei Figuren aufgespalten ist: in den Playboy und in seinen Freund und Geschäftspartner. Dies ist wiederum eine (beunruhigende) Parallele zu PHANTOM LADY, wo sich herausstellt, daß Hendersons bester Freund der wahre Mörder ist. Um das Thema weiter zu verwirren, wird dieser Freund und Geschäftspartner, der als der Serienmörder von PIÈGES entlarvt wird, von Pierre Renoir dargestellt, der dem damaligen französischen Publikum als Kommissar Maigret bekannt war, dem Simenon-Detektiv im Film seines Bruders Jean Renoir, LA NUIT DU CARREFOUR (1936).

Dank der Mitwirkung prominenter Schauspieler wie Erich von Stroheim und Maurice Chevalier und Siodmak als Regisseur der Offenbach-Operette LA VIE PARISIENNE hätte PIÈGES gemäß der Logik, die bereits bei Ophüls und Lang angesprochen wurde, eigentlich in Hollywood gedreht werden müssen – und zwar von Ernst Lubitsch (vielleicht als BLUEBEARD'S EIGHTH WIFE...). Denn der Film veranschaulicht genauestens das Syndrom „Fehlbesetzung", unter dem die Emigranten zu leiden hatten, die – egal welcher Herkunft oder Autorenpersönlichkeit – in Hollywood gezwungen waren, bei Stoffen Regie zu führen, die die Klischees der Habsburger k.u.k. Dekadenz oder des pariser Operettenmilieus noch einmal als Inbegriff des „guten alten Europa" für das amerikanische Publikum lebendig machten. Andererseits paßt die Besetzung Chevaliers in PIÈGES wieder perfekt in den Kontext von Siodmaks LA CRISE EST FINIE und LA VIE PARISIENNE, nur daß diese beiden Filme eigentlich von Ophüls hätten inszeniert werden müssen, der bereits 1936 unausweichlich mit Wien, Revuefilmen, Operetten, sich duellierenden Offizieren der Habsburger Monarchie und dem Paris des Fin de siècle assoziiert war. Daß Chevalier in PIÈGES eine seiner allerersten und wenigen „ernsten" Rollen spielte und damit wahrscheinlich seine Fan-Gemeinde verunsicherte, sei nur am Rande vermerkt.

Doch gerade wenn man sich überzeugt hat, einen Film wie PIÈGES doch besser nicht als einen persönlichen Film des „Autors" Siodmak, sondern eher als ein klassisches Produkt genretypischer Intertextualität und des Star-Diskurses zu betrachten, eröffnet sich eine neue trans-textuelle Dimension. Der so charakteristisch für das populäre französische Kino der 30er scheinende „Assimilationsfilm" PIÈGES, dem man den deutschen Regisseur überhaupt nicht ansieht, entpuppt sich als US-Krimi-Schablone. Kein anderer als Cornell Woolrich, der 1942 eine Geschichte mit dem Namen „The Dancing Detective" veröffentlichte, stellt diese Verbindung zur Populärliteratur her. In seiner Geschichte „ist die Ermittlerin eine Taxigirl-Tänzerin, der ein Serienmörder nachstellt."[21] Also hat Woolrich entweder PIÈGES gesehen, was unwahrscheinlich ist, da der Film in den USA nicht herausgebracht wurde, oder Woolrich ist doch der wahre „Autor" von PIÈGES und kann damit auch den Film PHANTOM LADY für sich buchen! Eine Hypothese, die außer in meiner filmhistorischen Fantasie mit ihrer a-kausalen, retrospektiven, nichtchronologischen Zirkulation auktorialer Signifikate nirgends existiert, da PIÈGES „in Wahrheit" von einem deutschen Autor unter französisiertem Pseudonym geschrieben wurde und auf der polizeiaktlich belegten Geschichte eines berüchtigten pariser Serienmörders deutscher Staatsangehörigkeit beruht.[22]

Für eine vollständige Auflösung der Komplikationen und Verwicklungen, die ein historischer Fall wie der von PIÈGES enthält, wäre eine viel detailliertere Untersuchung notwendig, die die Entstehungsgeschichte rekonstruiert. Ihr würde trotzdem der Hauch des Fantasmagorischen nicht fehlen dürfen, denn selbst wenn man die inter-europäischen und transatlantischen Karrieren eines Siodmak oder Ophüls auf diese Weise bestimmen und ihr Filmschaffen zwischen selbstbewußter Autorenschaft und Assimilation an fremde Vorgaben „orten" könnte, so bliebe doch, daß auch jeder Film letztlich „zwei Heimaten" hat: eine in der Filmgeschichte und die andere im Imaginären dieser Geschichte.

1) Max Ophüls: Spiel im Dasein. Stuttgart: Goverts 1959, S. 173-174. – 2) „Von der französchen Polizei wurde ich als Deutscher gesucht, und von der deutschen Polizei als Jude". Curtis Bernhardt in: Helga Belach u.a. (Hg.): Aufruhr der Gefühle. Die Kinowelt des Curtis Bernhardt. München, Luzern: Bucher 1982, S. 105. – 3) Siehe hierzu Hans-Albert Walter: Die Asylpolitik Frankreichs von 1933 bis zur Annexion Österreichs. In: P. U. Hohendahl, E. Schwarz (Hg.): Exil und Innere Emigration, Frankfurt/Main: Athenäum 1973, S. 47-63, und auch Dieter Schiller, Karlheinz Pech, Regine Herrmann, Manfred Hahn: Exil in Frankreich. Leipzig: Reclam 1981. – 4) Helga Belach u.a. (Hg.): Aufruhr der Gefühle, a.a.O., S. 105. – 5) Vgl. Elsaesser: Filmgeschichte – Firmengeschichte – Familiengeschichte. In: Hans-Michael Bock, Claudia Lenssen (Red.): Joe May. Regisseur und Produzent. München: edition text + kritik 1991, S. 11-30; Elsaesser: Heavy Traffic. In: Jörg Schöning (Red.): London Calling. München: edition text + kritik 1993, S. 21-54. – 6) Zu den verschiedenen Sprachversionen siehe Ginette Vincendeau: Hollywood Babel. In: Screen, Vol. 29, Nr. 2, Frühjahr 1988, S. 24-39 und Natasha Durovicova: The Hollywood Multilinguals 1929-1933. In: Rick Altman (Hg.): Sound Theory. Sound Practice. London, New York: Routledge 1992, S. 138-152. – 7) Charles Ford: Paramount at Joinville. In: Films in Review, November 1961, S. 541-544, und Francis Courtade: Die deutsch-französischen Koproduktionen. In: Heiner Gassen, Heike Hurst (Hg.): Kameradschaft – Querelle, München: CICIM 1991, S. 159-172. – 8) „Intermède Français 1933-1939", so überschribt Hervé Dumont das Frankreich-Kapitel seines Buchs: Robert Siodmak: Maître du film noir. Lausanne: L'Age d'homme 1981, S. 91. – 9) Zu Nebenzahl siehe Heinrich und Seymour Nebenzahl in: H-M. Bock (Hg.): CineGraph Lg. 24, D 1-8; zum Stichwort „umstritten": „Siodmak hofft sich auf diese Weise endlich vom heuchlerischen Gängelband Nebenzahls loszumachen; all diese Jahre [1933-1936] profitierte die Nero von der prekären Situation des Emigranten, um ihm die Stoffe aufzuzwingen. Nach LE CHEMIN DE RIO bricht Siodmak mit

seinem Vetter Nebenzahl und weigert sich auch in Hollywood, ihn noch einmal zu sehen", Dumont, a.a.O., S. 111. Ähnlich negativ hat sich auch Fritz Lang zu Nebenzahl geäußert. — 10) Eugen Tuscherer, der Schwager von Curtis Bernhardt, war Produzent bei CARREFOUR. „Sechs in der Weimarer Republik bekannte Filmproduzenten schafften es, in Paris eigene Filmgesellschaften zu gründen [...]: Max Glaß, Hermann Millakowsky, Seymour Nebenzahl, Arnold Pressburger, Gregor Rabinowitsch und Eugène Tuscherer", Jan Christopher Horak: Exilfilm, 1933-1945. In: Wolfgang Jacobsen, Anton Kaes, Hans Helmut Prinzler (Hg.): Geschichte des deutschen Films. Stuttgart: Metzler 1996, S. 105. — 11) „Während Gremillon, L'Herbier, Lacombe, Valentin und andere in Berlin oder München noch ,100 % französische' Filme für die ACE drehen — GEULE D'AMOUR, L'ÉTRANGE MONSIEUR VICTOR, ADRIENNE LECOUVREUR, L'ENTRAINEUSE usw. — müssen die Deutschen in Frankreich sich die Schikanen der französischen Bürokratie gefallen lassen und manchmal sogar ihre Namen im Abspann der Filme kaschieren", Ginette Vincendeau: Des portes ouvertes seulement à contrecœur — les cinéastes allemands en France. In: Positif, Januar 1988, S. 47. Zu den gewerkschaftlichen Repressalien siehe Leo Lania, in: Das neue Tagebuch; zit. n. Dumont, a.a.O., S. 94. — 12) Zu den Weiße Sklavenhandel-Filmen siehe CineGraph-Kongreß und Manfred Behn (Red.): Schwarzer Traum und weiße Sklavin. München: edition text + kritik 1994. — 13) Offensichtlich von den Zeitungsfilmen der Warner Brothers — wie sie in den frühen 30er Jahre beliebt waren — inspiriert und mit Anleihen vom Clark Gable/Carol Lombard-Vehikel versehen. — 14) Siehe Fußnote 2. — 15) Ophüls, a.a.O., S. 178. — 16) Frederick W. Ott: The Films of Fritz Lang. Syracuse, N. Y.: Citadel Books 1979, S. 134. — 17) Alain Masson: Des genres creux, du clinquant, du simili. In: Positif, Nr. 259, September 1982, S. 34. — 18) Fritz Göttler in Belach u.a. (Hg.): Aufruhr der Gefühle, a.a.O., S. 51. — 19) Siehe: Elsaesser: The German origins of film noir. In: Iris, Nr. 22, 1996. — 20) Vgl. David Reid, Jayne L. Walker: Strange Pursuit: Cornell Woolrich and the Abandoned City of the Forties. In: Joan Copjek (Hg.): Shades of Noir. London: Verso 1992, S. 81-82. — 21) Ebd. S. 73-74. — 22) Der Drehbuchautor Ernst Neubach wird Ernest Neuville, und der Name des Serienmörders ist Eugen Weidmann. Siehe Dumont, a.a.O., S. 123.

Michael Esser

PRODUZENT, PRODUCTEUR, PRODUCER
Arnold Pressburgers internationale Karriere

Produzenten rauchen Zigarre, haben Mut zum Risiko, sind sparsam, manchmal auch großzügig und achten auf ihre Selbständigkeit.
So weit das Klischee.
Arnold Pressburger läßt sich seine Zigarren aus Kuba nach Hollywood, London und Paris schicken, um seinen monatlichen Konsum von 50 Havannas zu decken. Er setzt regelmäßig bei Pferderennen und gewinnt im Schnitt eine von fünf Wetten. Er kann schon mal einem Geschäftsfreund bei einer Summe von 21 Dollar mit einem Gerichtsverfahren drohen; allerdings nicht ohne dem entsprechenden Schreiben hinzuzufügen: „Du weißt, wie sehr ich Gerichtsverfahren verabscheue. Regle die Angelegenheit also bitte umgehend." Als er 1945 von einem ehemaligen prager Kinobesitzer erfährt, der Theresienstadt überlebt hat, schickt er Lebensmittel- und Kleiderpakete von Hollywood nach Prag. Und was die Selbständigkeit betrifft: er besitzt bereits 1925 einen deutschen Führerschein.[1]
Bei Filmleuten gilt Arnold Pressburger als liebenswerter und höflicher Mann, mit dem man gerne zusammenarbeitet; nur Bertolt Brecht erlebt Pressburger bei der Arbeit an HANGMEN ALSO DIE (1941, Fritz Lang) anders, aber im Rahmen von Brechts eigenwilliger Autorentheorie ist der Produzent ohnehin nur ein lästiger Vorgesetzter. Arnold Pressburger ist ein ‚family man', der enge Geschäftsbeziehungen mit seinem Schwiegersohn Henry Brasch unterhält und seinem Sohn Bedrich, genannt Fred, den Weg ins Filmgeschäft ebnet.[2]
Im übrigen ist Arnold Pressburger weder identisch noch verwandt mit Emmerich Pressburger, Drehbuchautor und Michael Powells Kompagnon bei „The Archers" in London.

Bausteine einer Biografie

Arnold Pressburger wird am 27. August 1885 in „Bratislava – Chechoslovacia", wie Pressburger in einem Antrag auf die amerikanische Staatsbürgerschaft 1946 angibt, geboren. „Erste künstlerische Ambitionen führen ihn auf die Theater- und Opernbühnen Wiens; eine Karriere als Sänger zeichnet sich jedoch nicht ab."[3]

Nach eigenen Angaben produziert Arnold Pressburger ab 1909 in Wien mit der Firma Phillip & Pressburger Filme; neben Dokumentarischem sollen dazu auch Filme gehören, die Joe May inszeniert. 1913 vereinigt sich die Firma mit der des Grafen Sascha Kolowrat und der Messter Film, um das erste moderne Filmstudio in Wien zu errichten. 1919 wird aus dem Firmenzusammenschluß unter der Patronage der Wiener Kreditanstalt die Sascha Film Aktiengesellschaft.

Pressburger ist ein erfolgreicher und geschäftstüchtiger Produzent: 1921 versäumt er es, für SEINE MAJESTÄT, DAS BETTELKIND/THE PRINCE AND THE PAUPER (Alexander Korda) die Stoffrechte bei den Erben Mark Twains einzuholen; die sich daraus ergebenden Auseinandersetzungen enden damit, daß Pressburger den Erben nicht etwa die Autorenrechte abkauft, sondern ihnen die Rechte an dem fertigen Film für $ 35.000 verkauft. In Michael Kertesz' DIE SKLAVENKÖNIGIN (1924), den er ebenso wie dessen SODOM UND GOMORRHA (1922) produziert, investiert Pressburger $ 100.000. Allein die US-Rechte werden von der Paramount mit $ 150.000 abgegolten, die den Film jedoch zwei Jahre zurückhält, um den kommerziellen Erfolg ihrer Cecil B. DeMille-Produktion THE 10 COMMANDMENTS (1923) nicht zu gefährden.

1929 zieht Pressburger von Wien nach Berlin, um die Alliance Film Produktionsgesellschaft zu gründen. Die Alliance spezialisiert sich auf Co-Produktionen mit dem Produzentenduo Fellner und Somlo. Angesichts des sich abzeichnenden Erfolges des Tonfilms schließt Pressburger noch im gleichen Jahr einen Vertrag mit Jan Kiepura; mit ihm produziert er unter dem Namen und auf Rechnung der Gesellschaft Cine-Allianz Tonfilm GmbH, an der Arnold Pressburger und Gregor Rabinowitsch jeweils 50 % halten. Der Erfolg bleibt Pressburger treu: Die Plotte DREI TAGE MITTELARREST (1930, Carl Boese) kostet ihn 200.000 RM, die Einnahmen betragen 2.000.000 RM. Die Tonfilmoperette LEISE FLEHEN MEINE LIEDER (1933/34, Willi Forst) wird sogar ein Welterfolg; noch 1946 will ein Zwischenhändler die französische Version SYMPHONIE INACHEVÉE in Belgien, Luxemburg und den belgischen Kolonien verkaufen und dafür $ 3.000 zahlen.

1934 muß der Jude Pressburger von Berlin nach London emigrieren und gründet die British Cine Alliance; hilfreich sind dabei die aus Wiener Tagen stammenden engen Beziehungen zu Alexander Korda. Pressburgers britische Produktionen mit Jan Kiepura lassen den Sänger zum Liebling des englischen Kinopublikums werden. Seine Produktion in England betreibt Pressburger zusammen mit Gaumont British; den amerikanischen und weltweiten Vertrieb übernimmt United Artists, denen er auch bei der weiteren Emigration in die USA verbunden bleibt.

1937 etabliert Pressburger in Paris die französische CIPRA Film Produktion, die von der Lloyds Bank finanziert wird. Die CIPRA war „one of the most successful production companies in Europe. During 31 years of my activities as a motion picture producer, nobody who was connected directly or indirectly with me ever lost anything in any of my pictures or deals"[4], schreibt Pressburger 1940 nach seiner Emigration in die USA. Um den deutschen Besatzern zu entgehen, verläßt Pressburger Paris am 15. März 1940 und geht nach Südfrankreich; Anfang August 1940 reist er weiter nach Lissabon und fliegt von dort im September 1940 nach New York. Noch von Frankreich aus hatte er in den USA im März 1940 eine eigene Produktionsfirma, die Pressburger Films, später Arnold Productions, gegründet. Er ist Präsident, Direktor und Geschäftsführer; außerdem agiert er als ausführender Produzent aller von der Gesellschaft produzierten Filme. Trotz seiner kommerziellen Erfolge hat er große Schwierigkeiten, einen amerikanischen Paß zu bekommen; er wird erst 1946 eingebürgert (das Final hearing findet am 22. November 1946 statt). In Stellungnahmen, so etwa 1944 einem österreichischen Hilfskomitee gegenüber, besteht er darauf, Tscheche zu sein. (Vor diesem Hintergrund wäre HANGMEN ALSO DIE durchaus als Pressburgers persönliches Anliegen zu sehen.)

Arnold Pressburger stirbt am 19. Februar 1951 in Hamburg während der Dreharbeiten zu Peter Lorres DER VERLORENE.

Berlin – Paris

Arnold Pressburger ist Anfang der 30er Jahre zunächst Pionier und dann ein Routinier der Mehrsprachen-Versionen. Zusammen mit Noé Bloch und Gregor Rabinowitsch produziert er das erfolgreiche Lilian Harvey-Vehikel NIE WIEDER LIEBE (1931, Anatole Litvak)/CALAIS-DOUVRES (1931, Anatole Litvak, Jean Boyer) für die Ufa und deren französische Filiale ACE. Durch seine Jan Kiepura-Filme hat Pressburger wesentlichen Anteil an der Entwicklung des Genres Tonfilmoperette: DAS LIED EINER NACHT wird 1932 von Anatole Litvak auch in einer französischen (LA CHANSON D'UNE NUIT) und englischen Version (TELL ME TONIGHT) gedreht. Auch beim Bergfilm, dem zweiten deutschen Filmgenre, ist Pressburger aktiv: Arnold Fancks DER EWIGE TRAUM/REVE ETERNEL (1933/34) kommt jedoch erst nach Pressburgers Emigration in die Kinos.

Seine Erfahrungen mit internationalen Produktionen helfen Pressburger, seine Tätigkeit auch in der Emigration erfolgreich fortzusetzen. Als er 1937 in Paris zusammen mit Alexander Pincus die CIPRA gründet, verfügt er über ein weitreichendes Netz von Neben- und Subunternehmen in Paris und London, die ihrerseits wiederum mit anderen Produktionsfirmen verbunden sind. Nach dem Gesellschaftervertrag zwischen A. Pressburger, 6–8 Bond Street, London W.1, und A. Pincus, 7bis Rue de Téhéran, Paris, besitzen beide je 50 % der Anteile an der CIPRA Compagnie Internationale de Production Artistique[5]. Arnold Pressburger verfügt daneben über Rechte an der LUXOR FILM S. A., Paris; Cine-Allianz Tonfilm Produktion GmbH, Berlin; Cine-

Prison sans barreaux (Léonide Moguy, 1937)

Allianz Filmverwertungs GmbH, Berlin und der British Cine-Alliance, Ltd., London. Durch Pressburgers Aktivitäten in England verfügt die CIPRA über enge Geschäftsbeziehungen zu Kordas London Films und United Artists in den USA. Alexander Gregory Pincus wiederum, ein Staatenloser ungarischer Herkunft, lebt seit 1917 in Paris und ist zugleich Direktor der pariser Produktionsfirma Colodis S.A. Kurz nach der Gründung tritt Victor Glaser in die CIPRA ein; das nominelle Geschäftskapital der Firma beträgt 1.500.000 Francs (etwa 215.000 RM), die Gewinne werden zwischen den Gesellschaftern gedrittelt.

Cinéma de qualité

Für das Drehbuch des ersten CIPRA-Films, PRISON SANS BARREAUX (1937), wählt Pressburger eine Stückvorlage von Gina Kaus[6], die er von Hans Wilhelm und dem Regisseur Léonide Moguy adaptieren läßt, die Dialoge schreibt der Marcel Carné-Mitarbeiter Henri Jeanson.
Der Schauplatz des Films ist ein Erziehungsheim für junge Mädchen, trotzdem hat PRISON SANS BARREAUX wenig mit MÄDCHEN HINTER GITTERN zu

tun; es geht um Toleranz und humanistische Erziehungsideale, um Liebe, Verzicht und Großzügigkeit. „Hier in Paris hat sich PRISON SANS BARREAUX als echter Kassenschlager erwiesen, der Film dürfte auch in anderen Ländern erfolgreich sein. Die Regie erweist sich als solides Handwerk, die Dialoge sind interessant, und die Qualität der Kameraarbeit liegt über dem Durchschnitt. Mlle. Luchaire ist zwar nicht besonders hübsch, aber sie kann spielen, – man wird noch von ihr hören", wußte der Korrespondent von „Variety" aus Paris zu berichten. Pressburgers siebzehnjährige Entdeckung Corinne Luchaire spielt die Hauptrolle. Kordas London Films Productions Ltd. erwirbt die Rechte und produziert eine englische Version PRISON WITHOUT BARS, ebenfalls mit Corinne Luchaire in der Hauptrolle. Sie ist die einzige französische Schauspielerin in der englischen Version, sonst werden noch der Kameramann Perinal und Pressburger als ausführender Produzent für die englische Version übernommen: deutsch-französisch-britische Zusammenarbeit mit österreichisch-ungarisch-tschechischer Beteiligung.

Am 27. April 1938 kauft Pressburger für die CIPRA von Gina Kaus die Rechte an ihrem Roman „Die Geschwister Klee" für 60.000 Francs (ca. 8.500 RM). Hans Wilhelm wird wieder damit beauftragt, ein Drehbuch herzustellen; er hatte für Pressburger schon mit Alfred Döblin zusammen BERLIN–ALEXANDERPLATZ (1931, Phil Jutzi) bearbeitet. Er bekommt fünf Wochen Zeit und 50.000 Francs (etwas über 7.000 RM). Daraus wird der Film CONFLIT, der noch im gleichen Jahr von Léonide Moguy inszeniert wird.

Unrealisiert bleibt Pressburgers Plan, mit Marcel Carné zu arbeiten. Ende 1938 stellt der russische Emigrant Michel Koustoff, der bei den französischen Filmen Pressburgers als Produktionsleiter fungiert, in Paris den Kontakt zwischen Pressburger und Carné her. Carné hat gerade mit HÔTEL DU NORD einen enormen Erfolg gelandet, Pressburger wiederum ist gut befreundet mit Henri Jeanson, dem Drehbuchautor von HÔTEL DU NORD. Pressburger schlägt vor, einen zweiten Film in der Art von HÔTEL DU NORD mit dem gleichen Trio zu drehen: Jeanson – Drehbuch, Carné – Regie und Arletty in der weiblichen Hauptrolle. Jeanson kommt aber trotz ungezählter Anrufe von Pressburger nicht über die erste Idee hinaus. Das Projekt wird trotzdem vorangetrieben, bleibt jedoch unrealisiert, da Carné im August 1939 zum Militär eingezogen wird.[7]

Für CAVALCADE D'AMOUR (1939) verpflichtet Pressburger Jean Anouilh, der zusammen mit Jean Aurenche das Drehbuch schreibt und zudem für die Dialoge verantwortlich ist. Eine anspruchsvolle Produktion, ein großer Episodenfilm für die großen Kinos: Arthur Honegger und Darius Milhaud komponieren die Filmmusik; Michel Simon, Simone Simon und Corinne Luchaire spielen die Hauptrollen. Der Film handelt von Liebe, Geld, Standesdünkel und Schauspiel; wenn es in der letzten Episode heißt, der Vater verspiele sein Geld bei Pferdewetten, dann versteckt sich dahinter eine kleine Anspielung auf eine der Leidenschaften des Produzenten.

Cavalcade d'amour (Raymond Bernard, 1939): Simone Simon, Michel Simon

Dieser kommt nicht mehr dazu, CAVALCADE D'AMOUR in Frankreich auszuwerten. Der Film wird erst Ende 1939 fertig. Nach dem Einmarsch der deutschen Truppen muß Pressburger Paris verlassen. Nach seiner Ankunft in New York versucht er, den Film auf dem amerikanischen Markt unterzubringen. Sein Sohn Fred läßt englische Untertitel anfertigen, die Rechte für den US-Vertrieb werden am 22. Oktober 1940 einem André Le Large übertragen. Der scheint sich jedoch nicht darum zu kümmern, sondern – wie sich Pressburger in einem Brief vom 19. Juni 1941 beschwert – die Kopien lediglich ins Regal zu stellen. Den Auslandsvertrieb nimmt Pressburger selbst in die Hand. Im März 1941 schickt er mit der SS Ville de Liège eine Kopie von den USA über den Atlantik in Richtung London, das Schiff wird am 5. April 1941 von den Deutschen versenkt; und auch das nächste Schiff, mit dem Pressburger eine zweite Kopie versendet, wird von deutschen Kriegsschiffen torpediert. Für Pressburger ist die Situation besonders mißlich, weil er bereits am 24. März 1941 die Rechte für England, Irland und die britischen Kolonien gegen £ 700 verkauft hat. In einem Brief an seinen Schwiegersohn stellt Pressburger deprimiert fest: „In meiner ganzen dreißigjährigen Praxis hatte ich nie solche Komplikationen wie mit diesem einen Film."

Erst gegen Kriegsende kann Pressburger mit CAVALCADE D'AMOUR noch etwas Geld verdienen. Am 22. Januar 1945 gehen die kanadischen Rechte für $ 7.000 an die Compagnie Cinématographique Canadienne Limitée, im April 1946 veräußert er für £ 600 eine Kopie und die Rechte nach Dänemark. Allerdings erweist sich nun die Tatsache, daß Corinne Luchaire die Hauptrolle spielt, als Hindernis: Ihr Name wird mit Hermann Göring und diversen Größen des italienischen Faschismus in Verbindung gebracht; 1945 werden ihr wegen Kollaboration mit den deutschen Besatzern von einem französischen Zivilgericht die Bürgerrechte auf sechs Jahre aberkannt. Ihr Vater, ein bekannter Journalist, wird aus dem gleichen Grund zum Tode verurteilt und hingerichtet.

Hang zum Epos

Erinnerungen an die Vergangenheit, Ereignisse, Umstände, Dinge, die von der Gegenwart in die Vergangenheit, die von der Vergangenheit in die Gegenwart weisen, die gar von der Zukunft aus auf die Gegenwart wirken: Die Zeit spielt eine große Rolle in den meisten Pressburger-Projekten. Die frühen, von D. W. Griffith beeinflußten Historienspektakel des ungarischen Regisseurs Michael Kertesz (später Curtiz) – SODOM UND GOMORRHA (1922) und DIE SKLAVENKÖNIGIN (1924) – sind noch erfüllt vom Staunen darüber, mit Hilfe der Filmkamera alttestamentarische Vergangenheit wiederauferstehen lassen zu können. In BERLIN–ALEXANDERPLATZ spielt die Vergangenheit der Protagonisten eine außerordentlich wichtige Rolle, und in der ansonsten recht platten Komödie NIE WIEDER LIEBE will Harry Liedtke seiner Vergangenheit (als umschwärmter Liebling der Damen) auf dem weiten Meer entkommen.

DER EWIGE TRAUM, seinen einzigen Bergfilm mit historischem Hintergrund, in dem Napoleon am Montblanc zu sehen und die Marseillaise zu hören ist, dreht Arnold Fanck für die von Pressburger und Rabinowitch geleitete Cine-Allianz.

Die Beziehung zwischen Vergangenheit und Gegenwart: am schönsten vielleicht ausgespielt in den späten, den reifen Pressburger-Projekten, in den Filmen, die von der Erfahrung des Exils geprägt sind: CAVALCADE D'AMOUR ist da noch voller Hoffnung, daß sich mit Vernunft und Leidenschaft die Gegenwart aus dem Lauf der Vergangenheit lösen lasse, daß die Menschen der Gegenwart die Fehler der Vergangenheit nicht wiederholen. Wie ein Nachklang zur französischen Volksfront erscheint der Film: Von nun an muß vieles anders werden.

IT HAPPENED TOMORROW, von René Clair 1944 in den USA gedreht, ist da schon skeptischer. Für den jungen Journalisten, der dank magischer Kräfte über die Zeitungsnachrichten von morgen verfügt, bedeutet die Zukunft

Der Verlorene (Peter Lorre, 1950/51): Johanna Hofer, Peter Lorre

nichts Gutes: Fast wäre er in seinen durch die Schlagzeilen angekündigten Tod gelaufen.

In DER VERLORENE schließlich geht es um die ganz reale, die deutsche Vergangenheit und ihr Wirken in der Gegenwart: zum Verzweifeln. Pressburgers letzter Film.

Immer wieder tritt die Inszenierung von Prunk, von Festen, von Zeremonien, von theatralischen Situationen in den von Pressburger produzierten Filmen hervor. Mal ganz veristisch, wie Heinrich Georges Auftritt als Verkäufer patentierter Binder auf dem berliner Alexanderplatz, mal als historisierende Rekonstruktion der französischen Nationalversammlung, bei der Robespierre, Danton und all die anderen Helden der französischen Revolution mit ihren Appellen in die Arena der Geschichte treten: DANTON (Hans Behrendt) aus dem Jahr 1931 hat viel von einem Gerichtsfilm. Inszenierungen werden in den Pressburger-Filmen gern zur Schau gestellt und ironisiert: In der ersten Episode von CAVALCADE D'AMOUR proben der Baron und der Kardinal den Ablauf einer Hochzeitsfeier zunächst im kleinen Kreis, bevor das große Ereignis dann mit allem Pomp vor versammeltem Publikum stattfindet; natürlich ereignet sich ein unerwarteter Zwischenfall. Eine Hochzeitsvariante ist in einer anderen Episode von CAVALCADE D'AMOUR zu

sehen; das religiöse Ritual ist schnell erledigt, dafür gestaltet sich die Hochzeitsnacht des jungen Paares um so zeremonieller: Die ganze Hochzeitsgesellschaft zieht am Bett der beiden vorbei, bis endlich die Lichter gelöscht werden.
Kein Wunder also, daß Pressburger bei den männlichen Hauptrollen auf expressive Charakterdarsteller setzt, auf ausgeprägte Typen wie Heinrich George, Fritz Kortner, Michel Simon oder Alexander Granach. Bei den weiblichen Parts verläßt er sich mehr auf sein Gespür für Entdeckungen; ihre ersten großen Rollen spielen Lucy Doraine (SODOM UND GOMORRHA), Lya de Putti (DIE SKLAVENKÖNIGIN), Maria Bard (BERLIN–ALEXANDERPLATZ), Brigitte Horney (DER EWIGE TRAUM, 1933/34, Arnold Fanck), Luise Rainer (SEHNSUCHT 202, 1932, Max Neufeld) und Corinne Luchaire in Pressburger-Produktionen.

Pressburger International

Pressburgers PRISON SANS BARREAUX wird außerhalb von Frankreich als genuin französischer Film wahrgenommen, als Schilderung des Seelenlebens junger Menschen, zu der so eigentlich nur die Franzosen fähig sind. Die Kritiker von „Variety" oder „The New York Times" ignorieren 1937/38 die Tatsache, daß die Vorlage von der deutschen Emigrantin Gina Kaus und das Drehbuch von dem deutschen Emigranten Hans Wilhelm stammten. Die englische Version läuft, von United Artists verliehen, auf den Philippinen, in Singapur, in Südafrika, in Australien; in England steht der Film noch 1945/46 auf den Spielplänen. Pressburger versucht, die englische Version auch in den USA vorzuführen, stößt jedoch auf große Schwierigkeiten. Eine 1941 in England angeforderte Kopie wird ihm nicht geliefert, weil die Ladekapazität der Frachter von England in die USA für kriegswichtige Güter reserviert ist. Die französischen Kopien, um die er sich Ende 1944 bemüht, scheinen bei der Bombardierung Billancourts zerstört worden zu sein. Erst im März 1946 trifft eine französische Kopie in den USA ein; sie hat sich bei Korda in den Denham-Studios gefunden. Es handelt sich dabei offensichtlich um die Referenz-Kopie, nach der die britische Version PRISON WITHOUT BARS gedreht wurde.
Gab es zu Beginn der 30er Jahre noch bi- oder trilaterale Filmbeziehungen zwischen den Studios und Filmvertrieben in Berlin, Paris und London, so zwingen die Bedingungen des Exils und die Erweiterung des Weltmarktes einen Produzenten wie Arnold Pressburger dazu, international zu agieren. Seine ersten Erfahrungen macht er in Österreich und Deutschland, seine größten Erfolge hat er in Frankreich, seine besten Geschäfte macht er in England, eine sichere Zuflucht findet er in den USA; als Amerikaner mit Geburtsort in Österreich stirbt er in Deutschland.

Die Angaben zur Biografie Arnold Pressburgers stützen sich auf Recherchen von Gerhard Midding und auf Unterlagen im Kohner-Archiv der Stiftung Deutsche Kinemathek. Mein Dank gilt daher Gerhard Midding, Gerrit Thies, Lothar Schwab und darüber hinaus Rainer Rother.

1) Aus den Angaben des amerikanischen Führerscheins geht hervor, daß Arnold Pressburger ca. 1.65 m groß war, etwa 86†Kilo wog, braune Augen und braunes Haar hatte. – 2) Fred Pressburger ist nach dem Krieg am Aufbau des Bremer Rundfunks beteiligt; er betätigt sich später auch als Produzent. – 3) Gerhard Midding: Filmexil – Exilfilm. Arnold Pressburger. Berlin 1995 (Informationsblätter zur Filmreihe im Zeughauskino/Deutsches Historisches Museum). – 4) Arnold Pressburger: Personal Memo, ca. 1940. Nachlaß Arnold Pressburger, Stiftung Deutsche Kinemathek, Berlin. – 5) Spätestens im November 1938 hat Arnold Pressburger einen festen Wohnsitz in Paris, 68 rue Boissière. Die Wohnung ist mit modernen und antiken Möbeln, Teppichen, wertvollen Gemälden und einer beachtlichen Bibliothek ausgestattet. Sie wird im Februar 1941 von den Deutschen konfisziert. Alexander Pincus leitet nach dem Krieg und einem Exilweg durch die USA und Mexiko als Geschäftsführer die Exportunion der britischen Filmproduzenten. – 6) Gina Kaus, gebürtige Wienerin, hat als Dreiundzwanzigjährige unter einem männlichen Pseudonym Premiere am Burgtheater mit ihrem Stück „Diebe im Haus". Sie lebt und arbeitet in den 20er Jahren in Berlin, schreibt Kurzgeschichten für die „B.Z. am Mittag", für die „Vossische Zeitung", für „Die Dame", auch für die „Wiener Arbeiterzeitung". Ihre Bücher werden von den Nazis verboten. „Die Geschichte der Geschwister Klee" erscheint 1933 in einem Amsterdamer Exilverlag. Ihr ebenfalls in Amsterdam veröffentlichter historischer Roman „Katharina die Große" wird ein Welterfolg. Sie emigriert im März 1938 über die Schweiz nach Frankreich und geht 1939 in die USA, schreibt Drehbücher in Hollywood. Sie gehört zum Exilkreis um Brecht, Eisler, Kortner und ist mit Vicki Baum befreundet. – 7) Vgl. Marcel Carné: La vie à belles dents. Paris: Jean Vuarnet 1979.

Helmut G. Asper

VON DER MILO ZUR B.U.P.
Max Ophüls' französische Exilfilmproduktion 1937–1940

In seinen Erinnerungen „Spiel im Dasein"[1] erweckt Ophüls den Eindruck, daß ihn Frankreich mit offenen Armen empfangen habe und ihn die französischen Filmtechniker bereits bei seinem zweiten Film ON A VOLÉ UN HOMME während der Dreharbeiten mit einem gewaltigen Bouillabaisse-Essen in ihre Mitte aufgenommen hätten. Sieht man aber genauer hin, so war Ophüls in den 30er Jahren keineswegs integriert in die französische Filmindustrie: Seine französische Version von LIEBELEI wurde von einer ad hoc gegründeten Gesellschaft finanziert, die nur diesen Film produziert hat. Danach hat er erst wieder im Herbst 1935 zwei Filme (DIVINE und LA TENDRE ENNEMIE) für die französische Firma Eden Productions gedreht, die Simone Berriau gehörte und die insgesamt nur vier Filme, alle mit ihr in der Hauptrolle, produziert hat. Alle anderen französischen Filme hat er für aus Deutschland exilierte Produzenten gedreht: Erich Pommer, Hermann Millakowsky, Seymour Nebenzahl, Gregor Rabinowitsch und Eugen Tuscherer. Ophüls war in der zweiten Hälfte der 30er Jahre vollständig integriert in die von diesen Produzenten getragene Exilfilmproduktion.[2]

Daß Ophüls in den 30er Jahren nur drei Spielfilme (und zwei kurze Musikfilme) für französische Firmen drehen konnte, hatte natürlich Gründe. Für die französische Öffentlichkeit und besonders für die arbeitslosen französischen Filmleute war Ophüls ein weiterer unerwünschter Ausländer, obendrein noch ein Jude, der ihnen den Arbeitsplatz wegnahm. Fast alle deutschen Filmexilanten haben über den Antisemitismus geklagt, der ihnen in Frankreich entgegenschlug, und von der heftigen Abwehr der französischen Filmschaffenden berichtet, die zeitweilig auch hohe publizistische Wellen schlug.

Im Fall Ophüls kam es zum Skandal, als er Anfang 1934 anstelle von Marcel L'Herbier von der französischen Vandor-Produktion engagiert werden sollte. Er wurde mit schrillen antisemitischen Untertönen in der Presse angegriffen, so daß die Vandor Ophüls fallenließ, und dieser schleunigst ein Angebot nach Italien annahm und anderthalb Jahre überhaupt nicht in Frankreich arbeitete. Die exilierten unabhängigen Produzenten zögerten zu diesem Zeitpunkt, Ophüls zu engagieren, weil seine ersten Filme in Frankreich nach LIEBELEI sämtlich Flops waren und Ophüls zudem schon damals ein Ruf als teurer Regisseur vorausging. Sie setzten lieber auf Regisseure wie Gerron,

Yoshiwara (Max Ophüls, 1937): Sessue Hayakawa, Pierre Richard-Willm

Siodmak, Ozep, Litvak und Tourjansky, die ihnen eher Garanten für erfolgreiche Publikumsfilme schienen.
Das änderte sich erst im Herbst 1936, als Ophüls mit LA TENDRE ENNEMIE endlich wieder einen großen künstlerischen und kommerziellen Erfolg vorzuweisen hatte und sein Film sogar Frankreich auf der Biennale in Venedig vertrat. Der im März 1933 aus Berlin geflüchtete Produzent Hermann Millakowsky, der in Paris die Milo-Film gegründet und seine Arbeit als Produzent von Publikumsfilmen erfolgreich fortgesetzt hatte, engagierte Ophüls für den von ihm vorbereiteten Film YOSHIWARA. Die beiden kannten sich bereits von LIEBELEI her, den ursprünglich Millakowsky produziert hatte.
Millakowsky, der ehemalige Chef der Berliner Greenbaum-Film, hatte Kunstgeschichte und Philosophie studiert und danach als Journalist und an der Börse gearbeitet, bevor er 1924 zum Film kam. Er begnügte sich keineswegs mit der Rolle eines Finanziers, sondern übernahm die Gesamtverantwortung für die von ihm produzierten Filme, wählte Stoffe, Stab und Besetzung selbst aus und plante und überwachte die Dreharbeiten. Er hatte aus der Zeit vor 1933 internationale Erfahrung und Kontakte, die ihm den Start in Frankreich erleichterten, und bereits vom ersten Film an sah er die Chance, deutsche Filmexilanten zu engagieren: „Wenn ich einen Deutschen packen

konnte, habe ich ihn engagiert", sagte er, und dieser Linie blieb er auch bei YOSHIWARA treu, in dem zahlreiche Emigranten mitwirkten. An der Kamera stand Eugen Schüfftan, das Drehbuch schrieben Arnold Lippschitz und Wolfgang Wilhelm, die Musik komponierte Paul Dessau. Das war nicht ganz einfach, denn die Beschäftigung von Ausländern bei der Filmproduktion war in Frankreich seit 1933 reglementiert (künstlerisches Personal: 10 %, technisches Personal: 50 %). Die Produzenten mußten stets nachweisen, daß sie genügend Franzosen beschäftigten oder daß kein geeigneter französischer Künstler für die Drehtermine frei war. So konnte Millakowsky Ophüls' langjährigen Regieassistenten Ralph Baum nicht selbst engagieren, der deshalb von Ophüls angestellt wurde. Dem Ministerium für Arbeit teilte er mit: „Ich, der Unterzeichnete MAX OPHÜLS, Regisseur, wohnhaft Neuilly, s/S. 10, rue Ernest Deloison, bestätige hiermit, daß ich Herrn Ralf Baum, Nationalität deutsch, der die Sprachen Französisch, Englisch, Deutsch spricht, wohnhaft 19, rue Copernic, Paris, als Regieassistent und Dolmetscher engagieren will für meine nächsten Filmproduktionen und für eine Dauer eines Jahres, vom heutigen Datum an gerechnet zu den Bedingungen von Frs 4000 (viertausend francs) im Monat. Ich bestätige außerdem, daß Herr Baum seit fünf Jahren mein persönlicher Assistent ist und unabkömmlich für meine filmischen Produktionen und daß ich im übrigen ebenfalls einen Assistenten französischer Nationalität habe."

Japan in Frankreich: YOSHIWARA

Bereits im Dezember 1936 war das Projekt YOSHIWARA unter Dach und Fach, das Drehbuch entstand nach einem Roman des erfolgreichen Unterhaltungsschriftstellers Maurice Dekobra, weitere Ideen steuerte Jacques Companeez bei, die Lippschitz und Wilhelm dann ausarbeiteten. Fernöstlicher Exotismus war gerade die große Filmmode in Frankreich, und YOSHIWARA paßte da vortrefflich hinein mit seiner etwas krausen japanisch-russischen Spionagegeschichte, zumal Millakowsky für eine attraktive Besetzung sorgte: Pierre Richard-Willm, der angebetete Schwarm des weiblichen Publikums, spielte den russischen Offizier Serge Polenoff; die japanische Soubrette Michiko Tanaka-Meinl, die gerade den großen Erfolg in dem österreichischen Film LETZTE LIEBE hatte, sorgte als die Geisha Kohana für japanisches Flair, und für den Part des verräterischen Kulis wollte er Erich von Stroheim verpflichten, der jedoch schon für eine andere Bösewicht-Rolle abgeschlossen hatte. Daraufhin landete Millakowsky den für den späteren Erfolg des Films entscheidenden Coup: Er verpflichtete Sessue Hayakawa, in Frankreich immer noch populär seit seiner Rolle als sadistischer Wüstling in Cecil B. de Milles Stummfilmdrama THE CHEAT (1915, in Frankreich unter dem Titel FORFAITURE), der in den 20er Jahren mehrere französische Stummfilme gedreht hatte. Ihn lockte Millakowsky mit einer Gage von $ 20.000 für diese Produktion nach Frankreich. Bei seiner Ankunft stellte sich heraus, daß Hayakawa kein Wort Französisch sprach, das verzögerte den Produktionsbeginn, das Drehbuch wurde geändert und Hayakawas Text auf das absolute Minimum zusammengestrichen. Trotz dieses sprachlichen Handicaps ging aber Millakowskys Rechnung auf. Die sensationelle Rückkehr Hayakawas wird zum beherrschenden Thema in der Filmpresse und beschert dem Film außerordentliche Publizität. Hayakawa konnte mit YOSHIWARA eine zweite französische Karriere starten, er drehte noch im selben Jahr ein Tonfilm-Remake von FORFAITURE. Millakowsky legte nicht nur Wert auf Stars, sondern auch auf die Ausstattung seiner Filme, für YOSHIWARA verpflichtete er André und Leon Barsacq, und bemüht um Authentizität, besorgte er sich die Drehgenehmigung für den japanischen Garten in St. Cloud, wo ein Teil der Außenaufnahmen entstand.

Obwohl Ophüls YOSHIWARA vornehmlich als „Ernährungsfilm" sah, ist auch seine Handschrift zu erkennen: Er entwickelte sein Bild von der Frau als Opfer, Hure und Heilige weiter, ließ Schüfftan die Geishas in YOSHIWARA ständig hinter und durch Gitter aufnehmen und stellte sie als Gefangene dar. Sein persönlicher Stil ist vor allem natürlich an den langen Kamerafahrten zu erkennen und an der besonders charmanten Szene, in der Serge seiner Kohana das erträumte gemeinsame Leben in St. Petersburg vorgaukelt. Sie besuchen zuerst die Oper, in der Mozarts „Zauberflöte" gegeben wird, eine für Ophüls außerordentlich typische Szene, denn die Oper ist und bleibt für ihn Inbegriff der europäischen Kultur und hat als realer und symbolischer Ort einen wichtigen Platz in seinen Filmen. Und dann sind Film und Zuschauer mitten in der französischen Japonerie auf einmal in Rußland, unternehmen eine Schlittenfahrt und sehen einen Kosakentanz.

Im Februar 1937 begonnen, war der Film im Mai 1937 bereits fertiggestellt – eine für Ophüls sehr schnelle Produktionszeit, die auch auf Millakowskys straffe Planung zurückzuführen ist – und hatte bereits im Juni Premiere. Über die Dreharbeiten berichtete die Presse ausführlich, zudem gab es noch vor der Aufführung einen werbeträchtigen Protest der japanischen Regierung wegen Schädigung des japanischen Ansehens, und so wurde diese Melange aus Stars, Exotik und Melodram ein großer Erfolg beim Publikum. YOSHIWARA war Ophüls' erfolgreichster Film im Frankreich der 30er Jahre. Dabei wurde den Zuschauern die einzige gewagt-erotische Szene des Films vorenthalten, eine Badeszene der Geishas, über die lediglich die in der Heftreihe „Le Film Complet" erschienene Filmerzählung informiert, wo auch ein Foto dieser Szene abgebildet ist. Millakowsky schnitt sie wahrscheinlich wegen des japanischen Protests oder wegen des Auslandsgeschäfts heraus, denn in Frankreich hätte die Zensur die Badeszene ohne weiteres passieren lassen. Die Kritik war weniger begeistert, wohlwollende Kritiker nannten die Handlung pittoresk und hielten sich an interessante Einzelheiten, andere ur-

teilten unfreundlicher, die Story sei schlicht und einfach idiotisch. Weder
Millakowsky noch Ophüls störten diese Verdikte. Millakowsky schielte ohnehin nicht auf die Kritik, sondern hielt sich lieber an das Publikum, und
Ophüls war wichtig, mit diesem Film zu beweisen, daß er Drehpläne und
Budgets einhalten und Kassenerfolge produzieren konnte. Der erhoffte Erfolg blieb nicht aus.
Noch während der Arbeit an YOSHIWARA verhandelte er mit Samuel Spiegel,
damals ein eher berüchtigter denn berühmter Produzent. Ophüls sollte die
Regie von DERRIÈRE LA FAÇADE übernehmen, das Drehbuch schrieben Yves
Mirande und der deutsche Emigrant Max Colpet, doch als Ophüls mit dem
Film im Atelier stand, waren weder Geld noch Sam Spiegel da und der Film
geplatzt. Als es Mirande, auf dessen Story der Film basiert, zwei Jahre später
gelang, den Film mit einer französischen Produktionsfirma zu realisieren,
war von Ophüls als Regisseur keine Rede mehr. Dafür führte die Verbindung
mit Pierre Richard-Willm, den Ophüls bei den Dreharbeiten zu YOSHIWARA
kennengelernt hatte und mit dem er sich sehr gut verstand, zu einem neuen
Film, dessen Idee von Ophüls ausging, auch wenn andere Emigranten die
Vaterschaft an WERTHER für sich reklamiert haben.

Zwischen Deutschland und Frankreich: LE ROMAN DE WERTHER

Alle Versionen stimmen darin überein, daß Ophüls diesen Film Seymour
Nebenzahl, der in Paris nach seiner dramatischen Flucht aus Berlin die Nero
Film wiedergegründet hatte, vorgeschlagen hat. Nebenzahl hatte in Frankreich mehrere Musicals, Kriminalfilme und Ausstattungsfilme mit Siodmak
und Ozep produziert und mit MAYERLING einen der erfolgreichsten französischen Filme der 30er Jahre hergestellt. 1937 produzierte er gemeinsam mit
einer italienischen Firma TARAKANOWA in Rom, in dem Pierre Richard-Willm und seine Entdeckung und Favoritin, die junge Annie Vernay, das
Liebespaar spielen, und suchte einen neuen Stoff für das erfolgreiche Paar.
Da Richard-Willm sich für WERTHER stark machte und die Hauptrolle spielen wollte, konnte Ophüls Nebenzahl für seinen Plan einer Goethe-Verfilmung gewinnen, der ohne die Unterstützung Richard-Willms und die
besondere Konstellation wohl chancenlos gewesen wäre. Immerhin war Goethes Buch in Frankreich bekannt durch die sehr populäre und vielgespielte
Oper von Massenet, und Nebenzahls italienischer Partner, die Internazionali, zeigte ebenfalls Interesse an dem Projekt, das ebenso wie TARAKANOWA
in Italien gedreht werden sollte. Die Produktion schien gesichert, und
Ophüls reiste schon zu Vorbereitungen nach Rom.
Diese schönen Pläne wurden jedoch durch die politische Entwicklung zunichte gemacht; nach der Bildung der Achse Berlin-Rom wurde die ursprünglich nicht antisemitisch eingestellte italienische Regierung von den deut-

schen Nationalsozialisten zu judenfeindlichen Maßnahmen gedrängt und die jüdischen Filmemigranten konnten dort nicht mehr arbeiten. Nebenzahl produzierte den Film alleine in Frankreich und sah sich zu erheblichen Einschränkungen und Budgetkürzungen gezwungen. Ein Foto von den Dreharbeiten ist überaus sprechend: Der heftig redende Ophüls scheint den skeptisch blickenden Nebenzahl überzeugen oder zumindest überreden zu wollen.

Die Verzögerungen ließen es Ophüls geraten erscheinen, sich rechtzeitig um zukünftige Projekte zu bemühen, und er schloß noch im Februar 1938 einen Vertrag über einen Film bei Gregor Rabinowitsch ab, bei dessen Produktion NIE WIEDER LIEBE er 1931 als Regieassistent beim Film angefangen hatte. Daraus entsteht später SANS LENDEMAIN.

Hans Wilhelm war der Drehbuchautor von WERTHER, der seine Mitarbeit an dem Film, dessen Idee er für sich reklamierte, mit Hilfe seines Agenten bei Seymour Nebenzahl durchsetzen mußte – dieser hatte bei den Filmkünstlern wegen seiner Geschäftspraktiken einen sehr üblen Ruf. Wilhelm schrieb das Drehbuch gemeinsam mit Ophüls in einem Hotel in Fontainebleau. Die Dialoge verfaßte der renommierte belgische Schriftsteller Fernand Crommelynck.

WERTHER – der vollständige Titel LE ROMAN DE WERTHER wurde gewählt, um Verwechslungen mit Massenets Oper vorzubeugen – ist ein Schlüsselfilm für Ophüls und für das Filmexil. Die Exilanten erhoben mit diesem Film den Anspruch, die legitimen Erben Goethes, der deutschen Klassik und der deutschen Kultur schlechthin zu sein. Sie forderten Reaktionen der Nazis geradezu heraus, die denn auch prompt mit heftigen Attacken und Beschimpfungen gegen die beiden jüdischen Exilanten antworteten, denn sie begriffen sofort, daß es hier um einen Kampf um das kulturelle Erbe ging. Diesen Aspekt hat Ophüls auch in einem Brief an Klaus Mann betont, an den er schrieb, dieser Film sei „Teil jenes deutschen Kulturgutes, das doch auf keinen Fall verschlampt werden darf, und vielleicht können sogar Filmleute mit dazu helfen, daß diese Dinge nicht in Vergessenheit geraten."[3]

Bereits 1936 hatte Ophüls in seinem offenen Brief an Gustav von Wangenheim für eine Stellungnahme der Filmexilanten plädiert, „die vom Nationalsozialismus über Deutschlands Grenzen gehauen" wurden, und bezog jetzt selbst Stellung.

Ophüls und Wilhelm schrieben eine Szene, die sich eindeutig auf die Gegenwart bezog und in der die Unterdrückung der Freiheit im „Dritten Reich" direkt angeprangert wird. Werther und Albert sind im Film begeisterte Anhänger von Rousseaus Buch „Contrat social", aus dem sie sich gegenseitig vorlesen und das in Großaufnahme gezeigt wird. Das Buch sei aber, wie es im Dialog heißt, auf diesem Territorium verboten: Ein deutlicher Hinweis auf das diktatorische Regime jenseits der Grenze mit seinen Bücherverboten und -verbrennungen.

Le roman de Werther (Max Ophüls, 1938): Annie Vernay, Jean Périer

Kurz vor Beginn der Dreharbeiten am 28. Mai 1938 erhielt Ophüls die französische Staatsbürgerschaft, und das machte ihm die Programmatik seiner Werther-Verfilmung und seine Mittlerrolle zwischen Deutschland und Frankreich doppelt bewußt, zumal auch die Außenaufnahmen im zweisprachigen Elsaß bei ihm ständig schmerzliche Erinnerungen an die deutsch-französische Geschichte und die eigene Jugendzeit wachriefen, in der er diese Landschaften durchwandert hatte.

Der Filmarchitekt Eugene Lourie hat in seinen Erinnerungen[4] ausführlich geschildert, wie er den Marktplatz von Ammerschwihr in den Filmort Walheim umwandeln mußte, weil der Platz mit seinen Gebäuden und dem Brunnen zwar geeignet schien, doch war Werthers Gasthof in Wirklichkeit das Postamt. Die Außenaufnahmen fotografierte der Kameramann Georges Stilly. Eugen Schüfftan, der Vielbegehrte und -beschäftigte und engster künstlerischer Mitarbeiter von Ophüls in den 30er Jahren, war wegen anderer Verpflichtungen erst bei den Innenaufnahmen in Paris dabei und schon wieder nicht mehr bei den im September nachgedrehten Außenaufnahmen des großen Festes, die nötig waren, weil man im Juni so schlechtes Wetter gehabt hatte. Da stand Fedor Bourgassoff an der Kamera. Der unterschiedliche Stil der drei Kameraleute ist auch im fertigen Film spürbar, dessen Herstellung sich durch solche Mißgeschicke ebenso verzögerte wie durch zahlreiche Wiederholungen der Aufnahmen mit Annie Vernay, die zwar als Charlotte reizend aussah, aber als Schauspielerin Ophüls' Anforderungen kaum genügte, wie auch durch die kreativen Einfälle des Regisseurs während der Dreharbeiten. Die Bordellszene, in der Werther vergeblich versucht, Charlotte zu vergessen, war ursprünglich nicht vorgesehen und brachte Nebenzahl in gelinde Verzweiflung, weil Zeit und Geld fehlte, um ein neues Set zu bauen. Hier konnten Architekt und Kameramann aus der Klemme helfen. Lourie veränderte das Interieur von Werthers Gasthof mit einigen Requisiten und Vorhängen aus schwarzer Gaze, und Schüfftan schuf mit effektvoller Beleuchtung die Stimmung, die Ophüls für Werthers Liebesschmerzen angemessen fand.

Erst im November 1938 kam LE ROMAN DE WERTHER in die Kinos, zu einem sehr unglücklichen Zeitpunkt, gerade eine Woche nach dem Mord an dem deutschen Diplomaten von Rath, den die Nazis in der Nacht vom 9. November 1938 zum Vorwand nahmen für das bis dahin größte Pogrom der deutschen Geschichte. Unter dem Schock des Attentats und des wüsten Pogroms im „Dritten Reich", das die französische Öffentlichkeit als Rückfall in die Barbarei brandmarkte, war es dem französischen Publikum nicht möglich, ein gemeinsames kulturelles Erbe mit Deutschland wahrzunehmen. Die Kritik beschränkte sich auf die Beschreibung der rein handwerklich-künstlerischen Leistung, die überwiegend Anerkennung fand, und auf die Wiedergabe der Dreiecksgeschichte. Nur die exilierten deutschen Filmkritiker griffen Ophüls' Absichten auf, wobei dem Kritiker der „Pariser Tageszeitung" nicht verborgen blieb, daß „der Film etwas Fragmentarisches hat. (...) Trotzdem bleibt das Unternehmen zu loben. In einer Zeit, da Goethe in seinem Heimatland gefeiert wird, indem der trotz seiner Leibesfülle so anschmiegsame Schauspieler Heinrich George Goetz-Zitate vom Balkon des Berliner Schillertheaters in die Menge brüllt, hat das andere, das bessere Deutschland um so mehr die Verpflichtung, seine Meister zu ehren. Dieser Verpflichtung werden Wilhelm und Ophüls gerecht." (22.12.1938)

Der Film wurde ein geschäftlicher Mißerfolg und war sicher mitverantwortlich für Nebenzahls finanzielles Fiasko in Frankreich. Nicht nur blieb der Produzent einigen Mitwirkenden des Films die Restgagen schuldig, er floh vor seinen Gläubigern aus Frankreich in die USA, laut „Pems Privat Bulletin" wurden seine Schulden in Paris auf elf Millionen Francs geschätzt (PPB, Nr. 160, 24.5.1939). Das war allerdings fast das Dreifache von dem, was damals ein durchschnittlicher Film in Frankreich kostete. Die Produktionskosten eines Films lagen bei etwa vier Millionen Francs, das waren ungefähr 265.000 RM. Zwar werden die Kosten von LE ROMAN DE WERTHER vor allem auf Grund der langen Drehzeit über dem Durchschnitt gelegen haben, aber sicher war nicht nur diese Produktion für Nebenzahls Verschuldung verantwortlich.

Sans lendemain

Noch während er WERTHER vorbereitete, beschäftigte sich Ophüls mit der Suche nach einem geeigneten Stoff für seinen nächsten Film bei Gregor Rabinowitschs Ciné-Alliance. Rabinowitsch war ein sehr erfolgreicher Produzent und eine der farbigsten Gestalten des Filmgeschäfts, dem sogar die Filmkünstler, stets geschworene Feinde der Produzenten, bescheinigten, er sei ein Filmbesessener gewesen. Er produzierte Filme in Wien, in Italien, in den USA und ließ sich mit seiner Ciné-Allianz dauerhaft in Frankreich nieder, wo er 1938 mit QUAI DES BRUMES einen der wichtigsten Filme des französischen Kinos der 30er Jahre produzierte. Er hatte Edwige Feuillère, damals Top-Star in Theater und Film, unter Vertrag genommen, und für sie suchte er eine Rolle, einen guten Stoff und einen guten Regisseur, den sein Star akzeptierte: Max Ophüls. Der schlug zuerst eine Geschichte von Maupassant vor, die Rabinowitsch nicht gefiel, auch für eine Übertragung einer Maupassant-Novelle in die Gegenwart begeisterte er sich nicht. Hans Wilhelm erinnerte sich schließlich an eine Idee, die ihm schon 1933 kurz nach seiner Ankunft in Paris eingefallen war. Es ist die fiktive Geschichte einer Prostituierten, die in der Rue de Tilsit ihren Stammplatz hatte und die Wilhelm dort oft gesehen hatte, wenn sie auf Kunden wartete.
Bei einem Treffen im Hôtel Raphaël erzählt Wilhelm die Grundzüge der Filmstory, die er „La Duchesse de Tilsit" nennt. Rabinowitsch, Ophüls und Feuillère sind begeistert und akzeptieren. Feuillère wird die Nachtclubtänzerin und Animierdame Evelyne spielen, die durch ihren früheren Mann, einen Gangster, in dieses Milieu hineingeraten ist, aus dem sie nun nicht mehr herauskommt, weil sie für ihren kleinen Sohn sorgen muß. Es ist Edwige Feuillères erste Mutterrolle. Wilhelm erhielt einen Vertrag über 60.000 Francs für Story und Drehbuch und fuhr im September 1938 mit Hans Jacoby in ein Hotel nach Barbizon, in der Nähe von Paris, wo beide unterstützt durch gelegentliche Besuche von Rabinowitsch, Ophüls und später André Antoine, der die Dialoge schrieb, das Drehbuch ausarbeiteten. Inzwischen engagierte Rabinowitsch Schüfftan als Kameramann und Lourie als Filmarchitekt, so daß Ophüls den Film mit vertrauten Mitarbeitern vorbereitete.
Am 3. Januar 1939 begannen die Dreharbeiten im Studio, die Außenaufnahmen folgten im Februar und März 1939. Die Arbeit mit Edwige Feuillère gestaltete sich nicht ganz einfach für Ophüls, sie schätzte zwar die Rolle und auch den Regisseur, aber sie war eine eigenwillige Künstlerin und sich ihrer Bedeutung für den Film sehr bewußt. Sie verlangte Mitsprache nicht nur bei der Rolle, sondern auch beim Drehbuch und setzte sich auch durch. Es gab lange Konferenzen mit ihr, Rabinowitsch, Ophüls und den Autoren. Vor allem diskutierte man über das Ende des Films. Ursprünglich war ein glücklicher Ausgang vorgesehen: Evelyne, ihr Sohn und Georges gehen gemeinsam nach Kanada und beginnen ein neues Leben. Die Umformung in das

tragische Ende erfolgte erst während der Dreharbeiten und ist Rabinowitsch und Feuillère zu verdanken. Rabinowitsch wollte offenbar den tragischen Schluß aus QUAI DES BRUMES wiederholen, der dank Schüfftans Fotografie auf SANS LENDEMAIN abgefärbt hat, und für Feuillère bedeutete das Happy end einen Bruch im Charakter Evelynes. Für sie war diese Frau so sehr gesunken, zerstört und am Ende, daß die Möglichkeit eines neuen Anfangs ausgeschlossen war und die Tendenz des Films umgekehrt hätte.

Da der Produzent und sein Star an einem Strang zogen, mußten Regisseur und Autor einlenken; um den Schluß besser zu motivieren, nahmen sie eine entscheidende Änderung vor. Beim gemeinsamen Kino-Besuch sollten Evelyne und George ursprünglich eine Mac Sennett-Comedy sehen mit einer grotesken Eheszene und einer Tortenschlacht, statt dessen sehen sie eine melancholische Abschiedsszene aus dem Stummfilm CASANOVA, den Rabinowitsch 1926 in Frankreich produziert hatte, die überdies noch an einem Hafen spielt, so daß die vorausweisende Analogie auf das tragische Ende überdeutlich wird.

So zügig die Dreharbeiten vonstatten gingen, so schleppend gestaltete sich die Nachproduktion, die auch durch die Teilmobilmachung in Frankreich im Frühjahr 1939 verzögert wurde. Der Film wurde erst im August fertig und sollte im Herbst in die Kinos kommen. Rabinowitsch hielt den Film nach der französischen Generalmobilmachung Anfang September zurück und wartete zunächst die weitere Entwicklung ab, so daß SANS LENDEMAIN mit erheblicher Verspätung erst im März 1940 in die pariser Kinos kam. Obwohl von der Kritik positiv beurteilt, wurde SANS LENDEMAIN ein Opfer des Krieges. Zwar waren die Namen der Exilanten im Vorspann vorsorglich französiert worden (Jean Villeme, Jean Jacot, Schufftan – nicht zu vergessen Ophuls selbst), doch nahm das Publikum offenbar Anstoß an dieser „deutschen" Produktion [Rémy Pithon hat auf ähnliche Reaktionen gegenüber dem in Berlin hergestellten Film L'ENTRAINEUSE hingewiesen[5]], und so erlitt der Film dasselbe Schicksal wie zu Beginn des Krieges die Emigranten in Frankreich, die als Deutsche und damit als feindliche Ausländer angesehen wurden. Der Film verschwand rasch aus den Kinos und blieb lange Jahre eines der unbekanntesten Werke von Ophüls, der sich übrigens ebenso wie Rabinowitsch sehr darum bemühte, diesen von ihm hoch eingeschätzten Film in den USA herauszubringen, freilich ohne jeden Erfolg.

Von 1914 zu 1939: DE MAYERLING À SARAJEVO

Im März 1940 war Ophüls selbst bereits seit einigen Monaten französischer Soldat und zugleich noch mit der Fertigstellung seines letzten Vorkriegsfilms DE MAYERLING À SARAJEVO beschäftigt. Dieser Film über das Schicksal des österreichischen Thronfolgers Franz Ferdinand wurde produziert von der

British Unity Production, die Ende 1937 ihren Sitz nach Paris verlegt hatte. Unter der Überschrift „Englisches Film-Kapital wandert nach Paris" berichtete Pem in der „Pariser Tageszeitung" am 24. Dezember 1937: „Soeben teilt die British Unity mit, dass sie ihre Firma und ihr Kapital von London nach Paris transferiert und beschlossen hat, künftig in Frankreich zu produzieren. Es handelt sich um die Gesellschaft, die der deutsche Regisseur Kurt Bernhardt gemeinsam mit Eugen Tuscherer und Ivor Foxwell leitet und die vor einem Jahr die Jean Gilbert-Operette, ‚Die keusche Susanne' in englischer und französischer Version in London drehte. Aus den Erfahrungen, die Bernhardt und Tuscherer mit diesem Film gemacht haben, ziehen sie nunmehr die Konsequenzen; die französische Version dieses Films nämlich ist längst amortisiert, während die englische Fassung in frühestens einem Jahr hereingebracht werden wird. Aus diesem Grund also geht die Firma nunmehr nach Paris, um dort zu drehen: sie will erst zurückkehren, wenn die englischen Filmverhältnisse etwas übersichtlicher geworden sind."

Im Verlauf des Jahres 1938 griff die Firma den Franz Ferdinand-Stoff auf, der in der französischen Filmindustrie und bei den Exilfilmproduzenten seit Jahren die Runde machte. Litvaks MAYERLING-Erfolg hatte das Augenmerk der Produzenten auf das habsburgische Herrscherhaus gelenkt. 1937 hatte die von Julius Marx und Bernhard Diebold geleitete Filmstoff-Agentur Thema in Zürich Hermann Millakowsky ein Franz Ferdinand-Szenario der emigrierten Drehbuchautorin Grete Heller angeboten, zur selben Zeit gab es ein Projekt „Sarajewo", das auf einem Drehbuch von Joseph Kessel beruhte. Tuscherer und Bernhardt erwarben die Rechte am Franz Ferdinand-Stoff (das Projekt hatte diesen Arbeitstitel) und beauftragten Carl Zuckmayer, ein Drehbuch zu schreiben.

Ophüls, seit LIEBELEI Spezialist für Wiener Stoffe, wurde im März 1939 engagiert, Franz Planer sollte die Kamera übernehmen. Doch kam Planer, der im März 1939 in Mexiko filmte, gar nicht mehr nach Europa zurück, und so mußte ein anderer Kameramann gefunden werden, was sich als außerordentlich schwierig erwies. Schließlich fotografierten nicht weniger als vier Kameramänner den Film, davon drei Filmexilanten: Curt Courant, Otto Heller, Eugen Schüfftan und der Franzose Robert LeFebvre. Auch die Autorenfrage wuchs sich zum Problem aus. Zuckmayer konnte im Mai 1939 nicht nach Frankreich kommen, weil er keinen gültigen Paß mehr hatte. Fritz Gottfurcht, mit dem die B.U.P. mehrfach zusammengearbeitet hat, war in London mit einem anderen Film beschäftigt und nicht verfügbar, deshalb bearbeitete zunächst die französische Autorin Marcelle Maurette das Buch, die kinematographische Ausarbeitung übernahm Curt Alexander, der hier zum letzten Mal mit seinem Freund Max Ophüls zusammenarbeitete, die Dialoge schrieben Maurette, Jacques Natanson und auf Verlangen von Edwige Feuillère, die auch in diesem Film die Hauptrolle spielte, André-Paul Antoine, der mit Natanson allerdings verfeindet war, was der Zusammenarbeit

De Mayerling à Sarajevo (Max Ophüls, 1939/40): Edvige Feuillère, John Lodge

nicht gerade förderlich war. Als weitere Emigranten arbeiteten an diesem Film mit: Jean/Hans Oser (Schnitt) und Oscar Straus, der hier erstmals für einen Ophüls-Film die Musik komponierte.
Die Produktion hatte von Anfang an mit widrigen Umständen und schwierigen Bedingungen zu kämpfen und verlief schleppend und zäh. Seit Juli 1939 war Ophüls mit dem Film im Studio, und es kam täglich zu Reibereien und offenen Krächen mit Tuscherer. Die Gründe waren immer dieselben: Der Regisseur stellte hohe Forderungen an Ausstattung, Dekor, Kostüm, alles mußte aus kostbarem Material sein, mußte möglichst authentisch wirken, um die Epoche vor dem Weltkrieg und den Glanz des Hauses Habsburg zu beschwören; der Produzent dagegen wollte die Kosten niedrig halten und verlangte schnelleres Drehtempo, und so war der Streit programmiert. Die ständigen Auseinandersetzungen verzögerten die Arbeit zusätzlich, so daß man erst im August zu den Außenaufnahmen nach Romans fahren konnte. Da Courant und Heller, die sich bei den Atelieraufnahmen abgelöst hatten, durch andere Verträge gebunden waren, übernahm nun Robert LeFebvre die Außenaufnahmen. In Romans war die halbe Stadt auf den Beinen und half mit, die Ereignisse des 28. Juli 1914 in Sarajewo zu rekonstruieren, fast genau 25 Jahre nach dem Attentat.

Doch geht es in DE MAYERLING À SARAJEVO nicht um 1914 und um die Entstehung des Weltkriegs, sondern es geht um 1939 und die drohende Gefahr eines neuen Kriegs, den es zu verhindern gilt. Zuckmayer hat in einer seinem Drehbuch vorangestellten Synopsis die Intention knapp dargestellt: „Hier liegt für uns der primitive und überall verständliche Grundgedanke dieses politischen Kampfes: Verhütung des Weltkriegs (nicht aus Pazifismus etwa, sondern um das Reich zu erhalten), – und, zur Erhaltung dieses Reichs und damit Europas: der Gedanke der Foederation. Die U.S.A. waren für ihn (d.h. Franz Ferdinand) ein grosser Eindruck, und zu seinen Grund-Ideen, zu seinen Leitgedanken im Film, gehört der Plan der Vereinigten Staaten von Grossoesterreich, eine Art mitteleuropäischer Union unter der Oberhoheit Habsburgs, die auch heute und für die Zukunft noch die Waage des europäischen Gleichgewichts sein könnte. Diese Politik ist heute fast ‚moderner' als vor 1914. Unsere klare und einfache Gegenüberstellung muss lauten: hier Rückschritt, Krieg und Zerfall, hier Rettung durch neue Ordnung und neuen Aufbau."[6]

Franz Ferdinand und seine Ideen werden in diesem Exilfilm als Gegenbild faschistischer Zerstörungspolitik dargestellt. Dabei mischen sich seine Vorstellungen mit denen von Richard Coudenhove-Kalergi, dem Führer der Paneuropa-Bewegung, den Ophüls persönlich kannte und mit dem er zumindest zeitweilig auch engeren Kontakt gehabt hatte. Coudenhove-Kalergi sah in der Schaffung der Vereinigten Staaten von Europa die einzige Garantie für einen dauerhaften Frieden, und noch im Frühjahr 1939 hatte er in Paris eine große Kampagne für seine Ideen gestartet.

Die Ereignisse überrollten jedoch den Film; noch während der Aufnahmen in Romans machte Frankreich nach Deutschlands Überfall auf Polen am 2. September 1939 mobil. Schauspieler und Techniker wurden sofort eingezogen, die Dreharbeiten mußten abgebrochen werden, der Hauptdarsteller John Lodge kehrte zurück in die USA. Auch Ophüls wurde wenige Wochen später französischer Soldat, konnte aber öfter nach Paris kommen, weil er an Rundfunkpropagandasendungen gegen Nazi-Deutschland mitarbeitete, was ihm auch Gelegenheit gab, sich um seinen noch unfertigen Film zu kümmern. Gemeinsam mit Tuscherer bemühte er sich um die Fertigstellung des Films.

Ophüls entwickelte zunächst eine Notlösung, er wollte den Film als Torso herausbringen und Schwarzfilm zwischen die unfertigen Szenen montieren. Ein Sprecher sollte erklären, daß der Film ein Opfer des neuen Krieges geworden sei, wie seine Protagonisten Opfer des ersten Krieges gewesen seien, und dann jeweils zu den Schwarzbildern aus dem Off die für das Verständnis der Handlung nötigen Erklärungen geben. Diese künstlerisch sicher interessante Lösung mit der ständigen Illusionsbrechung und der Ansprache an die Zuschauer fand aber offenbar nicht Tuscherers Beifall, der wohl vorhersah, daß ein solcher Filmtorso keine großen Chancen beim Publikum gehabt hätte. Er setzte vielmehr alle Hebel in Bewegung, um den Film allen Widerständen zum Trotz fertigzustellen. Bei den zahlreichen Stellen, mit denen er verhandeln mußte, argumentierte er, daß der Film ein Propagandafilm sei, weil er sich gegen Krieg, Zerstörung und Herrschaftsanmaßung durch das Dritte Reich wende. So konnte die Arbeit am Film tatsächlich Ende Dezember wieder aufgenommen werden. Unter der Hilfsregie des Co-Drehbuchautors Antoine wurde eine Szene nachgedreht, weil Ophüls keinen Urlaub von der Armee bekam und der Schauspieler Gil, der den Mörder Prinzip spielte, nur zu diesem Termin verfügbar war. Doch im Januar 1940 war Ophüls für einige Tage entbehrlich und Tuscherer erreichte das schier Unmögliche: John Lodge kam für drei Tage nach Paris, und auch die meisten anderen benötigten Schauspieler konnten zusammengetrommelt werden. Eugen Schüfftan, der auch für die französische Armee arbeitete, übernahm nun die Kamera und seinem tricktechnischen Genie und Ophüls' Improvisationstalent gelang es tatsächlich, den Film in wenigen Tagen fertigzustellen, wenngleich dem Werk etwas Fragmentarisches anhaftet und man auch sieht, daß manche Szenen in großer Eile heruntergekurbelt werden mußten. Die erste Begegnung zwischen Sophie Chotek und Erzherzog Ferdinand im Park wurde deswegen sehr statisch aufgenommen.

Mitte Januar 1940 war der Film endgültig abgedreht und erlebte tatsächlich noch am 1. Mai 1940 in Paris seine Uraufführung, nur wenige Wochen vor dem Einmarsch der deutschen Armee in Paris. Die Aufnahme bei Kritik und Publikum war positiv und auch erheblich besser vorbereitet als bei SANS LENDEMAIN. Man kannte Ophüls inzwischen als französischen Soldaten und wußte auch um seine Verdienste bei der antifaschistischen Rundfunkpropaganda. Aber die Laufzeit des Films war nur kurz, denn nach dem Zusammenbruch Frankreichs (Unterzeichnung des Waffenstillstands am 22.6.1940) wurde der Film verboten. Dennoch entfaltete DE MAYERLING À SARAJEVO eine gewisse Wirkung. Der Film wurde noch im November 1940 in den USA aufgeführt, wo er „als letzter freier Franzosenfilm", wie die deutsch-jüdische Wochenzeitung „Aufbau" schrieb, mit großer Spannung erwartet wurde. Es wurde sogar für die New Yorker Aufführung ein „Vorwort von Winston Churchill" angekündigt, das aber doch nicht geschrieben wurde. Die amerikanische Kritik war freundlich, hatte sich aber nach den Vorberichten doch einen mehr kämpferischen Film vorgestellt.

Wegen der mangelhaften Quellenlage nicht vollständig aufzuklären ist die Frage, wann der jetzige Filmschluß gedreht bzw. dem Film hinzugefügt wurde. Im ursprünglichen Drehbuch Zuckmayers sollte der Film mit dem Trauerzug bzw. dem Begräbnis Franz Ferdinands und Sophies enden und der in den Wolken erscheinenden feurigen Zahl 1914. Das war in der französischen Fassung des Drehbuchs bereits verändert und aktualisiert. Über der Zahl 1914 erschien ein großes Hakenkreuz, und man sollte die Stimme Franz Ferdinands aus dem Off hören: „Wenn man mich nicht hört, wird es

Krieg geben. Wenn wir ihn verlieren, wird das Reich zerfallen, wenn wir ihn gewinnen, wird der preussische Stiefel in Wien regieren." Als letztes Bild sollte man SS-Leute in schwarzen Uniformen mit weißen Armbinden und großen roten Hakenkreuzen sehen. Aber war dieses Drehbuchende auch das Filmende 1940?
Der heutige Schluß des Films mit den Bildern der alliierten Soldaten, Franzosen, Engländer, Amerikaner und Sowjetrussen, kann unmöglich 1940 gedreht worden sein, denn die Sowjetunion war noch mit Hitler verbündet und die Vereinigten Staaten waren in den Krieg noch gar nicht eingetreten. Außerdem scheinen einige Aufnahmen am Schluß der Sequenz vom Einmarsch der französischen Truppen in das befreite Paris zu stammen. Pem berichtete am 16. Oktober 1945 in seinem neu erstandenen „Privat Bulletin", daß Tuscherer den sechs Jahre lang verbotenen Film DE MAYERLING À SARAJEWO erneut herausgebracht habe. Ich vermute, daß Tuscherer diesen Schluß dem Film erst für diese Wiederaufführung hinzugefügt hat.
Der Zusammenbruch der französischen Front und der Einmarsch der deutschen Truppen in Paris (14.6.1940) beendete auch die Exilfilmproduktion; die Emigranten, soweit sie nicht in den Lagern interniert waren, flohen in den unbesetzten Teil Frankreichs. Auch Ophüls, Millakowsky, Rabinowitsch, Wilhelm, Alexander gelang auf teilweise abenteuerlichen Wegen die Flucht in den Süden, von wo aus die meisten versuchten, weiter in die USA zu fliehen. Rabinowitsch gelang es noch 1940, Ophüls erst 1941. Millakowsky brauchte noch länger, bis er alle Papiere bekam und schaffte es erst 1942, Hans Wilhelm erreichte die USA erst nach Jahren der erzwungenen Untätigkeit in der Dominikanischen Republik. Curt Alexander wurde erneut verhaftet und fiel der Gestapo in die Hände. Er wurde nach Auschwitz deportiert und dort ermordet.
Weil sich die ersehnte Ausreise in die USA so lange hinzog, versuchten die Emigranten, in den Victorine-Studios in Nizza Filme zu drehen, um ihren Lebensunterhalt zu finanzieren. Millakowsky bemühte sich sehr darum, im Freien Frankreich eine Produktion aufzubauen und wollte auch Ophüls für einen Film engagieren, der jedoch nie zustande kam. Alle diese Pläne scheiterten, denn wie Rabinowitsch sofort erkannte, würden die in der freien Zone produzierten Filme nur mit deutscher Genehmigung auch im besetzten Frankreich gezeigt werden können und „pictures with jewish collaborators will never obtain such authorization". Deshalb sah er nur die Möglichkeit, in die USA zu gehen und schrieb in einem Brief an Paul Kohner Sätze, die nicht nur für ihn, sondern für zahlreiche Filmemigranten und besonders für Max Ophüls gelten können: „I never wanted to go to America , because I prefered to work in Europe, and there I am now: all plans, everything fell down! After Moscow and Berlin another stop: Paris! Where does my way lead now? None of us knows, what will happen. Shall we have a possibility of Working?"[7]

Dieser Text beruht auf dem entsprechenden Abschnitt meiner Max Ophüls-Biografie (unveröffentlicht). Den Akzent habe ich auf die Zusammenarbeit des Regisseurs mit seinen Produzenten und deren Einfluß auf die Filme gelegt. Da die Darstellung das Ergebnis jahrelanger Recherchen ist, verzichte ich auf einen ausufernden Quellenapparat und gebe die Quellen nur summarisch an: Vor allem habe ich die französischen Filmzeitschriften und das „Pariser Tageblatt/Pariser Tageszeitung" benutzt. Weiter stütze ich mich auf Interviews mit Edwige Feuillère, Ralph Baum, Hermann Millakowsky, Eugene Lourie und Hans Wilhelm (Interview von Lutz Bacher), sowie auf die Akten der Agentur Paul Kohner in der Stiftung Deutsche Kinemathek. Wichtige Hinweise verdanke ich der Arbeit von Philippe Roger: Max Ophuls. Un Cinéaste Exilé en France (1933-1941). Diss. Université Lumière Lyon II. 1989 und seinem Aufsatz: Zwischen Licht und Schatten: Das deutsche Licht im französischen Kino. In: Heike Hurst, Heiner Gassen (Hg.): Kameradschaft – Querelle. München: CICIM 1991; sowie dem Buch von Colin Crisp: The Classic French Cinema 1930 – 1960. Indiana: Indiana University Press 1993.

1) Max Ophüls: Spiel im Dasein. Stuttgart: Goverts 1959. – 2) Ich benutze den Begriff in der von Jan-Christopher Horak in seinem Beitrag „Exilfilm, 1933-1945" in der „Geschichte des deutschen Films" (Stuttgart, Weimar: Metzler 1993) vorgeschlagenen pragmatischen Definition: „Als Exilfilme werden solche im Ausland gedrehten Werke bezeichnet, die von einem aus Deutschland nach 1933 emigrierten Produzenten, Regisseur und Drehbuchautor gestaltet wurden. (...) Der Begriff ‚Exilfilm' ist nicht mit dem Filmexil gleichzusetzen, denn der Exilfilm ist nur so lange als Teil der deutschen Filmgeschichte zu betrachten, wie es kein freies deutsches Kino gibt oder es den Emigranten nicht möglich ist, in die deutsche Heimat zurückzukehren, das heißt in der Zeit des Dritten Reiches und unmittelbar danach." Nach Horaks Zählung sind in Frankreich von 1933 bis 1939 46 Exilfilme entstanden. – 3) Vgl. meine Aufsätze: ...daß diese Dinge nicht ganz in Vergessenheit geraten. Max Ophüls' Exilwerk. In: Helmut F. Pfanner (Hg.): Kulturelle Wechselbeziehungen im Exil. Bonn: Bouvier 1986; Zwischen Deutschland und Frankreich: LE ROMAN DE WERTHER von Max Ophüls und seine Rezeption in der französischen Kritik und der Exilpresse. In: Hélène Roussel und Lutz Winckler (Hg.): Deutsche Exilpresse und Frankreich 1933-1940. Bern: Peter Lang 1992. – 4) Eugene Lourie: My Work in Films. San Diego, New York, London: Harcourt Brace Jovanovich 1985. – 5) Rémy Pithon: Ohne ein Morgen. Sans Lendemain. In: F. Filmjournal, Nr. 12, April 1979. – 6) Vgl. meinen Aufsatz Max Ophüls gegen Hitler. In: Exilforschung. Bd. 3. München: edition text + kritik 1985, S. 173-182. – 7) Brief von Gregor Rabinowitsch v. 16.8.1940 an Paul Kohner. Original im Paul Kohner-Archiv der Stiftung Deutsche Kinemathek Berlin. Teilweise veröffentlicht bei Michael Töteberg: Geschäftsgeheimnisse. Gregor Rabinowitsch und die Ufa-Russen-Allianz. In: Jörg Schöning (Red.): Fantaisies russes. München: edition text + kritik 1995.

Joseph Garncarz

DIE BEDROHTE INTERNATIONALITÄT DES FILMS
Fremdsprachige Versionen deutscher Tonfilme

„Tonfilmstoff und Internationalität? So paradox es klingt, es ist zur Tatsache geworden. Noch im ersten Jahr der neuen Kunst wollte kein Fachmann und kein Publikum daran glauben", schreibt Erich Pommer 1932. „Die Internationalität der Stummheit konnte doch nicht durch die nationale Begrenztheit der Sprache ausgeglichen werden. Das Wort schien unüberwindliche Grenzen aufzurichten. Das wäre also das Ende des internationalen Films gewesen und damit das Ende des unvergleichlichen Kultur- und Propagandainstrumentes ‚Film' überhaupt."[1] Das Problem der internationalen Verständlichkeit von Tonfilmen stellt sich besonders dringlich wegen der raschen Durchsetzung der technischen Innovation Ton auf den drei bedeutendsten Märkten Europas, in Deutschland, Großbritannien und Frankreich.[2] Aufgrund des Sprachproblems sinkt 1929/30 die Zahl der in Deutschland angebotenen ausländischen Tonfilme, während die Zahl der angebotenen deutschen Filme zunimmt. Die relativ starke amerikanische Marktpräsenz (nicht Popularität) wird durch die starke deutsche Präsenz am eigenen Markt abgelöst.[3] Um Filme wieder exportfähig zu machen, bedurfte es einer innovativen Lösung des Problems der Vielsprachigkeit der Filmländer. Als Lösungsmöglichkeit setzt sich zunächst nicht die Nachsynchronisation oder die Untertitelung durch, sondern die Realisierung fremdsprachiger Versionen, die auch Sprachversionen genannt werden.[4]

Die Lösung: Sprachversionen

Eine Sprachversion wird nicht nur in der Landessprache, sondern zugleich noch einmal in einer fremden Sprache realisiert. *Das* zentrale Charakteristikum der Sprachversionen ist, daß die Schauspieler in der jeweiligen Version die Sprache des Exportlandes selbst sprechen. Anders als bei der Nachsynchronisation eines ausländischen Films bleibt die Einheit von Stimme und Körper des Schauspielers gewahrt: Das Publikum hört die Stimme des Schauspielers, den es sprechen sieht. In der überwiegenden Zahl aller Fälle wird in den fremdsprachigen Versionen die Mehrzahl der Schauspieler gegenüber der Version der Landessprache, der Master-Version, ausgewechselt. So spielen DIE DREI VON DER TANKSTELLE in der französischen Version

nicht mehr Willy Fritsch, Oskar Karlweis und Heinz Rühmann, sondern Henri Garat, René Lefèvre und Jacques Maury. Mitunter spielt eine mehrsprachige Schauspielerin wie Lilian Harvey ihre Rolle in zwei oder drei Versionen.

Die Story, die die Master-Version erzählt, bleibt in der Sprachversion weitestgehend unverändert. Die Versionen unterscheiden sich auch kaum in der Art, wie die Story inszeniert und filmisch gestaltet wird. Bei Dekor, Kostümen, Plazierung der Figuren im Raum, Einstellungsgrößen sowie der Montage sind kaum markante Unterschiede feststellbar.[5] „Serge de Poligny (der sieben französischsprachige Versionen deutscher Tonfilme inszeniert hat) hat Raymond Borde, dem Direktor der Cinémathèque de Toulouse, erzählt, daß ihm innerhalb einer Einstellung, die er zu drehen hatte, stets ein gewisser Spielraum gelassen wurde, lediglich Anfang und Ende der Einstellung mußten mit dem Original übereinstimmen."[6] Nur die Nationalität der Figuren sowie der Handlungsort der Geschichte werden dem jeweiligen Exportland in der Regel angepaßt.[7] So spielt GLORIA (1931) in der deutschen Version in Deutschland und in der französischen in Frankreich (in Paris), und IHRE MAJESTÄT DIE LIEBE (1930/31, Joe May) spielt in Berlin bzw. in Paris. Erfordert es die historische Vorlage oder ist das nationale Image unabdingbar, so wird der Handlungsort beibehalten wie bei der französischen Version von DER KONGRESS TANZT, die ebenso wie die deutsche Version in Österreich im Operettenmilieu zur Zeit des Wiener Kongresses spielt.

Anfang der 30er Jahre gibt es eine klare Hierarchie der Verfahren, einen Film einem anderssprachigen Publikum verständlich zu machen. „Von der Gesamtproduktion von 251 langen Tonspielfilmen wurden 66, d.s. 22 %, der Gesamtzahl der Tonfilme der ersten Tonfilmperiode [1929–1931] in (...) verschiedenen Sprachen gedreht (...). 50 Filme wurden in je einer, 14 in je zwei und 2 in je drei Versionen gedreht."[8] Von den 66 Filmen, von denen Sprachversionen hergestellt werden, werden insgesamt 84 Versionen produziert.

Die Nachsynchronisation hat in der frühen Tonfilmzeit ebensowenig wie die Untertitelung eine quantitative Bedeutung: Von den ausländischen Filmen, die 1930 und 1931 in Berlin uraufgeführt werden, laufen rund 80 % in einer deutschen Sprachfassung (71 von 88).[9] Der Rest wird „mit deutschen Titeln bzw. mit deutschsprachiger Rahmenhandlung" gezeigt. Von den deutschsprachigen Fassungen ausländischer Filme der Jahre 1930 und 1931 werden nur gut 10 % in Deutschland „sprachdubliert", also synchronisiert (8 von 71).[10] „Was im übrigen die deutsche Nachsynchronisationstätigkeit für das fremdsprachige Ausland betrifft, so wurden hier in der Zeit 1929/Mitte 1932 von ca. 30 deutsch- bzw. fremdsprachigen hundertprozentigen abendfüllenden Tonfilmen fremdsprachige Versionen hergestellt (Organon, Rhythmographie, Topoly)."[11] Das heißt, daß in Deutschland weniger als 8 % der deutschen Filme für das Ausland synchronisiert werden. Schätzt man den Anteil der im Ausland synchronisierten Filme für den deutschen Markt auf etwa

10 %, so sind damit etwa 80 % der in den ersten Tonfilmjahren in deutscher Sprache aufgeführten ausländischen Tonfilme Sprachversionen.
In den Jahren 1929–1931 spielen quantitativ nur englische und französische Versionen eine Rolle. Mehr als 90 % aller Versionen werden in diesen beiden Sprachen realisiert. Mit Sprachversionen werden also vor allem die Märkte bedient, die sich besonders schnell vom Stummfilm auf den Tonfilm umgestellt haben. Differenziert man beide Hauptsprachen, wird die Bedeutung des Französischen offenbar: Zwei Drittel aller Versionen werden in Französisch realisiert, ein Viertel in Englisch. Von 66 in Sprachversionen realisierten Filmen werden nur 11 (knapp 17 %) *nicht* in Französisch realisiert. Es hat also in der frühen Tonfilmzeit kaum einen für den Export bestimmten deutschen Tonfilm gegeben, von dem nicht auch eine französische Version realisiert wurde.
Der französische Markt gewinnt seit Mitte der 20er Jahre für die deutsche Filmproduktion zunehmend an Bedeutung. Werden 1924 in Frankreich 20 deutsche Filme gezeigt, so sind es 1926 33, 1928 122 und 1930 111 Filme.[12] Die Bedeutung des französischen Marktes ist jedoch kaum als einziger Grund für den hohen Anteil an französischen Versionen überzeugend, denn traditionell war das Exportgebiet der deutschen Filmwirtschaft Südosteuropa. In den 20er Jahren werden deutsche Filme (abgesehen von Österreich) vor allem in die Tschechoslowakei und nach Ungarn exportiert. In einem im Mai 1930 verteilten Rundschreiben der Tobis heißt es, „daß vor allem französische Versionen auf die Märkte Mittel- und Südosteuropas geschickt werden, weil deutsche Filme aufgrund ihres neuen nationalen Etiketts dort konkurrenzfähiger sind."[13] Frühe deutsche Tonfilme können in den osteuropäischen Ländern aufgrund eines negativen Images der deutschen sowie eines positiven Images der französischen Sprache leichter abgesetzt werden, wenn sie in französischen Versionen vorliegen: „It was (...) the very fact of *hearing* the much-resented German that caused havoc to the point of street demonstrations and physical destruction of the interiors of several movie theatres in Prague in fall of 1930."[14]

Die Alternative: Nachsynchronisation

Zu Sprachversionen sind Originalfassungen keine Alternative, denn eine Originalfassung zu zeigen setzt die Akzeptanz der anderen Sprache *und* die Sprachkompetenz beim Publikum voraus. Eine im Mai 1930 veröffentlichte Umfrage bei den Berufsverbänden der Kinobesitzer in mehreren europäischen Ländern ergibt, daß fremdsprachige Filme beim Publikum generell auf Ablehnung stoßen.[15]
Eine Originalfassung besonderer Art ist der Mehrsprachenfilm, in dem die Schauspieler verschiedener Länder jeweils ihre eigene Sprache sprechen –

wie zum Beispiel in den Filmen KAMERADSCHAFT (1931, G. W. Pabst) und HALLO! HALLO! HIER SPRICHT BERLIN! (1931/32, Julien Duvivier). Dieses Verfahren ist nur in wenigen Fällen anwendbar, da Mehrsprachenfilme an Stories gebunden sind, in denen es die Handlung erlaubt bzw. erfordert, daß jeder Schauspieler sich seiner Muttersprache bedient. Zudem sind sie ausschließlich in den Ländern verständlich, in denen die im Film gesprochenen Sprachen verstanden werden.

Zwei Verfahren haben sich heute durchgesetzt, um einen beliebigen Film einem anderssprachigen Publikum verständlich zu machen: die Untertitelung und die Nachsynchronisation in der jeweiligen Landessprache.

Im Unterschied zu den Zwischentiteln des Stummfilms müssen Untertitel gelesen werden, während der Zuschauer gleichzeitig versucht, den Bildern zu folgen.[16] „Die Zuhilfenahme aufkopierter Titel kann die Situation für die Dauer nur verschlimmern", schreibt Andor Kraszna-Krausz 1931, „indem sie von den wesenseigenen Ausdrucksmitteln des Tonfilms krampfhaft ablenkt, den Mangel an unmittelbarer Verständigungsmöglichkeit ungelenk betont, die Zuschauer ermüdet, überbeansprucht, nervös macht, zur Unzufriedenheit hetzt."[17]

Für die Ablehnung untertitelter fremdsprachiger Filme ist ein weiterer Grund entscheidend. Zeigt man einen Film in der untertitelten Originalfassung, bleibt aufgrund der anderen Sprache eine gewisse Fremdheit. René Lehmann argumentiert 1931, das große französische Publikum akzeptiere nicht, „daß sein Trommelfell durch die Laute einer unverständlichen Sprache strapaziert wird."[18]

Die bereits erwähnte Umfrage bei den Verbänden der europäischen Kinobesitzer kommt zu dem Ergebnis, daß „synchronisierte Filme [beim großen Publikum] erfolglos oder unmöglich seien."[19] Anders als häufig angenommen wird, ist das Verfahren der Sprachversion in der frühen Tonfilmzeit keine Notlösung, weil Synchronisation technisch nicht oder nicht perfekt genug gewesen wäre.[20] Tatsächlich gibt es seit 1929 nachsynchronisierte Filme, so z.B. eine englische und eine französische Fassung der Preußen-Ballade DIE LETZTE KOMPAGNIE (1929/30, Kurt Bernhardt).[21] Die technische Qualität der frühen Synchronfassungen wird zeitgenössisch positiv bewertet, auch wenn teilweise noch „ein gewisser metallischer Hall"[22] beklagt wird. „Um es noch einmal zu sagen: Das Verfahren [der Synchronisation] führt insgesamt zu einer vollkommenen Illusion."[23] Auch eine angeblich fehlende Lippensynchronität ist kein Grund für die breite Ablehnung der Synchronisation ausländischer Filme. Tatsächlich war sogar eine Lippensynchronität mit dem Verfahren der optischen Version erreichbar: Der deutsche Schauspieler formt den fremdsprachigen Text mit den Lippen, ohne die Aussprache perfekt zu beherrschen und den Sinn des Gesagten zu verstehen, und wird anschließend von einem „Native speaker" synchronisiert. Das Argument des technischen Mangels greift also nicht.

Viktor und Viktoria (Reinhold Schünzel, 1933): Renate Müller, Adolf Wohlbrück

Die Ablehnung der Nachsynchronisation ausländischer Filme geht auf das kulturelle Problem zurück, daß es für das zeitgenössische Publikum nicht möglich ist, die „geliehene Synchronstimme" dem auf der Leinwand agierenden Schauspieler zuzuschreiben: „Soll der tönende Film die Internationalität des stummen bewahren, so muß man entweder das Schwergewicht von den Dialogen zurück auf die Bilder oder auch auf die Geräusche verlegen oder jeden Film von vornherein in allen Hauptsprachen drehen. Der Versuch, amerikanische Sprecher für deutsche auszugeben, ist ein Unding", stellt Siegfried Kracauer 1930 fest.[24] „Es war eigenartig, fast erschütternd, eine vertraute Stimme aus einem ganz fremden Körper [in einem amerikanischen Film] kommen zu hören", schreibt Claire Rommer 1932. „Meines Kollegen Stimme war gewandert, weg von ihm – War verschwunden in einem Fremden – Aus dessen Mund klingt sie nun, unentwegt – Trotzdem seine Zunge ihre Worte nie gesprochen – Trotzdem seine Lippen sie nie geformt haben! Durch einen zauberhaften Trick ist ein merkwürdiges, homunkulusartiges Gebilde entstanden."[25]
Im November 1931 wirbt ein Themenheft der Fachzeitschrift „Filmtechnik-Filmkunst" für die Nachsynchronisation als akzeptables Mittel, einen Film für ein anderssprachiges Publikum verständlich zu machen[26], und 1933 stellt

First a Girl (Victor Saville, 1935): Griffith Jones, Jessie Matthews

ein Beobachter der Szene fest, „[that] audiences have gotten used to German conversation dubbed to American lip movements. The critics do not even mention it in their reviews unless it happens to be particularly ineffective, which is seldom the case today. Despite the campaign against dubbing which filled the German press when the first synchronised pictures appeared here, there is no doubt that it has come to stay and that the average public accepts it *without worrying about who owns the voice that comes out of the loudspeaker.*"[27] Wenn man die Ablehnung der Synchronisation auf die Nicht-Identität von Körper und Stimme zurückführt, dann muß man das schrittweise Akzeptieren der Synchronisation als kulturellen Lernprozeß verstehen, in dem das Wissen um die Nicht-Identität zwischen dem Sprecher, der zu sehen ist, und dem Ursprung des gesprochenen Wortes, das zu hören ist, im Bewußtsein des Zuschauers ausgeblendet wird.[28]

Eine neue Antwort

Die anfänglich mangelnde Akzeptanz, einen ausländischen Schauspieler mit der Stimme eines Angehörigen der eigenen Sprachgemeinschaft sprechen zu hören, ist nicht der einzige Grund, weshalb sich das Verfahren der Sprachversion Anfang der 30er Jahre etabliert hat. Tatsächlich gibt es Sprachversionen auch noch, als Synchronfassungen längst vom deutschen und französischen Publikum akzeptiert werden. In deutlich abnehmender Zahl entstehen Sprachversionen (abgesehen von der Kriegszeit) noch bis in die 50er Jahre hinein – z.B. wird auch das Remake von DIE DREI VON DER TANKSTELLE (1955, Hans Wolff) sowohl in einer deutschen als auch in einer französischen Version gedreht.[29]

Sprachversionen sind nicht nur eine Antwort auf die Verschiedensprachigkeit der Menschen, sondern auch eine neue Antwort auf das Problem der Verschiedenartigkeit der europäischen Kulturen. Wie Erich Pommer feststellt, scheiterten amerikanische Filme in Deutschland daran, daß man „die stoffliche Frage amerikanischer Mentalität nicht auf den europäischen Geschmack übertragen konnte."[30]

Die europäischen Kinopublika der 20er und 30er Jahre favorisierten primär Filme und Stars aus der eigenen nationalen Tradition. Erst in zweiter Linie sind amerikanische und in der Regel erst in dritter Filme und Stars der anderen europäischen Länder gefragt.[31] Da die Schauspieler des eigenen Landes gegenüber anderen stets einen ‚Heimvorteil' hatten, ist die Besetzung einer französischen Version eines deutschen Films mit *den* französischen Stars eine Strategie, die Popularitätschance des Films in Frankreich zu erhöhen. „Neben der glücklichen Lilian Harvey", so Erich Pommer über DER KONGRESS TANZT, „deren Sprachbegabung und *Beliebtheit* die Möglichkeit des allgemeinen Verständnisses gibt, wurden *beliebte* Stars der verschiedensten Nationen eingesetzt, um das Publikumsinteresse in allen Ländern gleichermaßen wachzurufen."[32] In den französischen Versionen von DIE DREI VON DER TANKSTELLE und DER KONGRESS TANZT spielen Lilian Harvey und Henri Garat (der den Part übernimmt, den Willy Fritsch in der deutschen Version spielt). Henri Garat (Jahrgang 1905) wurde als Partner der Mistinguett an den Pariser Variétés Casino de Paris und Moulin Rouge populär.[33] In einem Preisausschreiben der Zeitschrift „Pour Vous" werden im Oktober und November 1931 40 in- und ausländische Schauspieler, die im laufenden Jahr auf französischen Leinwänden zu sehen sind, zur Wahl gestellt.[34] Gefragt ist „der Star, der auf der Leinwand am besten wirkt (...), dessen bewegtes Bild am liebsten gesehen wird."[35] Henri Garat wird von den Lesern der Zeitschrift zum „beliebtesten französischen männlichen Star" und Lilian Harvey zum „beliebtesten ausländischen weiblichen Star" gewählt.[36] Die Strategie, durch eine Besetzung der Versionen mit populären ausländischen Schauspielern den Filmerfolg in den Nachbarländern zu steigern, ist erfolgreich: „Die UFA-ACE sowie Pathé-Natan haben glänzend bewiesen, daß die deutsch-französische Gemeinschaftsproduktion[37] nur Erfolge bringen kann", heißt es in der französischen Fachpresse 1932. „Nicht ein einziger UFA-ACE Film war bis jetzt ein Mißerfolg; im Gegenteil, alle diese Filme gehören zu den Spitzenfilmen der letzten sowie auch der jetzigen Saison [1930/31 und 1931/32]."[38]

Effektivere Strategien der kulturellen Adaption

Erübrigt sich auf der einen Seite durch einen kulturellen Lernprozeß das Akzeptanzproblem der Synchronisation, so ist auf der anderen Seite die Strategie, Sprachversionen herzustellen, allein als kulturelle Adaptionsform nicht effektiv genug.[39] „Vor Beginn der Dreharbeiten [zu MURDER, 1930] bin ich nach Berlin gefahren, um über das Drehbuch [der deutschen Version MARY/SIR JOHN GREIFT EIN] zu sprechen", sagt Alfred Hitchcock retrospektiv. „Man schlug mir viele Änderungen vor, die ich alle abgelehnt habe. Doch das war ein Fehler. Ich habe abgelehnt, weil ich mit der englischen Fassung zufrieden war und aus wirtschaftlichen Erwägungen. Man konnte nicht zwei Fassungen drehen, die zu verschieden voneinander waren."[40]
Im Lauf der 30er Jahre etablieren sich zwei im Vergleich zur Sprachversion effektivere Strategien, um Filme so zu gestalten, daß sie über kulturelle Grenzen hinweg erfolgversprechender ausgewertet werden können.
Die erste Strategie ist, nicht mehr einen Film, sondern nur noch die Rechte an der Wiederverfilmung ins europäische Ausland zu verkaufen. „Sachverständige sind (...) der Meinung", heißt es 1931 im „Film-Kurier", „daß auf diese Weise sich an Stelle von ‚Versionen'-Produktionen das internationale Filmgeschäft (...) abwickeln wird."[41] Bei Versionen liegt die Kontrolle der Filmproduktion in einer Hand; bei Remakes über Ländergrenzen hinweg gibt es keine Kontrolle des Rechteverkäufers mehr über die Wiederverfilmung. Ist bei fremdsprachigen Versionen der in der Landessprache gedrehte Film das Modell, nach dem sich die Sprachversion richten muß, so ist der ursprüngliche Film bei einem Remake nicht mehr als eine Vorlage, von der ausgehend ein neuer Film entsteht. Der Gestaltungsspielraum ist bei Remakes größer als bei Versionen, die aus Gründen der Produktionsrationalität in aller Regel parallel gedreht wurden. Bei Remakes besteht die Möglichkeit, die Story und die Art, wie sie erzählt wird, so zu verändern, daß sich der Film besser ins jeweils andere kulturelle Milieu einpaßt. Das britische Remake FIRST A GIRL (1935) der deutschen Komödie VIKTOR UND VIKTORIA (1933) zum Beispiel ist konsequent derart verändert (aus dem Berliner Varieté wird die britische Music Hall, in der die Revue einen größeren Stellenwert erhält).[42]
Die zweite Strategie verzichtet auf die Herstellung von Varianten eines Films bzw. Stoffes, wie es Versionen oder Remakes sind. Um einen Film im anderen Land erfolgreich zu machen, werden „ausländische" Filme im Inland bzw. mit inländischem Kapital bzw. Personal im jeweiligen Ausland produziert. Die Alliance Cinématographie Européenne (ACE) produziert ab Mitte

der 30er Jahre französische Filme in Babelsberg. Die Continental Film SRL greift diese Strategie während der Okkupationszeit auf und produziert unter deutscher Leitung Filme in Frankreich, die sich nach den Präferenzen des französischen Publikums richten. Gilt die Continental in Frankreich ökonomisch als Versuch der Nazis, die französische Filmindustrie zu kolonisieren, so werden die Filme der Continental kulturell „as representative of the indomitable French spirit" geschätzt.[43] Die Strategie der Continental ist erfolgreich: Von den größten Filmerfolgen beim französischen Publikum während der Besatzungszeit stammen mehr als 50 % aus der Produktion der Continental.[44]

Modelle der Version in der ‚Stummfilmzeit'

Zwischen 1903 und 1913 entstanden die sogenannten Tonbilder, kurze Tonfilme, die in Variétés und ab 1905 in eigens eingerichteten Tonbild-Kinos gezeigt wurden.[45] Die Produktion von Tonbildern war in Deutschland zeitweise von quantitativ größerer Bedeutung als die von stummen Filmen. Da Filme in der jeweiligen Sprache größere Absatzchancen hatten, wurden für den Export fremdsprachige Versionen hergestellt, etwa von Tonbildern mit Henny und Franz Porten. Anders als in den Sprachversionen der frühen Tonfilmzeit sangen die Portens jedoch nicht selbst, sondern „mußten die Platten textlich und musikalisch, oft in drei Sprachen, beherrschen, damit unsere Bewegungen genau mit ihnen übereinstimmten."[46]
Neben den fremdsprachigen Versionen der Tonbilder gab es auch Versionen von Stummfilmen, die als Modelle für die Sprachversionen der frühen Tonfilmzeit dienen konnten.
Um Mentalitätsunterschiede auszugleichen, bearbeitete man Stummfilme, indem man verschiedene Negative je anders montierte und die Zwischentitel inhaltlich veränderte.[47] Dabei inszenierte man durchaus auch einzelne Szenen auf unterschiedliche Art und Weise: Wenn Filme stumm, also ohne technisch reproduzierten synchronen Ton blieben, war die Sprachenvielfalt kein wirkliches Problem, wohl aber die kulturelle Verschiedenheit der Filmländer. Gerade Prestigeproduktionen der Stummfilmzeit wurden in verschiedenen Versionen hergestellt, die auf die kulturellen Mentalitäten der jeweiligen Exportregionen zugeschnitten waren. Im Unterschied zu Sprachversionen sind Stummfilmversionen zwar mit den gleichen Schauspielern besetzt. Sie unterscheiden sich von ihren Master-Versionen jedoch durchaus signifikant in bezug auf die Geschichte, die erzählt wird: Die Filme LOVE und THE GOLD RUSH endeten in den europäischen Fassungen tragisch, wogegen die amerikanischen Fassungen optimistischer angelegt waren. In LOVE (1927, Edmund Goulding) liebt die verheiratete russische Adlige Anna Karenina, gespielt von Greta Garbo, einen Offizier; ihre Liebe endet in der eu-

ropäischen Version mit ihrem Freitod, in der amerikanischen mit einem Happy-End. Die europäische Version von THE GOLD RUSH inszeniert die Liebe Charlies zu Georgia als Illusion Charlies, wohingegen die Liebesgeschichte der amerikanischen Fassung entgegen allen Erwartungen letztlich doch von Erfolg gekrönt ist.[48]

Stummfilm-Versionen wurden ebensowenig wie Sprachversionen entwickelt, um Filme auf unterschiedliche kulturelle Standards zu bringen.[49] Versionen von Stummfilmen entstanden aus der technischen Notwendigkeit, mehrere Negative herstellen zu müssen, wollte man einen Film weltweit vermarkten. In den Jahren zwischen 1914 und 1928 war die Montage verschiedener Versionen mit nacheinander aufgenommenen Einstellungen einer einzigen Kamera bzw. mit von mehreren Kameras gleichzeitig aufgenommenen Einstellungen üblich.[50] Beide Praktiken waren bei der internationalen Vermarktung eines Films notwendig, da man für eine große Kopienzahl mehrere Negative braucht, aber erst seit der zweiten Hälfte der 20er Jahre (in den USA seit 1926, in Europa seit 1928) Duplikate von Negativen ohne Qualitätsverlust herstellen konnte.[51] Sprachversionen wurden realisiert, um Tonfilme international verständlich zu machen. In beiden Fällen wurde jedoch die Lösung der jeweiligen Probleme benutzt, um die realisierten Filme den kulturellen Standards der verschiedenen Exportländer anzupassen.

Sprachversionen sind also nur insofern eine neue Antwort auf die kulturelle Verschiedenartigkeit der europäischen Länder, als es in der Stummfilmzeit nicht üblich war, Exportfassungen mit den Schauspielern des jeweiligen Exportlandes zu besetzen.

Gründe für das Verschwinden der Sprachversionen

Ob ein Film zu Beginn der 30er Jahre nur einmal gedreht und später nachsynchronisiert wird, ob er in einer optischen Version, die die Lippensynchronität garantiert, oder ob er in Sprachversionen realisiert wird, hängt von der Rentabilität ab: „Ist die Auswertungsmöglichkeit in einem Sprachgebiet höher als die Herstellungskosten einer Originalversion [gemeint ist die Sprachversion], so ist die Existenzberechtigung derselben durchaus gegeben", schreibt Eugen Kürschner 1931. „Ist die Auswertungsmöglichkeit niedriger als die Herstellungskosten einer Originalfassung, aber höher als die einer optischen Version, so ist wirtschaftlich nur die Herstellung der letztgenannten Fassung tragbar. Die akustische Version [also die Synchronfassung] wird in allen Fällen Mittler der Internationalität sein, wo die Übertragung in eine fremde Sprache im betreffenden Sprachgebiet keine Rentabilität der beiden ersten Methoden bieten kann."[52] Da bei Sprachversionen deutscher Tonfilme (wenn sie mit anderen Schauspielern besetzt sind) nicht nur die Schauspieler der deutschen, sondern zudem noch die der jeweiligen

Sprachversion bezahlt werden müssen, stiegen die Ausgaben für einen Film um die Hälfte bis zwei Drittel der Produktionskosten der Master-Version. Als die „geliehene Synchronstimme" um 1933 vom Publikum akzeptiert wird, wird die Synchronisation dadurch zu einem rentableren Verfahren, da allein die Stars nicht „doppelt" entlohnt werden mußten. Die Zahl der Sprachversionen ist jedoch im Lauf der 30er Jahre auch deshalb stark rückläufig, weil Strategien wie das Remaking über Ländergrenzen hinweg und die Realisation „ausländischer" Filme rentabler sind, um einen Film bei einem Publikum mit anderen kulturellen Präferenzen erfolgreich zu machen. Während die Synchronisation bis heute ihre Bedeutung erhalten hat, haben die Strategien der kulturellen Anpassung von Kinofilmen ihre Bedeutung im heutigen Europa verloren. Seit den 70er Jahren ist ein Angleichungsprozeß der Kinokulturen in Europa zu beobachten, dessen Medium der amerikanische Film ist. Indem derart die filmkulturelle Zerklüftung Europas abgetragen wird, verschwindet die Grundlage, auf der die hier behandelten Strategien der kulturellen Anpassung von Kinofilmen innerhalb Europas Sinn machen.[53]

1) Erich Pommer: Tonfilm und Internationalität. In: Frank Arnau (Hg.): Universal Filmlexikon. Berlin: Universal Filmlexikon 1932, S. 13-14, hier: S. 13. – 2) Alexander Jason: Handbuch der Filmwirtschaft. Bd. II. Film-Europa. Berlin: Verlag für Presse, Wirtschaft und Politik 1930, S. 26. – 3) Der Rückgang an ausländischen Filmen geht auf die Einführung des Tons und nicht auf das Kontingentgesetz von 1930 zurück: In Deutschland durften 1930 zwar 90 ausländische Tonfilme lizensiert werden, in Berlin mit einer überdurchschnittlichen Ausstattung an Tonfilmkinos kamen jedoch nur 64 ausländische Tonfilme zur Aufführung. (Karl Wolffsohn: Jahrbuch der Filmindustrie. 5. Jg. Berlin: Verlag der Lichtbildbühne 1933, S. 254) Die Möglichkeiten des Kontingentgesetzes wurden also offenbar nicht annähernd ausgeschöpft. – 4) Um die in diesem Artikel entwickelte Argumentation überprüfbar zu machen, gebe ich die Sprachversionen an, die ich gesehen habe: deutsch-französisch: DIE DREI VON DER TANKSTELLE – LE CHEMIN DU PARADIS (1930); DER KONGRESS TANZT – LE CONGRES S'AMUSE (1931); GLORIA – GLORIA (1931); IHRE MAJESTÄT DIE LIEBE – SON ALTESSE L'AMOUR (1930 bzw. 1931); LIEBELEI – UNE HISTOIRE D'AMOUR (1933 bzw. 1934); deutsch-englisch: DER BLAUE ENGEL – THE BLUE ANGEL (1930); F.P.1 ANTWORTET NICHT – F.P.1 (1932); amerikanisch-deutsch: ANNA CHRISTIE – ANNA CHRISTIE (1930). – 5) Die diesbezüglich auffälligsten Abweichungen zwischen Master- und Sprachversion konnte ich nicht bei europäischen Filmen feststellen, sondern im Vergleich der amerikanischen mit der deutschen Version von ANNA CHRISTIE. – 6) Francis Courtade: Die deutsch-französischen Koproduktionen. In: Heike Hurst und Heiner Gassen (Hg.): Kameradschaft – Querelle. München: CICIM 1991, S. 159-172, hier: S. 170. – 7) Vgl. das Ufa-Vorstandsprotokoll, 2.10.1933. – 8) Alexander Jason: Handbuch der Filmwirtschaft, a.a.O., Bd. III, 1932. Die erste Tonfilmperiode, S. 24. – 9) Ebd., S. 259. – 10) Ebd. – 11) Ebd. – 12) P. A. Harlé: En face de l'Allemagne. In: CF, Nr. 652, 2.5.1931. – 13) La politique du cinéma allemand. In: CF, Nr. 647, 28.3.1931 (alle Übersetzungen aus dem Französischen

sind von JG); vgl. Francis Courtade: Die deutsch-französischen Koproduktionen, a.a.O., S. 167. − 14) Nata a urovi ová: Translating America: The Hollywood Multilinguals 1929-1933. In: Rick Altman (Hg.): Sound Theory. Sound Practice. New York, London: Routledge 1992, S. 138-152, hier: Anm. 25 (S. 264). − 15) Antworten auf 10 Fragen über die Tonfilmlage Europas. In: Film-Kurier, Nr. 127/128, 31.5.1930. − 16) In der frühen Tonfilmzeit werden mitunter auch Zwischentitel in Tonfilme eingesetzt. Dieses Verfahren führt zu einer Verkürzung des bewegten Bildes und wurde benutzt, um Tonfilme auch in noch nicht umgerüsteten Stummfilmkinos zeigen zu können. − 17) Andor Kraszna-Krausz: Warum synchronisieren. In: Filmtechnik-Filmkunst, Nr. 24, 28.11.1931. − 18) René Lehmann: A propos du „dubbing". In: Pour Vous, Nr. 133, 4.6.1931. − 19) Antworten auf 10 Fragen über die Tonfilmlage Europas. In: Film-Kurier, a.a.O. Nur in Jugoslawien und in den Niederlanden wird von einer Akzeptanz gesprochen. − 20) Etwa: Wilhelm E. Labisch: Gleich und doch verschieden: „Versionen". Wie zu Beginn der Tonfilmzeit fremdsprachige Fassungen hergestellt wurden. In: FILM-Korrespondenz, Nr. 1, 18.1.1974, S. 25-27. − 21) Vgl. Hans-Michael Bock: Ein Instinkt- und Zahlenmensch. Joe May als Produzent und Regisseur in Deutschland. In: H.-M. B. und Claudia Lenssen (Hg.): Joe May: Regisseur und Produzent. München: edition text und kritik 1991, S. 141; Il faut mettre au point la question du „dubbing". In: Pour Vous, Nr. 129, 7.5.1931. − 22) Pour Vous, Nr. 129, 7.5.1931. − 23) Ebd. − 24) Siegfried Kracauer: Im Westen nichts Neues. In: Frankfurter Zeitung, Nr. 910, 6.12.1930; zit. n. S. K..: Von Caligari zu Hitler. Frankfurt/Main: Suhrkamp 1984, S. 456-459, hier S. 459. − 25) Claire Rommer: Stimmenwanderung. In: Die Filmwoche, Nr. 48, 30.11.1932; ähnlich: La question des langues. In: Pour Vous, Nr. 121, 12.3.1931. − 26) Andor Kraszna-Krausz: Warum synchronisieren, a.a.O., S. 3; ähnlich argumentiert: René Lehmann: A propos du „dubbing"; vgl. auch: L. M.: Il faut mettre au point la question du „dubbing". In: Pour Vous, Nr. 129, 7.5.1931. − 27) Zit. n. Kristin Thompson: Exporting Entertainment. America in the World Market 1907-34. London: BFI 1986, S. 163 (keine Quelle angegeben) [Hervorhebung JG]. − 28) Auch wenn man den Wandel von der generellen Zurückweisung zur Akzeptanz von Synchronisationen nicht durch Verbesserungen der Synchrontechnik erklären kann, so können Fortschritte wie die 1933 erfolgte Trennung von Bild- und Tonkopie doch die Verbreitung dieses Verfahrens beschleunigen. Vgl. Michael Volber: Mit dem Ton kam die Synchronisation. In: Film-Echo, Nr. 8, 24.2.1996, S. 64-66. − 29) Ulrich J. Klaus: Deutsche Tonfilme 1929/30. Berlin, Berchtesgaden: Klaus 1988, S. 52. − 30) Erich Pommer: Tonfilm und Internationalität. In: Frank Arnau (Hg.): Universal Filmlexikon, a.a.O., S. 13. − 31) Siehe hierzu meinen Aufsatz: Hollywood in Germany: 1925-1990. In: Uli Jung (Hg.): Der deutsche Film. Trier: WVT Wissenschaftlicher Verlag Trier 1993. Anders als für Deutschland sind für Frankreich bisher noch keine Statistiken bekannt geworden, die den Filmerfolg bzw. die Popularität der Stars in der frühen Tonfilmzeit differenziert nach ihrer nationalen Herkunft messen. Es gibt jedoch Indizien dafür, daß die Situation in Frankreich der in Deutschland strukturell vergleichbar ist: Preisausschreiben: Nôtre jeu des sourires. In: Pour Vous, Nr. 77, 8.5.1930; Nr. 78, 15.5. 1930; Nr. 79, 22.5.1930; Nr. 89, 31.7.1930. Für die 50er bis 70er Jahre ist belegt, daß französische Filme beim französischen Publikum weit beliebter als amerikanische und diese wiederum beliebter als die Filme der europäischen Nachbarländer waren. Vgl. die Daten bei Michael Thiermeyer: Internationalisierung von Film und Filmwirtschaft. Köln, Weimar, Wien: Böhlau 1994, Tabelle 44, S. 320. − 32) Erich Pommer: Tonfilm und Internationalität. In: Frank Arnau (Hg.): Universal Filmlexikon, a.a.O., S. 14 (Hervorhebungen JG); vgl. auch: La question des langues. In: Pour Vous, Nr. 121, 12.3.1931. − 33) Eine Kurzbiographie von

Garat findet sich in: Pour Vous, Nr. 161, 17.12.1931. – 34) Vgl. Pour Vous, Nr. 153, 22.10.
1931; Nr. 154, 29.10.1931; Nr. 155, 5.11.1931; Nr. 156, 12.11.1931. – 35) Pour Vous,
Nr. 151, 8.10.1931. – 36) Pour Vous, Nr. 161, 17.12.1931; vgl. Francis Courtade: Die
deutsch-französischen Koproduktionen, a.a.O., S. 169. – 37) DIE DREI VON DER TANK-
STELLE und DER KONGRESS TANZT waren keine Gemeinschaftsproduktionen im eigent-
lichen Sinn: Beide Filme wurden von der Universum-Film AG (Ufa) produziert, und die
französischen Versionen waren im Verleih der Alliance Cinématographique Européenne
(A.C.E.). – 38) Frankreich und Deutschland. In: CF, Nr. 699, 25.3.1932. – 39) Siehe den
Vergleich des französischen Films L'ÉQUIPAGE mit der amerikanischen Sprachversion THE
WOMAN I LOVE bei Ginette Vincendeau: Hollywood Babel. In: Screen, Vol. 29, Nr. 2, Früh-
jahr 1988, S. 24-39, hier: S. 35-37. – 40) François Truffaut: Mr. Hitchcock, wie haben Sie
das gemacht? München: Hanser 1973, S. 67. – 41) Auslandsfassung erfolgreicher Filme.
DIE PRIVATSEKRETÄRIN wird englisch sprechen. Verkauf aller Rechte nach England. In:
Film-Kurier, Nr. 78, 2.4.1931. Die Hauptrolle der Privatsekretärin ist auch im britischen
Remake mit Renate Müller besetzt. – Auch in der französischen Fachpresse wird der Verkauf des Wiederverfilmungsrechts (statt eines Films) als neue Vermarktungsmethode bezeichnet. Vgl. CF, 23.9.1938. – 42) Zu FIRST A GIRL siehe: Andrew Higson: Waving the Flag.
Constructing a National Cinema in Britain. Oxford: Oxford University Press 1995. –
43) Evelyn Ehrlich: Cinema of Paradox. French Filmmaking Under the German Occupa-
tion. New York: Columbia University Press 1985, S. 55. – 44) Vgl. ebd., S. 47 (sowie den
Anhang A). – Die Continental-Filme waren auch in Deutschland bis 1944/45 im Einsatz,
blieben aber ohne großen Erfolg. – 45) Vgl. mein Buch: Filmfassungen. Eine Theorie signi-
fikanter Filmvariation. Bern: Peter Lang 1992, S. 58-65. – 46) Henny Porten: Vom „Kin-
topp" zum Tonfilm. Ein Stück miterlebter Filmgeschichte. Berlin: Carl Reißner 1932, S. 46.
Es ist unbekannt, ob es auch Sprachversionen der Tonbilder gab, bei denen sich ein Darsteller selbst in verschiedenen Sprachen ‚synchronisierte' bzw. ein Part mit Darstellern
verschiedener Länder besetzt wurde. – 47) Vgl. mein Buch: Filmfassungen, a.a.O., S. 16. –
48) Ebd., S. 58-65. – 49) Selten wurde dieses Verfahren ausschließlich benutzt, um zwei
kulturell-ideologisch verschiedene Versionen eines Films herzustellen. In der amerikanischen und britischen Version von THE INFORMER spielen dieselben Schauspieler, und diese
Schauspieler sprechen dieselbe Sprache. Vgl. ebd., S. 31. – 50) Vgl. Jean Mitry: Le problème
des versions originales. In: Image et son, Nr. 369, Februar 1982; A. v. Barsy: Der ‚zweite'
Operateur. In: Die Kinotechnik, Nr. 15, 1925. – 51) Barry Salt: Film Style and Technology:
History and Analysis. London: Starword 1983, S. 222. – 52) Eugen Kürschner: Folgerungen
für die Produktion. In: Filmtechnik–Filmkunst, Nr. 24, 28.11.1931, S. 9. – 53) Vgl. hierzu
mein Buch: Populäres Kino in Deutschland. Internationalisierung einer Filmkultur (1925-
1990) [erscheint 1996/97].

Horst Claus und Anne Jäckel

UFA, FRANKREICH UND VERSIONEN
Das Beispiel „Der Kongreß tanzt"

„Von der Anstellung dieses Regisseurs soll insbesondere aus politischen Gründen – er ist Franzose – abgesehen werden."[1] Mit dieser Formulierung lehnt der Ufa-Vorstand am 4. Januar 1929 ein Engagement von Abel Gance ab. Ebensowenig können die deutsch-national denkenden Herren akzeptieren, daß bei Aufführungen von René Clairs SOUS LES TOITS DE PARIS aus den teuren, neu installierten Tonfilmlautsprechern ihrer Lichtspielhäuser französische Stimmen klingen: „Die Versammlung stellt fest, daß sie keine Kenntnis davon hatte, daß dieser französische Film in einigen Theatern zur Aufführung gelangt und meint, daß angesichts der politischen Bedeutung die grundsätzliche Frage, ob Filme in französischer Sprache in Deutschland gezeigt werden sollen, im Vorstand hätte besprochen werden müssen."[2] Frankreich ist und bleibt für die Weltkriegsveteranen der „Erbfeind". Als am 4. Oktober 1930 eine Vorstellung von LE CHEMIN DU PARADIS, der französischen Version von DIE DREI VON DER TANKSTELLE, im berliner Gloria-Palast stattfindet, besteht der Ufa-Vorstand darauf, daß diese „als reine Interessentenvorführung aufgezogen werden; muß mit dem Zwecke darzutun, daß wir in Deutschland in der Lage sind, fremdsprachige Fassungen herzustellen."[3] Andererseits zögert man nicht, die französische Version in Großbritannien in die Kinos zu bringen.[4] In den Mitteilungen der deutschen Fachpresse über die Produktion von DER KONGRESS TANZT in drei gleichzeitig entstehenden Sprachfassungen werden ausländische Darsteller ignoriert.
Nach der Machtübernahme durch die Nationalsozialisten entfernen die Ufa-Herren neben den jüdischen Mitarbeitern sämtliche Hinweise auf Verbindungen zu Frankreich. Anfang April 1933 streichen sie aus dem Vorspann von KIND, ICH FREU' MICH AUF DEIN KOMMEN (Kurt Gerron, Erich von Neusser) den Titel des französischen Theaterstücks, auf dem der Film beruht[5]; 14 Tage später beschließen sie in totaler Verkennung der Prioritäten der Machthaber, mit französischen Versionen geplante Streifen möglichst ans Ende der Produktionszeit zu verschieben.[6] Beide Maßnahmen erweisen sich als sinnlos: KIND, ICH FREU' MICH wird von der NS-kontrollierten Presse wegen des jüdischen Regisseurs Gerron verrissen; die Tatsache, daß von deutschen Filmen französische Fassungen gedreht werden, ist den Nazis völlig egal.
Es gibt in den Protokollen des Ufa-Vorstands keinen Hinweis darauf, daß der Vorstand je von seiner anti-französischen Haltung abweicht; die Einführung

des Tonfilms und davon betroffene geschäftliche Zielsetzungen im Kampf um den internationalen Markt zwingen ihn jedoch zur Zusammenarbeit mit französischen Darstellern und Regisseuren.
Zu Beginn der Tonfilmphase hatte der Vorstand zunächst auf den Export in englischsprachige Länder gesetzt und den Hollywood-Exilanten Emil Jannings – in Unkenntnis von dessen mangelnden Englischkenntnissen – unter Vertrag genommen. Im Juli 1929 engagierte man außerdem einen Sprachlehrer für englische Sprechtechnik.
Den Herren wird schnell klar, daß sie auf dem amerikanischen Markt kaum Fuß fassen können. Im Februar 1931 stellen sie fest: „So anziehend es vielleicht wäre, zu großen Filmen wie KONGRESS TANZT eine englische Fassung herzustellen, so kann dies nach Ansicht der Versammlung, ohne daß Paramount vorher den Vertrieb akzeptiert, nur geschehen, wenn die Gewißheit auf ausreichende Erträgnisse auf dem englischen Markt besteht."[7] Im Januar 1932 beantwortet Vertriebschef Wilhelm Meydam die Frage „Kann und soll Ufa auch weiterhin englische Versionen von Ufa-Filmen herstellen, um damit in Amerika Geschäfte zu machen?" mit einem klaren: „Nein, das Risiko ist zu groß." Dies gilt auch für Kulturfilme.
Im Vertrauen auf das deutschstämmige Publikum verspricht sich Meydam das rentabelste Amerika-Geschäft[8] von deutschsprachigen Filmen, für die in den USA deutschsprachige Ufa-Kinos eingerichtet werden. Englische Fassungen lohnen sich nur, wenn sie durch englische Abnehmer garantiert werden. Die Ufa produziert sie zwar weiterhin von einigen erfolgversprechenden Filmen, zieht es aber vor, die Rechte für die Herstellung englischer Versionen zu verkaufen. Diese Geschäftspolitik befreit sie auch von der Entscheidung, ob ein Film in amerikanischem oder britischem Englisch gedreht werden soll.
Die Zusammenarbeit mit Franzosen lohnt sich nicht nur wegen der Gewinnmöglichkeiten im französischen Mutterland, sondern auch wegen der zum Einflußbereich der französischen Sprache gehörenden Länder. Dies gilt besonders für den Balkan, aber auch für spanische Gebiete, in denen französische etwaigen spanischen Versionen vorgezogen werden, da Bühnenspanisch in vielen Regionen der iberischen Halbinsel beim Massenpublikum Heiterkeitsstürme auslöst. (Die Geschäftspolitik veranlaßt die „Lichtbild-Bühne" zu der Bemerkung, die Ufa leiste „wertvolle Pionierarbeit für die französische Sprache in Spanien."[9] Im Sommer 1930 gelingt es der Ufa darüber hinaus, französische Produktionskredite zu bekommen.[10] Von da an sollen für Frankreich hergestellte Fassungen möglichst durch französische Gelder finanziert werden. So spielen französische Versionen für die Ufa wirtschaftlich eine wichtigere Rolle als jene für den größeren englischsprachigen Markt.
Ideologische und produktionstechnische Probleme von Mehrsprachenversionen umreißt eine Aktennotiz des Ufa-Produktionschefs Ernst Hugo Correll vom 2. Oktober 1933, in der er auf ein Schreiben des Regisseurs Serge de Poligny eingeht, der für die französische Fassung von Karl Hartls

GOLD verantwortlich zeichnet. Poligny meinte, daß der Film in Frankreich nur erfolgreich sein könne, wenn aus der deutschen Hauptfigur ein Franzose gemacht und die Handlung nach Frankreich verlegt werde. Sollte sich der Vorstand dieser Auffassung anschließen, würden sich laut Correll folgende Schwierigkeiten ergeben:

„1.) In politischer Hinsicht: Man wird uns vorhalten, daß wir einen Film in deutscher Fassung gemacht haben, der dem Ethos der heutigen Zeit in Deutschland entspricht und daß wir auf der anderen Seite durch die Verlegung des Handlungsablaufes nach Frankreich aus geschäftlichen Rücksichten dieses nationale deutsche Ethos zu einem französischen nationalen Ethos umgewandelt hätten.

2.) Das Drehbuch müßte in der französischen Fassung eine grundlegende Veränderung erfahren, da verschiedene [sic] Voraussetzungen in Frankreich fehlen, auf denen hier der Film basiert.

Beispiel: Der Goldreichtum Frankreichs, während das Thema von einer Goldarmut Deutschlands ausgeht. Daraus ergibt sich eine vollkommen verschiedene Einstellung der französischen Regierung zu der Golderzeugung als die jetzt im Drehbuch enthaltene der deutschen Regierung.

3.) Es müßte ein Teil der Bauten so neutral geführt sein, daß sie sowohl deutsch wie französisch tragbar wären, worunter natürlich in der deutschen Fassung die Betonung des rein deutschen Charakters leiden würde.

4.) Bei einem Teil der Bauten und evtl. bei Außenaufnahmen wird aber ein doppelter Bau bzw. ein Wechseln des Außenaufnahmeortes eintreten müssen, denn man kann in der französischen Version ohne besondere Aufnahme nicht Marseille anstelle von Hamburg setzen und nicht Eckernförde in die Normandie verlegen."

Vor dem Hintergrund der politischen Entwicklungen des Jahres 1933 in Deutschland ergeben sich für Correll zwei, die gesamte Produktion betreffende Fragen: „a) Ob man Filme mit einem betont nationalen Ethos noch in französischer Fassung machen kann, b) ob man in der französischen Version noch Filme mit betont deutschem Schauplatz und zwangsläufig ebenso betonter deutscher Mentalität in Frankreich herausbringen kann, ohne den Erfolg in Frage zu stellen."[11]

In diesem Fall geht für die Ufa – wie so oft – Geschäft vor rechte Gesinnung. Von GOLD wird eine deutsche und eine französische Fassung gedreht, aus dem nationalen deutschen Stoff wird ein Science Fiction-Abenteuer über die Herstellung von Gold aus Blei durch Atomzertrümmerung.

Wien liegt in der Luft

In den Protokollen des Ufa-Vorstands taucht DER KONGRESS TANZT zum erstenmal Anfang Januar 1930 auf.[12] Ende Februar wird der Erwerb des Stoffs von Norbert Falk und Robert Liebmann für 20.000 RM genehmigt.[13] Anfang Mai gibt es eine Verzögerung, da allein die deutsche Fassung eine Million Reichsmark kosten würde.[14] Allerdings ist man sich wohl darüber einig, daß das Projekt nur verschoben wird; möglicherweise will der Vorstand auch den Erfolg einer von Charell geplanten Bühnenbearbeitung abwarten, für die allerdings die Freigabe Willi Fritschs für die Hauptrolle verweigert wird.[15] Im Oktober 1930 wird der Stoff zur „großen Tonfilmoperette" des nächsten Jahres erklärt und die Vertonung Werner Richard Heymann übertragen. Spätestens mit DIE DREI VON DER TANKSTELLE hat sich der Leiter des Ufa-Orchesters als Schöpfer hitverdächtiger Ohrwürmer empfohlen. Außerdem ist er preiswerter als Franz Lehàr, dessen Engagement zeitweilig in Erwägung gezogen wird.

Die Wahl des Themas erklärt sich durch die Popularität von Wien-Filmen und Operetten Ende der 20er Jahre. Allein im April 1931 haben IN WIEN HAB' ICH EINMAL EIN MÄDEL GELIEBT, DIE LUSTIGEN WEIBER VON WIEN und WALZERPARADIES in Berlin Premiere. DER KONGRESS TANZT wird von Erich Pommer, dem in Großproduktionen erfahrenen Produktionsleiter der Ufa, hergestellt, der als „Erfinder der Tonfilm-Operette" in die Filmgeschichte eingehen wird.[16]

Erik Charell, den Max Reinhardt einst als „süßlich und weich verschwommenen Berliner Dilettant"[17] bezeichnet hatte, war vom Choreografen und Spielleiter zum finanziell erfolgreichsten Theaterregisseur der seichten Muse in Berlin aufgestiegen. Von ihm mit „dekorativem Geschmack, bisweilen hart an der Grenze zur Geschmacklosigkeit" inszenierte „amerikanisch angehauchte Revuen, überreichliche Ausstattungsoperetten und raffiniert aufgeblähte Schwänke" füllen Abend für Abend Reinhardts Großes Schauspielhaus und verwandeln den „bankrotten Kulturtempel in eine Goldgrube", die die reinhardtschen Privatbühnen subventioniert.[18] Der entscheidende Grund für die Verhandlungen mit Charell dürfte der Sensationserfolg seines „Riesensingspielrevuepotpurris"[19] „Im Weißen Rössl" gewesen sein. Verhandlungsgrundlage ist ein Pauschalhonorar für Regie und Verwendung des Fundus des Großen Schauspielhauses von 70.000 RM, eine unerhörte Summe für einen Regisseur, der noch nie einen Film gedreht hat.[20] Vier Monate zuvor war Pommers Anfrage, Max Reinhardt eine Filmregie zu übertragen, mit dem Hinweis abgelehnt worden, daß dieser „Neuling auf dem Gebiete des Films" sei und „ein zu großes Wagnis darstelle".[21] Charells Stärke ist der visuelle Eindruck, das Spektakel, dessen Wirkung im „Weißen Rössl" von dem Bühnen- und Kostümbildner Ernst Stern bestimmt wird. Der Ufa-Vorstand weiß um Sterns Bedeutung und genehmigt seine Anstellung zur Anfertigung der „Skizzen, Kostüme, Requisiten etc." zu einer Gage von 16.000 RM.[22] Von den Darstellern der „Rössl"-Produktion werden Otto Wallburg und Paul Hörbiger übernommen. Die Mitarbeit eines weiteren Mitglieds des Charell-Teams wird im Vorspann nicht genannt: Hans Müller, der für das Buch des „Weißen Rössl" verantwortlich zeichnet, hatte bereits im September 1930 einen Vertrag erhalten. Die Presse gibt Ende Februar 1931 den erfolgreichen Vertragsabschluß mit Charell bekannt, zusammen mit der Nachricht, daß DER KONGRESS TANZT in „mehreren Sprachen, deutsch, englisch und französisch, gedreht werden wird, und vor allem, daß der Film in großen Teilen farbig, somit der erste Farbenfilm der Ufa werden soll."[23] Darüber, daß die Farbsequenzen aus technischen Gründen nicht zustande kommen, tröstet sich Charell bei Abschluß der Dreharbeiten mit den Worten hinweg: „Schade ist nur, daß man noch nicht den richtigen Farbfilm erfunden hat – aber dieses Fehlen der Farben wird durch so viele andere Bild-Möglichkeiten ersetzt, daß es mir gar nicht mehr zum Bewußtsein kommt."[24]

Auch mit den Darstellern finden Verhandlungen über Vertragsverlängerungen und Optionen statt, vor allem mit Lilian Harvey (Gage 1931/32: 250.000 RM über 13 Monate für drei Filme), Willy Fritsch (Jahreseinkommen 1931: 177.000 RM) und mit Henri Garat, an dem man besonders deshalb interessiert ist, weil er laut Vorstandsprotokoll „in Frankreich etwa die gleiche Rolle spielt wie Fritsch in Deutschland".[25] Garat hätte im September 1930 für 72.000 RM Jahresgage zur Verfügung gestanden; man wollte sich jedoch trotz der Erfolge der Fritsch-Filme nicht auf die Zahl der französischen Fassungen festlegen und verzichtete auf das Angebot. Als man ihn am Jahresende braucht, ist Garat mit Paramount handelseinig geworden und die Ufa gezwungen, ihm „nötigenfalls 100.000 RM" zu zahlen.[26]

Am 21. Mai 1931 legt Produktionschef Correll dem Vorstand die „erforderlichen Unterlagen (Pläne, Skizzen, Entwürfe und Drehbuch) sowie den Kostenvoranschlag vor". Das Projekt überschreitet den vorgesehenen Produktionsetat um 500.000 RM (den Preis zweier Mittelfilme) und soll 1,7 Millionen RM kosten (es werden 2,3 Millionen), davon sind 843.950 RM für die deutsche, 408.000 RM für die französische und 388.000 RM für die englische Fassung gedacht.

Die Superproduktion für den internationalen Markt ist die teuerste seit Übernahme der Ufa durch den Hugenberg-Konzern. Weder künstlerische noch ideologische, sondern ausschließlich finanzielle Überlegungen beeinflussen den Vorstand bei seinen Entscheidungen. Regisseur Charell und seine Mitarbeiter orientieren sich, was Inhalt, Ausstattung und Besetzung betrifft, an den Hits der zeitgenössischen Film- und Theaterunterhaltung.

Die Dreharbeiten finden von Anfang Juni bis Mitte August auf dem Außengelände und in den Studios von Babelsberg statt. Die Szenen werden hintereinander, meist in der Reihenfolge deutsch, französisch, englisch gedreht. Die Darsteller der französischen und englischen Fassungen beobachten dabei – soweit sie nicht selbst beteiligt sind – die Arbeit der deutschen Kollegen, die mit besonderer Intensität betrieben wird. Von Akteuren, die in allen drei Versionen auftreten, verlangt diese Methode ein Höchstmaß an Konzen-

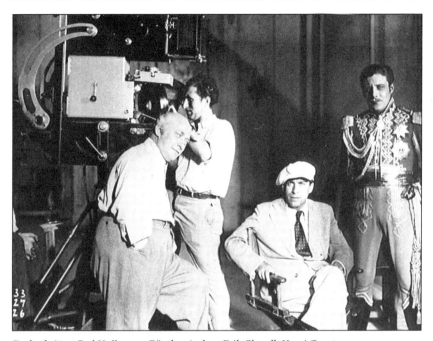

Dreharbeiten: Carl Hoffmann, Günther Anders, Erik Charell, Henri Garat

tration und Fitneß. So stellt der „Film-Kurier" fest: „Lilian Harvey spielt ihre Rolle deutsch, französisch und englisch. Nehmen wir nur vier Vorproben für jede Szene und zwei Aufnahmen pro Version. Das heißt, Lilian muß, bei dreißig Grad Hitze, mindestens zehnmal dieselbe Szene spielen, in anderen Sprachen, aber mit gleichem Temperament! Bitte einmal nachzumachen."[27] Für Regisseur Charell ist diese Arbeit eine Herausforderung: „Natürlich macht es einem einiges Kopfzerbrechen, sich auf die verschiedenen Mentalitäten einzustellen. Aber gerade das reizt mich – schon allein in dem Gefühl, daß die halbe Welt auf diese Weise mein Werk zu sehen bekommt!"[28]
Garat berichtet später, Charell hätte auf absoluter Präzision mit intensiven Vorbereitungen, Diskussionen und Proben bestanden.[29] Diese Aussagen stehen in krassem Gegensatz zu Harveys Erinnerungen, für die Charell ein Regieassistent war, der beim Drehen der wichtigsten Szene des Films (sie meint wohl die Kutschenfahrt durch Wien) nicht einmal zugegen war, während Pommer die Produktion ständig überwachte.[30] Viele Beteiligte berichten, Charell sei erst im Lauf der Dreharbeiten und nur auf ausdrücklichen Hinweis seines an der Unkenntnis des Regisseurs verzweifelnden Kameramanns Carl Hoffmann darauf gekommen, daß das, was später auf der Leinwand erscheint, durch Blick in den Sucher der Kamera zu erkennen ist.

Lilian Harvey mit Reginald Purdell, Robert Arnout, Karl Heinz Schroth

Die Weltpremiere wird zum „Symbol deutsch-österreichischer Kulturverbundenheit"[31] und findet am 29. September 1931 als Eröffnungsvorstellung von Wiens zweitgrößtem Lichtspielhaus, der Scala, in Anwesenheit von Lilian Harvey, Conrad Veidt, Erik Charell, Erich Pommer und Ernst Hugo Correll statt. Die Stars werden von einer „nach Tausenden zählenden Menge"[32] umjubelt. Vor dem Film läuft ein Festprogramm ab und der Abend wird mit einem Bankett im Grand Hotel beendet, zu dem vor allem die Kinobesitzer, aber auch zwei englische und zwei französische Journalisten eingeladen sind.

Für die berliner Premiere am 23. Oktober 1931 setzt der Vorstand den bis dahin höchsten Werbeetat von bis zu 30.000 RM an.[33] Auch hier wird die Erstaufführung als gesellschaftliches Ereignis aufgezogen, diesmal gegen Eintritt zugunsten des Vereins Berliner Presse. Der Abend beginnt wieder mit einer Konzertveranstaltung, dann reißt ein „pausenloses Jagen von Effekten"[34] Publikum und Kritik mit sich. „Deutschland führt!" – faßt die Lichtbild-Bühne[35] auf ihrer Titelseite die Meinung der Fachpresse zusammen, die deutsche Filmindustrie habe sich mit dieser Verschmelzung von perfekter Technik und berauschender Inszenierungskunst an die Spitze der Weltproduktion gesetzt. Es sind die Massenszenen, die sich so frei wie zu Stumm-

filmzeiten bewegende Kamera, die zündende Musik und ihre optische Umsetzung, die die Zuschauer begeistern. Von den Darstellern wird besonders Harvey gefeiert. Ähnlich erfolgreich verlaufen die Premiere von LE CONGRÈS S'AMUSE am 30. Oktober im Cinéma des Miracles in Paris und die londoner Erstaufführung von CONGRESS DANCES im Tivoli am 30. November 1931.
Alles am KONGRESS ist auf Unterhaltungs- und Schauwerte abgestimmt. Der historische oder politische Kontext der Befreiungskriege 1814/15 wird völlig ignoriert. Der Wiener Kongreß ist nur Anlaß für teure Ausstattung und eine bittersüße Operettenaffäre zwischen der Handschuhverkäuferin Christel und dem sie zunächst inkognito hofierenden Zaren Alexander I., der sich – wann immer ihm der Sinn danach steht – bei privaten wie offiziellen Terminen von seinem Doppelgänger Uralski vertreten läßt. Fürst Metternich, der die Verhandlungen um die Neuordnung Europas und das Schicksal des auf Elba in Verbannung lebenden Napoleon leitet, lenkt mit Hilfe seines Geheimsekretärs Pepi die nach Wien kommenden Delegierten durch Bälle und gesellschaftliche Veranstaltungen ab, um derweil am Grünen Tisch seine politischen Ziele durchsetzen zu können – bis durch die Nachricht von Napoleons Landung in Frankreich Metternichs Intrigen sinnlos geworden sind.

Die Versionen im Detail

Obgleich die Handlung die gleiche ist, unterscheiden sich Bild und Ton durchgehend in allen drei Versionen. Im Gegensatz zu Ginette Vincendeaus auf Hollywood-Filme bezogener Feststellung, daß bei Versionen Massen- und Straßenszenen in der Totalen aufgenommen werden und als Ausgangsmaterial für alle Fassungen dienen[36], bestehen KONGRESS, CONGRÈS und CONGRESS aus unterschiedlichen Takes, ob für kurze Einstellungen wie die einer vorfahrenden Kutsche aus der Vogelperspektive oder für große Theaterballettsequenzen. Ein Vorstandsbeschluß vom Juli 1929 zum Kurt Bernhardt-Film DIE LETZTE KOMPAGNIE zeigt, daß Sparsamkeit der Grund für die Verwendung unterschiedlicher Takes ist. Damals hatte der Vorstand zusätzliche Gelder für ein zweites englischsprachiges Tonfilmnegativ abgelehnt und stattdessen die Produktion aufgefordert, genügend Material zu drehen, um eventuell zwei Negative herzustellen.[37] Selbst bei den Massenszenen in KONGRESS ist es billiger, verschiedene Takes zu verwenden als mehrere Negative zu ziehen.
Nach Angaben von Erik Charrell sind „Szenen und Stellungen" in den drei Versionen „natürlich die gleichen, aber rein im Schauspielerischen und in der Stimmung ist die englische und französische Fassung von der deutschen grundverschieden".[38] Abgesehen davon, daß Statisten ausgewechselt werden oder in leicht veränderten Positionen auftreten, belegt ein Vergleich einzelner Einstellungen die Präzision und Disziplin, mit der die drei Fassungen in-

szeniert wurden. Bei Lilian Harvey, die dreimal die Christel spielt, sind Variationen in Ausdruck und Gestik oft kaum auszumachen. Der Zar und sein Doppelgänger Uralski werden in der deutschen Version von Willy Fritsch, in der französischen und englischen von Henri Garat dargestellt. „The Picturegoer" lobt die „hervorragenden Charakterstudien" der englischen Schauspieler, stellt aber fest, Garat würde sie alle in den Schatten stellen.[39]
In der Wahl der Darsteller treten die Unterschiede und die Ufa-Politik, bewußt nationale Stars in Versionen einzusetzen, am deutlichsten zutage. Pierre Magnier, der französische Metternich, spielt den über den Dingen stehenden, älteren Staatsmann, der sich seiner Wirkung auf das andere Geschlecht voll bewußt ist. Der erfahrene Leinwandverführer spielt in CONGRÈS seinen Charme voll aus. Mit offensichtlichem Vergnügen genießt er die angenehmen Seiten des Lebens, wie das Frühstück im Bett, und steht damit in starkem Kontrast zu dem wesentlich jüngeren Conrad Veidt der deutschen und englischen Fassung. Veidt wirkt zwar charmant, doch kühler, berechnender, steifer – ein Mann, der auf Intrigen angewiesen ist.
Ähnliches ist bei den Darstellern des Geheimsekretärs Pepi zu beobachten. Der Franzose Robert Arnoux ist menschlich, verletzlich. Er scheint betroffen, als er von der Zusammenkunft zwischen seiner geliebten Christel und dem Zaren erfährt. Carl-Heinz Schroth wirkt übertrieben, geschauspielert; ihm mangelt es an Sensibilität und Emotionen. Der Engländer Reginald Purnell übertreibt ebenfalls, tendiert allerdings eher zum Lächerlichen, manchmal zum Slapstick.
Die stärksten Unterschiede zeigen die Zaren-Adjutanten. Otto Wallburgs streng-komischer Bibikoff lächelt immer; er schöpft die Möglichkeiten seiner an Oliver Hardy erinnernden Figur voll aus. Die hageren Darsteller Armond Bernard und Gibb McLaughlin lächeln nie. Wallburg ist menschlicher, nähert sich Christel mit mehr Verständnis und Sympathie und scheint ein vertrauteres Verhältnis zum Zaren zu haben als seine Kollegen. Bernard wirkt komisch, weil er nie eine Miene verzieht und mit affektierter Diktion spricht; am wenigsten amüsant wirkt McLaughlin.
Der Aufenthaltsraum von Metternichs Dienerschaft ist das einzige Bühnenbild, in dem sich die deutsche von der französischen und englischen Version unterscheidet. Beim Klatsch über die Herrschaft lümmelt sich das englische und französische Personal entspannt in einem Kellerraum mit Fenster auf Straßenpflasterhöhe herum. In der ersten Szene der englischen Fassung (die in der vorliegenden Kopie der französischen fehlt) wirken die Diener undiszipliniert mit einem Hang zum Vulgären. Die Deutschen dagegen sitzen streng geordnet nebeneinander vor kahlen Wänden; selbst wenn sie kalauern, haben sie sich unter Kontrolle. In der französischen und englischen Version werden nur die Sprecher ausgetauscht, die Zahl der Anwesenden bleibt die gleiche und ist erheblich größer als in der deutschen, wo in der zweiten Diener-Szene nur fünf Personen spielen.

Die unterschiedlichen Interpretationen der einzelnen Rollen gehen auf die Persönlichkeiten der Darsteller und auf die Regie zurück, nicht aber auf den Text. Die französischen und englischen Dialoge halten sich eng an die deutsche Vorlage. Leichte Variationen sind ein Ausdruck des Bemühens, sich den Besonderheiten des jeweiligen Landes anzupassen, gleichzeitig aber den Geist des Originals beizubehalten. Ein linguistisches Beispiel dafür ist die Szene, in der Bibikoff Metternich einen russischen Orden übergibt, den dieser nur widerwillig annimmt. Im Deutschen reagiert Bibikoff auf Metternichs süßsaures „Ich freue mich aufrichtig, seine Majestät heute bei der Sitzung begrüßen zu dürfen" mit den Worten: „Ich bin auch erfreut, Exzellenz. Wir freuen uns auch. Wir freuen uns eben alle, Exzellenz." Der Humor liegt in seiner Stimme und Gestik. Im Französischen wird daraus eine witzige grammatische Übung. Auf Metternichs „Je suis charmé, mon cher Bibikoff" dekliniert Bibikoff arrogant-trocken: „Oh Excellence, vous êtes charmés. Je suis charmé. Nous sommes charmés. Tout le monde est charmé." Im Englischen ist dies nicht möglich und die Reaktion entsprechend witzlos: „Your excellency is delighted. His Majesty will be delighted. In fact, everyone will be delighted." Ähnlich gibt es für die gereimte Reaktion der Fürstin auf die Salutschüsse und den niesenden Bürgermeister („Schießen und niesen. Das ist zuviel!") im Englischen kein Äquivalent: „Shooting and sneezing, – I don't know which way to turn." Das in bekannter Adele Sandrock-Manier donnernd vorgetragene „Das ist zuviel!" hätte knapper übertragen werden können. „I don't know which way to turn" gibt Helen Haye keine Chance, die von der Sandrock übernommene Interpretation der Rolle durchzuhalten. Eindeutig ist das Bemühen, den Humor nationalen Gepflogenheiten und Erwartungen anzupassen. Visuell wird dies deutlich, als Bibikoff Uralski abkanzelt, weil dieser nicht erkannt hat, daß man den Zaren vom Konferenztisch fernhalten will. Während Bibikoff Uralski ebenso behandelt wie der Zar ihn in der Szene zuvor, wird Uralskis Schatten in der deutschen Version als Silhouette Napoleons, in der französischen als die eines preußischen Soldaten an die Wand geworfen. Im Englischen gibt es keinen Schatten-Gag. Die englische Fassung wirkt am wenigsten komisch; wenn der Humor deutlicher hervortritt, dann in der Tradition des Slapstick. Die angerückten Feuerwehrmänner, die den Zaren vor der angeblichen Bombe schützen wollen, könnten Nachfahren der Keystone Cops sein (oder Monty Python-Clownerien vorwegnehmen). Als der englische Pepi den Zaren von Christels Unschuld überzeugen will, indem er ihm die angebliche Bombe bringt, schiebt er Alexander den Blumenstrauß mitten ins Gesicht. Seine Kollegen vom Kontinent sind vorsichtiger und zurückhaltender.

Dem Slapstick in der englischen Version entspricht ein starkes Interesse am „schwachen Geschlecht" in der französischen. Bezugnehmend auf Alexanders angebliche Amouren bringt der französische Staatsmann Talleyrand am Verhandlungstisch dem Schah von Persien gegenüber seine Hochachtung vor dem Zaren zum Ausdruck: Dieser verfolge bei politischen Verhandlungen eine besondere Strategie, die er, Talleyrand, gern selbst anwenden würde, wäre er nur 20 Jahre jünger. Im Deutschen unterhält sich an der Stelle der König von Sachsen mit einem Emir über das Essen: „Nee, sehn se, mein Gutster, die Butterbemchen, die sind in Wien großartig. Aber der Kaffee ist bei uns in Dresden viel besser." Während das französische Publikum komplizenhaft *mit* Talleyrand lacht, lacht das deutsche *über* den König von Sachsen.

Bislang aufgezeigte Merkmale verweisen auf ein stereotypes Verständnis nationaler Eigenschaften. Abgesehen von Alexander und Metternich, die ausschließlich für Operettenrollen, als Liebhaber, Verführer, Intrigant konzipiert sind, berücksichtigt man bei der Erwähnung historischer Personen nationale Empfindsamkeiten. Als Metternich die Diener über eine Höranlage belauscht, tönt es aus dem Rohr: „Ach geh mir weg mit dem Wellington", in der englischen Fassung fügt der Sprecher seinem „You make me tired with your Wellington" vorsichtshalber die ausgleichende Bemerkung hinzu: „We all know he is a good soldier." – Im Diplomatenzimmer würdigt der Franzose Talleyrand die diplomatischen Fähigkeiten seines Gegners mit den Worten: „Er ist gefährlich, der Metternich." Diese Feststellung macht er in allen drei Versionen. Die begründete Analyse dafür liefert dem englischen Publikum allerdings ein englischer Diplomat. An anderer Stelle wird den französischen Zuschauern auf die Frage, wer da so eifrig mit einem Emir verhandle, „Talleyrand" als der überlegene Diplomat vorgestellt. Den Deutschen mochte man das offensichtlich nicht zumuten und machte aus dem Franzosen den König von Sachsen.

Die deutlichste Konzession an nationale Gefühle erscheint in einer pantomimischen Szene von der Rückkehr Napoleons nach Frankreich. Im Rahmen einer Bild-Ton-Montage, in deren Verlauf die Musik in die Marseillaise übergeht, steht die Silhouette Napoleons auf dem Vorderdeck eines von links ins Bild fahrenden Schiffs. In der (anscheinend innerhalb eines Monats nach der Premiere gekürzten) deutschen Fassung endet die Szene nach ein paar Takten der Nationalhymne, ehe der Kaiser das Land erreicht. In der französischen landet Napoleon, während im Hintergrund die Trikolore geschwungen wird. Männer nähern sich ihm und knien nieder. Er besteigt ein Pferd und reitet davon. Die ganze Szene dauert so lange wie das Abspielen einer Strophe der Marseillaise.[40]

Allgemein läßt sich feststellen, daß die Charaktere in der französischen Version psychologisch am sorgfältigsten entwickelt sind; vor allem Metternich und Pepi erscheinen menschlicher und natürlicher. Man gewinnt fast den Eindruck, die deutschen Darsteller wären dem Stummfilm noch stärker verbunden als ihre französischen Kollegen. Ihre Gestik ist ausgeprägter, ebenso ihr Make-up. Die subtilere Führung der Darsteller wird wohl auf die Arbeit des französischen Co-Regisseurs Jean Boyer zurückgehen.

Zusammenfassend ist festzustellen: Trotz Rücksichtnahme auf gewisse nationale Eigenheiten ist KONGRESS kein spezifisch deutscher, CONGRÈS kein ausgesprochen französischer und CONGRESS kein typisch englischer Film. Es handelt sich um Sprachfassungen eines für den internationalen Markt produzierten Produkts, das eine breite Geschmackspalette befriedigt. Auf diesen Film trifft Ginette Vincendeaus Beobachtung nicht zu, Versionen seien in ihrer Differenzierung zu teuer, um sich zu rentieren, oder zu standardisiert, um die kulturelle Vielfältigkeit ihres Publikums zu befriedigen.[41] Der Film beweist, daß es sich durchaus lohnen kann, verschiedene Sprachfassungen herzustellen. Sein Erfolg erklärt, warum die Ufa ein festes Team französischer Techniker und Darsteller nach Berlin holt und bis 1936 an einer Produktionsmethode festhält, die die Hollywood-Konkurrenz bereits eingestellt hat, als die Ufa noch mit Charell über die Regie zu DER KONGRESS TANZT verhandelt.

Solange die Politik vor den Studiotoren bleibt, findet unter den Augen des deutsch-nationalen Vorstands in Babelsberg geradezu eine Fraternisierung zwischen Deutschen und Franzosen statt. Wenn's der Kasse hilft, dulden die Ufa-Direktoren sogar ein paar Takte Marseillaise in ihren Kinos. Zum Ausgleich lassen sie für die Deutschen YORCK (1931, Hanns Schwarz) produzieren, der dem deutschen Publikum die wahre Bedeutung Alexanders I. für Preußen und den Kampf gegen die Franzosen nahebringt. Produktionschef Correll betreut den Film persönlich und bringt ihn genau zwei Monate nach der KONGRESS-Premiere in die Kinos.

Das deutsche Drehbuch befindet sich in der Bibliothek der Hochschule für Film und Fernsehen „Konrad Wolf" in Potsdam-Babelsberg, das französische in der Stiftung Deutsche Kinemathek in Berlin.
Unser besonderer Dank für nützliche Hinweise sowie für Kopien von Kritiken und zeitgenössischen Berichten gilt Mathilde Gotthardt vom Filmdokumentationszentrum Wien, Renate Göthe, Hannelore Grusser und Lydia Wiehring von Wendrin von der Hochschule für Film und Fernsehen „Konrad Wolf" sowie Kevin Gough-Yates, London.

1) Wenn nicht anders angegeben, entstammen Zitate und Hinweise, die sich auf Entscheidungen der Ufa-Direktion beziehen, den Ufa-Vorstandsprotokollen [im folgenden zitiert VP mit Datum] der Jahre 1929-1933: Bestand R109 I/1027a (25.6.1928–24.6.1929), 1027b (26.6.1929–24.4.1931), 1028a (28.4.1931–4.12.1931), 1028b (8.12.1931–19.5.1932), 1028c (24.5.1932–30.12.1932), 1029a (3.1.1933–19.1.1934), Bundesarchiv Koblenz. Die angeführten Daten verweisen jewels auf den Tag der Eintragung. – 2) VP 2.10.1930. – 3) Ebd. – 4) „Mußte es so sein, daß einer der ersten deutschen Tonfilme in London in seiner – *französischen Fassung* aufgeführt wird?" B.Z. am Mittag, 28.8.1931. – 5) VP 11.4.1933. – 6) VP 29.3.1933. – 7) VP 20.1.1931. – 8) VP 26.1.1932. – 9) Deutsche Chancen in Spanien. In: Lichtbild-Bühne, Nr. 186, 11.8.1931. – 10) VP 16.4.1930, 1.7.1930. – 11) Anlage zum Ufa-

Protokoll vom 3.10.1933. – 12) VP 6.1.1930. – 13) VP 26.2.1930. – 14) VP 5.5.1930. – 15) VP 1.7.1930 – 16) Wolfgang Jacobsen: Erich Pommer. Ein Produzent macht Filmgeschichte. Berlin/West: Argon 1989, S. 105. – 17) Brief von Max Reinhardt vom 25.12.23; zit. n. Gusti Adler: ... aber vergessen Sie nicht die chinesischen Nachtigallen. München: Langen Müller 1980, S. 158. – 18) Gottfried Reinhardt: Der Apfel fiel vom Stamm. München: Langen Müller 1992, S. 45. – 19) Otto Schneidereit: Operettenbuch. Berlin/DDR: Henschel 1962, S. 508. – 20) VP 13.1.1931. – 21) VP 12.9.1930. – 22) VP 24.4.1931. – 23) Film-Kurier, Nr. 50, 28.2.1931. – 24) Charlott Serda: Zum ersten Mal Tonfilmregie. In: Film-Kurier, Nr. 190, 15.8.1931. – 25) VP 5.9.1930. – 26) VP 20.1.1931. – 27) Sonne über Babelsberg. In: Film-Kurier, Nr. 180, 4.8.1931. – 28) Serda, a.a.O. – 29) Henry Garat: Train Trip That Led to Marriage. In: Film Pictorial, 26.8.33, S. 24. – 30) Alfonso Pinto: Lilian Harvey. In: Films in Review, Vol. 27, Nr. 10, Dezember 1976, S. 482. – 31) Lichtbild-Bühne, 30.9.1931. – 32) Film-Kurier, Nr. 227, 28.9.1931. – 33) VP 6.10.1931. – 34) Film-Kurier, Nr. 250, 24.10.1931. – 35) Lichtbild-Bühne, 24.10.1931. – 36) Ginette Vincendeau: Hollywood Babel. In: Screen, Vol. 29, Nr. 2, Frühjahr 1988. – 37) VP 15.7.1929. – 38) Serda, a.a.O. – 39) Picturegoer, Vol. 1, Nr. 46, 9.4.1932. – 40) In der vorliegenden englischen Version fehlt die Sequenz. – 41) Vincendeau, a.a.O.

Katja Uhlenbrok

VERDOPPELTE STARS
Pendants in deutschen und französischen Versionen

Von den technischen und ökonomischen Zwängen des neu entwickelten Tonfilms, der eine nationale Differenzierung der international orientierten Filmindustrie nach sich zieht, sind mehr als alle anderen die Schauspieler betroffen. Während hinter der Kamera Techniker, Regisseure und Produzenten wie schon zur Stummfilmzeit für die Arbeit an Versionen nationale Grenzen überschreiten, schränken mangelnde Sprachkenntnisse die internationale Beschäftigung der Schauspielerinnen und Schauspieler nachhaltig ein. Von einem Jahr zum anderen müssen Stars durch weniger bekannte Gesichter aus dem eigenen Sprachraum ersetzt werden.
Diese Phase der „Nationalisierung" des Films, die mit der weitgehenden Akzeptanz der Synchronisation ab Mitte der 30er Jahre endet, stellt eine Krise des Starprinzips dar: Für den Produzenten bedeutet die eingeschränkte Einsatzfähigkeit der Stummfilmstars den Verlust eines Marketingartikels, für den Fan den Verlust einer vertrauten (Schein-)Identität, die er zur eigenen in Relation gesetzt hatte (und für den Star eventuell den Abbruch einer Karriere). Die „Star-Krise" ist in Deutschland wegen einer größeren „Star-Autonomie" weniger dramatisch als in Frankreich, wo der deutsche und der amerikanische Film in den späten 20er und frühen 30er Jahren dominante Rollen einnehmen. Auch in den ersten Jahren des Tonfilms spielen französische Versionen deutscher Produktionen eine große Rolle im französischsprachigen Film.
Hier soll nun untersucht werden, wie sich die – für das französische Kino der 30er Jahre so wichtigen – Stars in Zeiten der Versionen-Produktion entwickeln. Vor allem aber, welche Rolle dabei die Schauspieler-Pendants der deutschen Versionen spielen; ob sich an Hand der einmaligen Situation verschiedener Besetzungen des „gleichen Films" z.B. nationale Typen festmachen lassen.[1]

Ménage-à-trois an einer Tankstelle in Wien: Harvey, Fritsch, Garat

„Erich Pommer hatte plötzlich den Entschluß gefaßt, diesen Streifen [DIE DREI VON DER TANKSTELLE] auch in Französisch zu drehen. ‚Aber ich spreche doch nur mein Schul-Französisch', gab ich zu bedenken. ‚Gut', sagte

Herr Pommer, ‚dann sprichst du eben bis morgen ein stilreines Bühnen-Französisch.' Ich habe tatsächlich in der Nacht dieses fertiggebracht."[2]
Lilian Harveys Erinnerung an ihren ersten französischsprachigen Film LE CHEMIN DU PARADIS, für den sie über Nacht die leidige Sprachbarriere überwindet, ist als Wunschtraum von Produzenten und Stars in der „Krise" zu lesen. Dennoch gelingt Harvey Anfang der 30er Jahre eine Karriere als *der* internationale weibliche Star *des* Genres des frühen deutschen Tonfilms, der Filmoperette.
In Deutschland steigt Harvey nach ihrem Filmdebüt 1924 bereits schnell zum Publikumsliebling auf (1924 ist sie nicht auf den Starhitlisten plaziert, 1925 steht sie auf Platz 3 und 1926 auf Platz 1)[3]. In Frankreich ist sie ebenfalls aus deutschen Stummfilmen und vor allem Publikumszeitungen bekannt: in der „Pour Vous" posiert sie 1929 beispielsweise weitaus häufiger für Fotos aus ihrem Privatleben in der Rubrik „Du monde entier" und Glamouraufnahmen auf der Modeseite, als daß über ihre Filmarbeit berichtet wird. Nach den englischsprachigen Tonfilmversionen LOVE WALTZ und THE TEMPORARY WIDOW spielt die zweisprachig (englisch-deutsch) aufgewachsene Schauspielerin 1930 mit LE CHEMIN DU PARADIS erstmals auch in einer französischen Version: „Lilian Harvey was the star, with Willy Fritsch as her partner for the German version and myself for the French. She was to play in the French version also, but her voice was to be dubbed by a French girl, as it was thought by everybody at that time that Lilian could not speak enough this French", erinnert sich Henri Garat 1933 an seinen ersten Film mit Harvey.[4] Anders als in Harveys Erinnerung hatten – Garat zufolge – Produzent Pommer und Regisseur Thiele eine Teilsynchronisation des Films geplant, um die auch in Frankreich durch ihre Stummfilme und (den deutschsprachigen Tonfilm) LIEBESWALZER bekannte Harvey nicht durch eine französische Schauspielerin ersetzen zu müssen.
Mit dem ebenfalls in Deutschland sehr beliebten Willy Fritsch (1923 nicht plaziert, 1924 Platz 12, 1925 Platz 1 und 1926 Platz 4) hat Harvey bereits die Stummfilme DIE KEUSCHE SUSANNE (1926) und IHR DUNKLER PUNKT (1928) und den Tonfilm LIEBESWALZER (Platz 10 in der Spielzeit 1929/30) gedreht bevor sie mit ihm in DIE DREI VON DER TANKSTELLE vor der Kamera steht, der in Deutschland der erfolgreichste Film der Spielzeit 1930/31 wird.[5]
In Frankreich findet Fritsch Ende 1929 durch die Hauptrolle in Hanns Schwarz' Operettenfilm MELODIE DES HERZENS/LA MÉLODIE DU CŒUR Erwähnung, dem ersten langen Ufa-Spielfilm nach dem neuen Lichtton-Verfahren, der auch in einer englischen, französischen und ungarischen Version hergestellt wurde. In Frankreich wird über das Traumpaar Harvey-Fritsch anläßlich des Operettenfilms LIEBESWALZER berichtet. Die beiden deutschen Stars sind auf dem Titel der „Pour Vous" vom 6. März 1930 abgebildet, obwohl zu diesem Zeitpunkt nur eine deutsche Version des Films anläuft; erst Ende 1930 kommt die teilsynchronisierte französische Fassung, VALSE

D'AMOUR, in die Kinos. Henri Garat, ein französischer Vaudeville- und Varieté-Darsteller, ist Harveys Partner in der französischen Version von DIE DREI VON DER TANKSTELLE. Er ist dem französischen Kinopublikum weitgehend unbekannt, da er zuvor lediglich in E. A. Duponts französischer Version LES DEUX MONDES gespielt hat. Garat wird von Pommer gezielt als französisches Pendant für den in Deutschland beliebten Sonnyboy Fritsch engagiert; für Rühmann spielt René Lefèvre und für Oskar Karlweis Jacques Maury. Die russisch-deutsche Olga Tschechowa spielt wie Harvey in beiden Versionen.
Der Erfolg der französischen Version von DIE DREI VON DER TANKSTELLE wird ebenso groß wie der der deutschen. „Pour Vous" findet bei einem Vergleich der beiden Versionen sogar, daß „diese hinreißende kleine Lilian Harvey in der französischen Version noch verführerischer [ist], weil sie sich einer Sprache bedient, die sie noch nicht sehr gut kennt".[6] Der besondere Reiz ihres Akzents bleibt die folgenden Jahre Thema fast jeder Besprechung von Harvey-Filmen; dabei nimmt das Bedauern über die Verbesserung ihrer Französisch-Kenntnisse zu. Mit dem Charme der sprachlichen Unvollkommenheit erklärt auch Garat (retrospektiv) den Sinneswandel über die Synchronisation bei den Dreharbeiten: „One morning, at the studio, Lilian was reading over her lines in French to get the mouth movement, so as to synchronize with the actual words; her accent was so delightful that we persuaded Herr Pommer to let her do both versions."[7]
Der fulminante Erfolg des bi-nationalen Star-Trios bestätigt die Wahl Garats als Fritsch-Pendant, und die Entscheidung, Harvey ‚trotz' ihres Akzents spielen und sprechen zu lassen. Dadurch, daß Harvey beider Partnerin bei dieser ersten so erfolgreichen Zusammenarbeit ist, ergibt sich die Möglichkeit, mit Hilfe der Presse die Verbindung der Pendants Fritsch/Garat über den Film hinaus zu festigen und zu nutzen. Ein gelungenes Beispiel für den Umgang mit Stars in Versionen, bei dem das außerfilmische Image erfolgreich in die filmische Ménage-à-trois der Hauptdarsteller mit einbezogen wird: Trotz der Gerüchte um eine Liebesbeziehung zwischen Harvey und Fritsch, die das Bild vom Traumpaar des deutschen Films abrundet, und das auch „Pour Vous" kolportiert[8], gelingt es Harvey und Garat, das Traumpaar des französischen Kinos der 30er Jahre zu werden; man spricht von Affären und Heirat. Durch die außerfilmische Integration Fritschs in die Beziehung des Paares Harvey/Garat aus LE CHEMIN DU PARADIS, wird die angebliche Liebesbeziehung zwischen Harvey und Fritsch ins Image des ‚französischen' Paars mit einbezogen. Fritschs Verschwinden aus den französischen Kinos wird so elegant kaschiert und das Pendant an seiner Stelle etabliert.
Die für das Starkonzept typische Vermischung von Filmwelt und Privatleben, die sich oft in der angeblichen Weiterführung von Liebesbeziehungen der Traumpaare außerhalb des Films äußert, läßt sich im Falle Fritsch-Harvey-Garat sogar um die Komponente des Pendants erweiter und so den Übergang vom internationalen Stummfilm zum nationaleren Tonfilm glätten.

Glückskinder (Paul Martin, 1936): Lilian Harvey, Willy Fritsch

DER KONGRESS TANZT ist 1931 nach mehreren Filmen wieder das erste Projekt, bei dem Harvey mit Fritsch und Garat dreht. Conrad Veidt spielt in der deutschen und englischen Version, Lil Dagover in allen drei Sprachen. Der Erfolg aller Versionen von DER KONGRESS TANZT übertrifft den von DIE DREI VON DER TANKSTELLE und stellt einen Höhepunkt in der Karriere von Fritsch, Garat und Harvey dar. In einer Leserumfrage der „Pour Vous" Ende 1931 wird Garat zum fotogensten französischen Schauspieler und Harvey zur fotogensten ausländischen Schauspielerin gewählt (17.12.1931). In „Pour Vous" wird zwar auf die deutsche Version des Films hingewiesen, ansonsten ist Fritsch in der französischen Zeitschrift jedoch zu diesem Zeitpunkt kein Thema mehr; in einem Kurzportrait Harveys anläßlich ihrer Wahl, wird das Gerücht, sie sei mit Fritsch verheiratet, dementiert. Fritsch und Garat, die in DER KONGRESS TANZT das fünfte Mal Pendants in Versionen sind, übernehmen nach 1931 nur noch zweimal die gleiche Rolle, mit Harvey als beider Co-Star und unter der Regie von Paul Martin, Harveys damaligem Lebenspartner: EIN BLONDER TRAUM/UN RÊVE BLOND (1932) und GLÜCKSKINDER/LES GAIS LURONS (1936).

Auch Harvey (die 1933-35 in Hollywood gearbeitet hatte) und Garat filmen nach 1936 nicht mehr gemeinsam; mit Fritsch macht Harvey nach Durch-

Les gais lurons (Paul Martin, Jacques Natanson, 1936): Lilian Harvey, Henri Garat

setzung der Synchronisation noch zwei deutsche Filme (SIEBEN OHRFEIGEN, 1937; FRAU AM STEUER, 1939) unter der Regie Martins, bevor sie im Frühjahr 1939 nach Frankreich emigriert. Dort dreht sie unter der Regie Jean Boyers ihre letzten beiden Filme, bevor sie 1941 in die USA fliehen muß. Henri Garat, der seit 1932 hauptsächlich in französischen Musikfilme spielt, steigt zum nach Maurice Chevalier populärsten Schauspieler Frankreichs auf. 1939 beginnt sein Abstieg; drei Jahre später macht er seinen letzten Film. Willy Fritschs Karriere, die bereits Anfang der 20er Jahre begonnen hatte und nicht so sehr an das Genre der Filmoperette gebunden ist, geht in der NS-Zeit und danach kontinuierlich bis 1967 weiter; trotzdem bleiben die Tonfilme mit Harvey der Höhepunkt seiner Karriere.

Mit „Pour Vous" in den Tonfilm

1929 stehen vor allen amerikanische, aber auch deutsche Großproduktionen und deren Stars im Mittelpunkt des Interesses von „Pour Vous". 1930 sind die neuesten Hollywood-Musicals das bestimmende Thema. Die Stummfilme METROPOLIS und der damals gerade aktuelle Joe May-Film ASPHALT und deren Stars Brigitte Helm bzw. Betty Amann und Gustav Fröhlich, sowie Beiträge über die Schauspielerinnen Lil Dagover, Anny Ondra und Lya de Putti beherrschen die Berichterstattung über den deutschen Stummfilm. Außerdem verfolgt „Pour Vous" mit Interesse den Aufenthalt von Emil Jannings, Conrad Veidt und Camilla Horn in Hollywood und deren Rückkehr nach Europa, ebenso Maurice Chevaliers Ankunft in den USA.

1930 rücken die ersten französischen Versionen deutscher Tonfilmproduktionen in den Mittelpunkt des Interesses. DIE NACHT GEHÖRT UNS/LA NUIT EST À NOUS (Carl Froelich) ist vor DIE DREI VON DER TANKSTELLE/LE CHEMIN DU PARADIS die erste Produktion, die den Versionen durch Besetzung der Hauptrollen mit unterschiedlichen Darstellern (Hans Albers/Jean Murat) einen jeweils eigenen Charakter gibt. In einem Vergleich der deutschen und französischen Version urteilt „Pour Vous", daß die deutsche Version eher sportlich, die französische hingegen literarisch sei („La version allemande est plus ‚sport'. La version française plus ‚littéraire'"), was auf die französischen Schauspieler zurückgeführt wird, die charmanter und anmutiger agieren[9]. Murat und Albers haben die männlich-eigensinnige Kantigkeit gemeinsam, doch besitzt der Franzose sportliche Eleganz und Vornehmheit, die ihn bereits als Stummfilmschauspieler populär gemacht hatten; „Albers hat eine erfrischende Schnodderigkeit: spröde, respektlos und rauhbeinig"[10], die ihre Wirkung erst im Tonfilm entfalten kann. Dieses Pendant-Paar wird bis einschließlich 1935 fünf weitere Male eingesetzt.

Interessanterweise werden sie jedoch in der Pommer-Produktion F.P.1 ANTWORTET NICHT/L.F.1 NE RÉPOND PLUS (1932, Karl Hartl) in verschiedenen Rollen besetzt: Während der Albers-Charakter Ellissen die Frau, die er liebt, für die Freiheit aufgibt (wie auch in BOMBEN AUF MONTE CARLO), spielt Murat den anständigen und romantischen Droste, der bleibt. Albers' Pendant ist hier Charles Boyer, der im Gegensatz zu Albers draufgängerischer Interpretation betont lässig agiert, eine Differenz, die tendenziell mit der zwischen Murat und Albers korrespondiert. In der englischsprachigen Version wirkt Conrad Veidt nüchtern und beherrscht.

1930/31 veröffentlicht „Pour Vous" viele Beiträge, in denen französische Nachwuchsschauspieler und -schauspielerinnen vorgestellt werden, die vom Theater oder vom Vaudeville kommen (z.B. Roger Tréville, Pierre Richard-Willm, Danielle Darrieux): Talentiert, gutaussehend und weitgehend unbekannt übernehmen sie Rollen in den französischen Versionen amerikanischer und deutscher Filme. Doch das Publikum hängt offensichtlich an den deutschen Stars, über die und deren Filme, wie DER BLAUE ENGEL, weiterhin ausführlich berichtet wird. Die Karriere Marlene Dietrichs interessiert mehr als die meisten französischen Filme. Ebenso wird über Camilla Horn und die Dreharbeiten zur deutschen Version von LIED DER NATIONEN berichtet, obwohl für den französischsprachigen Markt eine Version mit Dolly Davis hergestellt wird. Entsprechend begeistert wird die Nachricht, daß Brigitte Helm

französisch spricht, verbreitet: Einem Artikel mit der Überschrift „Brigitte Helm parle français" (9.7.1931) folgt der große Fotobericht „Portrait de Brigitte Helm" (30.7.1931).
Neben einer wachsenden Diskrepanz, die sich zwischen dem Interesse des französischen Pubikums an den alten und neuen Stars der tonfilmproduzierenden Länder USA und Deutschland einerseits, und den dem französischsprachigen Filmangebot andererseits, auftut, fällt auf, daß die gelungene Transformation vom Stummfilm-Traumpaar Fritsch-Harvey zum Tonfilm-Traumtrio Fritsch-Harvey-Garat ein Einzelfall im Umgang mit Stars in Versionen bleibt. Der Vergleich der Pendants Albers/Murat im Film DIE NACHT GEHÖRT UNS, wird trotz Wiederholung dieser Zusammenarbeit von der Zeitschrift nicht wieder aufgegriffen. Neben Fritsch/Garat und Albers/Murat werden Paarungen nicht nennenswert thematisiert, auch nicht für den neben Garat und Murat populärsten französischen Schauspieler dieser Jahre, Albert Préjean, der 1930 mit René Clairs SOUS LES TOITS DE PARIS an Beliebtheit gewinnt, aber auch den Macheath in der Version L'OPÉRA DE QUAT'SOUS (1930/31, G. W. Pabst) spielt. Ähnlich wie Harvey, bleibt auch die deutsche Schauspielerin Brigitte Helm dem begeisterten französischen Publikum durch ihre Fremdsprachenkenntnisse als Darstellerin erhalten.

Pendants

Um bei anderen deutsch-französischen Schauspieler-Pendants einen Typenvergleich – ähnlich dem zwischen Albers und Murat – vornehmen zu können, ist eine statistische Recherche über den äquivalenten Einsatz deutscher und französischer Schauspieler in verschiedenen Versionen des gleichen Films erforderlich. Dabei stellt sich heraus, daß – anders als die populären Beispiele von Fritsch/Garat und Albers/Murat vermuten lassen – die wiederholte und kontinuierlich fortgesetzte Besetzung durch bewährte Pendants die Ausnahme ist; die ein- oder zweimalige Besetzung die Regel. Zum Beispiel werden die Rollen des populären deutschen Darstellers Heinz Rühmann in französischen Versionen mit Robert Arnoux, Pierre Brasseur und Charles Dechamps, Jacques Maury, Charles Redgie als auch mit Albert Préjean besetzt. Schauspieler, die sich in Typ, Alter und Image sehr unterscheiden: Arnoux ist dick, lustig und oft als listiger Geschäftemacher zu sehen; er spielt auch für Georg Alexander. Brasseur hingegen ist groß und schwarzhaarig, meist als Liebhaber besetzt. In Versionen ist er als Pendant so unterschiedlicher Darsteller wie Hans Brausewetter, Willi Forst, Viktor de Kowa und Theo Lingen sowie André Mattoni, Harald Paulsen, Fritz Schulz, Oskar Sima und Willy Stettner zu sehen. Dechamps spielt wiederholt Aristokraten und alternde Beaus; er spielt für den achtzehn Jahre jüngeren Rühmann, auch für Sima, Otto Wallburg und Ralph Arthur Roberts. Préjean

Die 3-Groschen-Oper (G. W. Pabst, 1930/31): Rudolf Forster

dagegen ist ein kräftiger, sportlicher Typ; wie Brasseur spielt er für Brausewetter und Forst und wie Arnoux für Alexander, darüber hinaus für Rudolf Forster, Oskar Karlweis, Max Hansen und Gustaf Gründgens.
An diesem Beispiel wird deutlich, daß Rühmanns Pendants sich nicht nur wesentlich von seinem Typus und Image unterscheiden, was man auf die nationalen Eigentümlichkeiten in Deutschland und Frankreich zurückführen könnte, sondern auch untereinander große Differenzen aufweisen. Verfolgt man, welche anderen deutschen Pendants wiederum die französischen Schauspieler haben, wird deutlich, daß Lingen, Forst, Gründgens und Roberts zu sehr voneinander abweichen, als daß sie einer Typengruppe zugeordnet werden könnten.
Die Unterschiedlichkeit der Pendants wird auch durch die Besetzung der Counterparts von Charles Boyer sehr deutlich, dessen Distinguiertheit und Charme in deutschen Filmen mit so verschiedenen Darstellern wie Albers, Gründgens, Jannings, Veidt, Gustav Dießl und Arnold Korff seine Entsprechungen finden soll. Des weiteren spielen Pierre Blanchar und Fernand Gravey sowohl für Albers, als auch für Willy Fritsch, die im deutschen Film ganz unterschiedlich besetzt werden. Denn auch für Albers und Fritsch werden, trotz häufiger Entsprechung mit ein und demselben französischen

L'Opéra de quat'sous (G. W. Pabst, 1930/31): Albert Préjean

Schauspieler, zusätzlich andere Pendants besetzt: Albers, der 1930-35 sechsmal mit Murat zusammenarbeitet, spielt neben Blanchar, Gravey und Boyer auch einmal die gleiche Rolle wie Jules Berry; Fritsch, 1930-36 siebenmal Pendant von Garat, stellt in den deutschen Versionen außer Blanchar und Gravey sogar die gleichen Charaktere wie sechs weitere Franzosen dar: Henri Beaulieu, Paul Bernard, Marc Dantzer, Jean Galland, Georges Rigaud und Roger Tréville. Auffallend ist hierbei, daß die Pendants vorwiegend in der Zeit von 1930 bis 1932 stabil waren: Garat/Fritsch entsprechen sich in diesen drei Jahren fünf von sieben Malen, Murat/Albers fünf von sechs Malen.

Liane Haid wird von mindestens acht verschiedenen französischen Schauspielerinnen ersetzt, Camilla Horn von sieben; doch fällt bei den Schauspielerinnen des deutschen Films auf, daß sie wesentlich häufiger als ihre männlichen Kollegen eine Rolle in der deutschen *und* der französischen Version spielen: Lilian Harvey achtmal, Brigitte Helm elfmal, Käthe von Nagy sechsmal und Olga Tschechowa dreimal. Harvey ist außerdem das deutsche Pendant (mit Fritsch) zu Blanche Montel (mit Garat), ein anderes Mal französisches Pendant (mit Garat) zu von Nagy (mit Fritsch). Helm wird zweimal französisches Äquivalent für Haid und Nagy. Doch einmal war von Nagy auch französisches Pendant für Anna Sten, als deutsches Pendant

tritt sie außer für Harvey und Helm auch u.a. für die Französinnen Renée Devillers und Annabella auf (die aber auch schon in beiden Versionen gespielt hatte). Tschechowa, die in fünf Versionen mitarbeitet, spielt im Deutschen je einmal für Suzy Vernon und Alice Cocea. Danielle Darrieux tritt für Dolly Haas in Thieles DER BALL/LE BAL auf.[11]
Die Vielfalt von unkoordinierten, zufälligen Pendants und die offenbar beliebige Zuordnung deutscher und französischer Schauspieler verschiedenen Ausprägung zeigt, daß ein nationaler Typenvergleich über Fritsch/Garat und Albers/Murat hinaus nicht möglich. Die Übernahme von Rollen in fremdsprachigen Versionen durch nichteinheimische Schauspieler erschwert die nationale Zuordnung zusätzlich. Veidt als britisches Pendant zu Albers, Garat als englisches Pendant zu Fritsch, Helm als französisches Pendant zu Käthe von Nagy, Käthe von Nagy als französisches Pendant zu Lilian Harvey verwirren den Wunsch nach klaren nationalen Typen und Klischees, die die „nationalisierte" Phase der Versionen zu versprechen schien, endgültig. Besonders wenn man darüber hinaus bedenkt, daß von Nagy aus Ungarn und Harvey aus Großbritannien stammen.
Wie schon in der „Pour Vous" am Beispiel Brigitte Helm zu sehen ist, geht auch aus dieser Recherche über Pendants hervor, daß Lilian Harvey nicht der einzige weibliche Star ist, der im Gegensatz zu den männlichen Kollegen, international eingesetzt wird. Exotisches Aussehen im Stummfilm findet seine Tonfilmentsprechung offensichtlich in fremdländischen Akzenten. Auch in Deutschland bricht die kontinuierliche Präsenz (vorwiegend) weiblicher Stars aus dem Ausland nicht ab: auf Asta Nielsen, Pola Negri, Lya de Putti, Louise Brooks, Olga Tschechowa u.a. folgen Lilian Harvey, Käthe von Nagy, Marika Rökk, Zarah Leander, Kristina Söderbaum u.v.a.m.

Inter-Nationale Stars

Die Versionen-Stars, die sich von der Masse des Pendant-Wirrwarrs abheben, zeigen, daß eine dauerhafte Pendant-Bindung oder die Besetzung mehrerer Versionen eines Filmes mit derselben Schauspielerin für die Popularität der Darstellerinnen und Darsteller sehr vorteilhaft ist. Kontinuierliche Pendant-Bindungen erfordern jedoch strenge vertragliche Absprachen („Knebelverträge', die möglichst keine andere Arbeit als die gemeinsame erlauben) durch eine Produktionsfirma, die die Pendants gezielt aufbaut und parallel in Film- und Imagefragen führt. Mehr als andere Stars müssen Star-Pendants von ihrem Studio geformt werden. Nur die Ufa mit Erich Pommer als Produktionsgruppenleiter (der die Ufa im April 1933 verlassen muß) verfügt über die dafür erforderliche Studio-Struktur: Sie verpflichtet Albers und Murat und führt so die Pendant-Beziehung der starken Männer von DIE NACHT

Zigeuner der Nacht / Cœur joyeux (H. Schwarz, 1932): Jean Gabin (fr. V.), Jenny Jugo (dt. V.)

GEHÖRT UNS/LA NUIT EST À NOUS mit BOMBEN AUF MONTE CARLO/LE CAPITAINE CRADDOCK und DER SIEGER/LE VAINQUEUR fort. Besser noch gelingt die „Ménage-à-trois", da das Image des bis dahin unbekannten Garat an das der langjährigen Stars Fritsch und Harvey angeglichen werden kann. Das Star-Trio entspricht genau den Anforderungen des (nicht zuletzt für den Export) kreierten Genres der Filmoperette, welches vom Hollywood-erfahrenen Produzenten Pommer und den Regisseuren Wilhelm Thiele und Hanns Schwarz zum wichtigsten Genre des frühen Tonfilms gemacht wird. Die zierliche, beschwingte Harvey, der ewig strahlende Fritsch und der musikalische Garat passen gut in die Liebesgeschichten der Filmoperetten, in denen die Beziehung zwischen Mann und Frau oft recht kumpelhaft anstatt romantisch ist. Die Genrefilme, die auf opulente Dekors, eingängige Musik und polyglotte Stoffe als „völkerverständigende" Mittel setzen, funktionieren als Star-Vehikel des Trios, begleitet von imagefördernden Geschichten und Fotos in Publikumszeitschriften und Plattenaufnahmen der Filmschlager.[12]

Doch abgesehen von der besonderen Dreier-Konstellation von Fritsch-Harvey-Garat im Gegensatz zu dem einfachen Pendant-Paar Albers-Murat, besteht auch zwischen diesen erfolgreichen Pendant-Beispielen ein Unterschied, der eine Zusammenfassung zweifelhaft macht: Henri Garat kann als reines Produkt des Pendant-Zwangs in Versionen gesehen werden. Vorher unbekannt wird er musterhaft zum Star für französische (und teilweise englische) Versionen im Genre der Filmoperette aufgebaut. Nach einigen Jahren sehr großer Popularität neigt sich seine Karriere Ende der 30er Jahre bereits dem Ende zu. Harvey und Fritsch hingegen sind schon viele Jahre vor Garat bekannt, Fritsch kann sogar bis in die 50er Jahre kontinuierlich weiterarbeiten.

Auch Garats Landsmann Murat ist bereits in den 20er Jahren ein beliebter Filmschauspieler, bevor er im Tonfilm „Albers-Rollen" übernimmt; in den 40er bis 60er Jahren ist er weiterhin – mit abnehmendem Erfolg – als Darsteller tätig. Sein deutsches Pendant hingegen erlangt erst mit dem sprechenden Film und seiner Rollenfestlegung auf den Draufgänger Anfang der 30er Jahre seine große Popularität; diese hält bis zu seinem Tod 1960 an. Ein kausaler Zusammenhang zwischen Pendant-Bindung und Erfolg ist im Falle von Albers/Murat sehr schwer nachzuweisen. Die Ähnlichkeit des Typus, als der Albers und Murat in beiden Ländern erfolgreich besetzt werden bietet gleichwohl eine gute Möglichkeit gute Vehikel für zwei verschiedene Stars zu produzieren. Angleichung der Typen können in diesem Fall jedoch nur innerhalb des spezifisch nationalen Geschmacks gemacht werden. Bei Albers/Murat liegt die Vermutung nahe, daß sich der im Stummfilm wesentlich wandelbarere Albers (Dandy, Zuhälter, Liebhaber, Lebemann) dem Typus Murats angepaßt und damit den Geschmack des Publikums getroffen hat.

Der ebenfalls beliebte Préjean ist, sehr ähnlich wie Murat, bereits in den 20er Jahren erfolgreich. In den 30er Jahren spielt er auch in Versionen (mit häufig wechselnden Pendants), kann im Tonfilm jedoch durch hauptsächlich rein französische Filme seine Popularität steigern. Im Falle Fritsch/Garat ist der Typus des Franzosen durch Auswahl und Prägung durch die PR der Ufa so sehr jenem Fritschs angeglichen, daß es schwierig ist, einen Unterschied auszumachen. Hier sind es vor allem die Erfahrungen und Talente der Schauspieler, die sie unterscheiden. Garat ist in seinen Bewegungen von der Bühne geprägt und hat eine ausgebildete Singstimme, während Fritsch ein erfahrener Filmschauspieler ist.

Andere (nationale) Stars entwickeln sich in der ersten Hälfte der 30er Jahre unabhängig von den Versionen: So etwa Annabella, die auch in einigen Versionen spielt, jedoch besonders mit René Clairs SOUS LES TOITS DE PARIS international bekannt wird. Und Heinz Rühmann in Deutschland, der bis 1935 seine Leinwandpersönlichkeit des lausbübischen Kleinbürgers in 25 Tonfilmen entwickelt; sechs davon werden auch in einer französischen Version gedreht, die jedes Mal mit einem anderen Pendant besetzt ist. Jean Gabin steigt erst 1934, nachdem er keine Versionen (Pendants: Hugo Fischer-Koeppe, Attila Hörbiger, Wolfgang Liebeneiner, Paul Westermeier) mehr dreht, zum französischen Nationalstar auf.

Da es nur zwei Fälle gibt, in denen Schauspieler-Pendants wiederholt zusammen besetzt wurden, ist es problematisch, daraus verallgemeinernde Rückschlüsse zu ziehen. Aus den vorliegenden Beispielen läßt sich vorsichtig schließen, daß ein vorher unbekannter Pendant-Darsteller Schwierigkeiten haben wird, populär zu werden, wenn er nicht gezielt in die PR-Arbeit des Pendants miteinbezogen wird. Ein unbekannter Schauspieler kann jedoch durch Rollen in nationalen Filmen ein Star werden. Ein Schauspieler, der einzig als Pendant (mit Hilfe der Popularität seines ausländischen Gegenstücks und der Partnerin) zum Star aufgebaut werden soll, ist als solcher nicht so sehr in seinem Land etabliert wie ein Schauspieler der alleine und durch einheimische Filme bekannt wird. Ein bereits bekannter Darsteller hat bessere Chancen, mit einheimischen Filme als mit Versionen ausländischer Filme seine Popularität zu vergrößern. Dies gilt jedoch nur für ein Land, das in der sogenannten „Star-Krise" steckt, also ein Defizit an nationalen Stars hat – in diesem Falle Frankreich in den ersten Jahren des Tonfilms. Auf ein Land, das – wie Deutschland in jener Epoche – auf bekannte Gesichter zurückgreifen kann und federführend an der Produktion der Versionen beteiligt ist, hat die Erstellung einer Fremdsprachen-Version wenig Einfluß.

Die mehrfache Besetzung einer Rolle in Versionen muß nicht den Verlust der Aura der Einzigartigkeit des Schauspielers bedeuten, solange die nationalen Märkte voneinander isoliert werden und die inländischen Schauspieler auf ihrem Markt etabliert sind, wie es 1929 in Deutschland der Fall war. Trotz der Beschäftigung Deutscher und in Deutschland bekannter Künstler bei Fremdsprachenversionen wurden diese – anders als in Frankreich – nicht öffentlich vorgeführt. So wurde bei der Ufa zur Vorführung von LE CHEMIN DU PARADIS am 4. Oktober 1930 im Gloria-Palast festgehalten, „daß diese Vorführung als reine Interessenvorführung aufgezogen werden muß; mit dem Zwecke darzutun, daß wir in Deutschland in der Lage sind, fremdsprachige Fassungen herzustellen."[13]

---

1) Als Quelle für die französische Sicht (besonders die des französischen Zuschauers) auf die Zeit des Übergangs vom Stummfilm zum Tonfilm benutze ich mit „Pour Vous" eine der damals auflagenstärksten Publikumszeitschriften Frankreichs. – 2) Die Lilian-Harvey-Story: Die Geschichte eines Filmstars, erzählt von Lilian Harvey. Zusammenstellung und Leitung: Albert Werner. Eine Sendung der SRG, gesendet am 20.5.1961; zit. n. Christiane Habich (Hg.): Lilian Harvey. Berlin: Haude & Spener 1990. – 3) Vgl. Top Twenty der Filmstars. In: Deutsche Filmwoche, 1923-1926. Ich danke Joseph Garncarz für diesen Hinweis. – 4) Henri Garat: Henry Garat's Life Story. Train Trip That Led To Marriage. In: Film Pictorial, 25.08.1933, S. 23/24. Ich danke Anne Jäckel für die Beschaffung des Artikels. – 5) Vgl. Joseph Garncarz: Hollywood in Germany. In: Uli Jung (Hg.): Der deutsche Film. Trier: WVT Wissenschaftlicher Verlag Trier 1993, S. 167-197. – 6) „... cette délicieuse petite Lilian Harvey, plus séduisante encore dans la version française parce qu'elle s'appliquait à

parler une langue qu'elle ne connaissait pas encore beaucoup", Pour Vous, Nr. 150, 1.10.1931. – 7) Henri Garat, a.a.O., S. 24. – 8) In einer Kritik zur französischen Fassung von LIEBESWALZER heißt es: „Dans la version française, elle [Harvey] prononce quelques mots dans nôtre langue et son accent si séduisant (dans LE CHEMIN DU PARADIS par exemple) fait merveille. Elle seule vaut que l'on aille voir et entendre cette VALSE D'AMOUR. Son compagnon Willy Fritsch (qui est son [Harveys] mari dans la vie, comme disait une voisine...) est très séduisant et joue bien." Pour Vous, Nr. 111, 1.1.1931. – 9) „Et cette critique – d'aucuns trouverons que c'est une langue – se transpose dans l'interpretation. Si Jean Murat l'emporte en distinction, en charme, en jeunesse sur son double allemand, Mlle Belle à qui ne manque aucune de ces qualités a, peut-être, trop de grâce, trop de féminité dans le jeu comme dans la toilette pour incarner une jeune fille dont le métier est de courir les routes au volant d'une cent chevaux.", Pour Vous, Nr. 65, 13.2.1930. – 10) Br. (= Heinrich Braune): Die Nacht gehört uns. In: Hamburger Echo, Nr. 46, 15.2.1930; vgl. auch Uta Berg-Ganschow: Deutsch, englisch, französisch. In: Wolfgang Jacobsen (Hg.): Babelsberg 1912-1992. Ein Filmstudio. Berlin: Argon 1992, S. 169-174. – 11) Grundlage dieser Recherche sind hauptsächlich die Handbücher von Ulrich J. Klaus: Deutsche Tonfilme. Berchtesgaden, Berlin: Klaus 1988 ff. – 12) Vgl. Thomas Elsaesser: Moderne und Modernisierung. Der deutsche Film der dreißiger Jahre. In: NS-Film: Modernisierung und Reaktion. Montage/AV, 3.2.1994. – 13) Ufa-Notiz vom 2.10.1930 / 3a. Ich danke Horst Claus und Anne Jäckel für die Bereitstellung dieser Quelle.

AUSGEWÄHLTE FILME

1924/25. Schneller als der Tod / Face à la mort.
Regie: Harry Piel, Gérard Bourgeois. *Buch:* Edmund Heuberger, Herbert Nossen, (Harry Piel). *Kamera:* Georg Muschner, Gotthardt Wolf. *Bauten:* Fritz Kraenke.
Darsteller: Harry Piel (Harry), Dary Holm (Dagmar), Denise Legeay, Albert Paulig, Marguerite Madys, Friedrich Berger, Paul Guidé, José Davert, Hermann Picha. *Produktion:* Hape-Film Company GmbH, Berlin / Gaumont, Paris. *Produzent:* Harry Piel. *Aufnahmeleitung:* Edmund Heuberger. *Drehzeit:* Dezember 1924 – Februar 1925. *Drehort:* Gaumont-Atelier Paris; *Außenaufnahmen* Französische Riviera. *Länge:* 7 Akte, 2205 m (2273 m vor Zensur). *Format:* 35mm, s/w, 1:1.33, stumm. *Zensur:* 27.3. 1925, B.10175, Jv. *Uraufführung:* 11.4.1925, Berlin (Alhambra Kurfürstendamm); *Französische Erstaufführung:* Oktober 1925.
□ Dagmar hat vor Jahren Gouverneur Parker geheiratet, der am Tag der Hochzeit starb und seiner Frau auftrug, seinen verschollenen Sohn Edward zu suchen. Der sich für ihn ausgibt, hat den echten Edward Parker jedoch ermordet. Harry Piel schreibt gerade in einem Wohnautomobil an der französischen Riviera seinen neuen Roman und hilft Dagmar bei der Überführung des Hochstaplers. Dessen Kumpan hat sich auf eine Yacht geschlichen, um Dagmar mit ihrer Gesellschafterin in die Luft zu sprengen. Harry Piel unternimmt eine rasende Autofahrt und rettet die Yachtgesellschaft im letzten Moment. Wie immer ist Harry Piel der kühne Ritter, der die Guten schirmt und die Bösen bestraft. Deutsche und französische Darsteller in einer der ersten Co-Produktionen nach dem 1. Weltkrieg.

1927. Der goldene Abgrund. Schiffbrüchige des Lebens / Rapa-Nui.
Regie: Mario Bonnard. *Buch:* Franz Schulz; nach dem Roman „Rapa Nui" von André Armandy. *Fotografische Oberleitung:* Mutz Greenbaum; *Kamera:* Raoul Aubourdier, Emil Schünemann. *Standfotos:* Rembrandt-Atelier. *Bauten:* Alexander Ferenczy, Andrej Andrejew. *Kino-Musik:* Felix Bartsch.
Darsteller: Liane Haid (Doppelrolle: Jola/ Oédidée [in der fr. Fassung] und Claire), Claude Mérelle (Dolores Coreto/Corélo), Hans Albers (Baron Armand/Baron Flaugerus), Hugo Werner-Kahle (Dr. Codrus), Robert Leffler (Pater Ambrosius, der Missionar), André Roanne (Jean Hudin/Jean Hoëdic), Raimondo van Riel (Anführer), Ekkehard Arendt (Claires Freund), Jan Riel (der Brasilianer). *Produktion:* Greenbaum-Film GmbH, Berlin / Cinéromans – Films de France, Paris. *Produzent:* Hermann Millakowsky. *Aufnahmeleitung:* Fred Lyssa. *Drehzeit:* ab Januar 1927. *Drehort:* Filmwerke Staaken; *Außenaufnahmen:* Rügen. *Länge:* 6 Akte, 2212 m, (2229 m vor Zensur) *Format:* 35mm, s/w, 1:1.33, stumm. *Zensur:* 20.9.1927, B.16651, Jv. *Uraufführung:* 27.9.1927, Berlin (Primus-Palast).
– *Arbeitstitel: Welt und Halbwelt.*
□ Eine Wild-West-Geschichte mit verlorenen Schätzen und feuerspeienden Vulkanen, mit Räubern, die von einem behosten

Mädchen geführt werden, mit scheinbarer Endkatastrophe und ehelichem Abschluß. Das gesamte Interesse konzentriert sich auf die Sensationen und die Auftretenden: ein Doktor, der aus Passion Selbstmörder sammelt, ein Geistlicher, ein Filmstar, der gleichzeitig ein Naturkind und seine lasterhafte, in der Großstadt verkommene Schwester spielt, sie alle sind nur Staffage für das Wunderland Atlantis und Abenteuer im Stile Old Shatterhands.

Geschickt setzt der Film ein, mit einem Dampferunglück auf hoher See, bei dem Zwillingsmädchen gerettet und für immer voneinander getrennt werden.

Der Titel „Zwanzig Jahre später" leitet zu einer Parallelhandlung über. Die eine Schwester verkommt im Taumel der Großstadt, die andere kommt auf eine wüste Insel, wo sie nach mancherlei Abenteuern von einem durch ihre Schwester zur Verzweiflung gebrachten jungen Mann gerettet wird. Zum Schluß liegt alles, was schlecht war, tot am Boden.

1930. Ihre Majestät die Liebe (Du bist nicht die Erste).
Regie: Joe May. *Buch:* Adolf Lantz, Rudolf Bernauer, Rudolf Oesterreicher; nach dem Manuskript „Der Liebestango" von Rudolf Bernauer, Rudolf Oesterreicher. *Kamera:* Otto Kanturek. *Bauten:* Andrej Andrejew, Erich Kettelhut. *Maske:* Heinrich Heitfeld. *Ton:* Walter Tjaden. *Musik:* Walter Jurmann, Felix Mendelssohn-Bartholdy (Hochzeitsmarsch); *Musikalische Leitung:* Willy Schmidt-Gentner; *Texte:* Rudolf Bernauer, Rudolf Oesterreicher; *Ausführung:* Jazzkapelle de Vries; *Gesang:* Leo Monosson; *Musik-Titel:* „Du bist nicht die Erste", „Ich denk' an die Mädi die ganze Nacht", „Mein Fräulein, kennen Sie schon meinen Rhythmus?", „Mein Glück bist Du", „Mensch, mach' Dir nichts daraus".
Darsteller: Käthe von Nagy (Lia Török), Franz Lederer (Fred von Wellingen), Otto Wallburg (Othmar, sein Bruder), Gretl Theimer (Elli, dessen Tochter), Alexandra Schmitt (Großmama), Adele Sandrock (Großtante Henriette), Szöke Szakall (Bela Török, Lias Vater), Ralph Arthur Roberts (Baron Schwapsdorf), Kurt Gerron (Hornberg), Walter Steinbeck (Hannemann), Tibor von Halmay (Friedrich Hempel, Tanzlehrer), Leo Monosson (Barsänger), Lina Woiwode (Frau von Lingenfeld), Paul Henckels (Standesbeamter), Gerhard Bienert (Werkmeister), Fritz Alberti, Ferdinand von Alten, Karl Gerhardt, Renée Köhler, Gertrud de Lalsky, Annemarie Möricke, Anna von Palen, Herbert Paulmüller, Paul Rehkopf, Georg Heinrich Schnell, Ernst Verebes, Hans Wassmann, Hedwig von Winterstein, Martha Ziegler.
Produktion: May-Film AG, Berlin; für Deutsches Lichtspiel Syndikat AG (D.L.S.), Berlin. *Produzent und Produktionsleitung:* Joe May. *Aufnahmeleitung:* Viktor Eisenbach. *Drehzeit:* ab 5.10.1930 (Außenaufnahmen), 27.10.–3.12.1930 (Atelier). *Drehort:* Ufa-Atelier Neubabelsberg; *Außenaufnahmen:* Berlin, Venedig. *Länge:* 102 min, 2789 m. *Format:* 35mm, s/w, 1:1.19, Klangfilm (Atelier) / Tobis (Außenaufnahmen). *Zensur:* 8.1.1931, B.27850, Jv. *Uraufführung:* 9.1.1931, Berlin (Gloria-Palast).
– *Arbeitstitel: Mein Glück bist du.*
– *Prädikat: Künstlerisch.*
– *Im Oktober 1931 drehte William Dieterle für Warner Bros.-First National eine englische Version: Her Majesty Love.*

☐ Der elegante Fred von Wellingen macht dem Barmädchen Lia den Hof. Sein Bruder Othmar und die Verwandtschaft verweigern ihm den Vertrag als gleichberechtigter Generaldirektor der Wellingen-Mororenfabrik, weil er die reiche Frau von Lingenfeld nicht heiraten will. Als Provokation verlobt er sich mit Lia und erscheint mir ihr und ihrem Vater, einem ehemaligen Artisten, bei der Jubiläumsfeier der Firma. Um die Ehre der Familie zu retten, werden seine Forderungen erfüllt – falls er Lia nicht heiratet und verreist. Als Lia das erfährt, gibt sie den

Gassenhauer (Lupu Pick, 1930/31): Ernst Busch, Hoermann, Deppe, Staudte, Jacob

Anträgen eines älteren Verehrers nach. Fred kehrt gerade rechtzeitig zurück, um die doch geliebte Lia aus dem Standesamt zu entführen.
Französische Version:
1931. Son altesse l'amour.
Regie: Erich (Eric) Schmidt, Robert Péguy. *Künstlerische Oberleitung:* Joe May. *Buch:* Adolf Lantz, Rudolf Bernauer, Rudolf Oesterreicher; *Adaption:* Henry Decoin, René Pujol; *Dialoge:* René Pujol. *Kamera:* Curt Courant. *Bauten:* Andrej Andrejew, Erich Kettelhut. *Ton:* Walter Tjaden. *Musik:* Walter Jurmann, Bronislaw Kaper.
Darsteller: Annabella (Annette Wéber), André Alerme (Jules Leroy), Roger Tréville (Fred Leroy), André Lefaur (Baron Ducharme), Charles Prince (Ernest), Jeanne Marie-Laurent (Grandmère), Gretl Theimer (Monique), André Dubosc (Emile), Berty, Raymond Gallé, Henri Richard, Robert Tourneur.
Produktion: International Standard Film, Paris / May-Film AG, Berlin. *Co-Produzent:* Joe May. *Drehort:* Pathé-Nathan Studios, Joinville. *Länge:* 91 min. *Format:* 35mm, s/w, 1:1.19, R.C.A. Photophone. *Uraufführung:* 3.10.1931, Paris (Ermitage).

1930/31. Gassenhauer.
Regie: Lupu Pick. *Regie-Assistenz:* Basil Ruminow. *Buch:* Johannes Brandt, Martin Zickel. *Kamera:* Eugen Schüfftan, Robert Baberske. *Kamera-Assistenz:* Günther Anders. *Standfotos:* Kurt Wunsch. *Bauten:* Robert Neppach; *Ausführung:* Erwin Scharf. *Maske:* Martin Gericke. *Schnitt:* L. Kish. *Ton:* Carlo Paganini. *Musik:* Marc Roland; *Texte:* Johannes Brandt; *Ausführung:* Jazzkapelle de Ridder, Die Comedian Harmo-

nists. Musik-Titel: „Sie heißt Marie...", „Hofserenade". *Choreografie:* Mac Arlay.
Darsteller: Ina Albrecht (Marie), Ernst Busch (Peter), Albert Hoermann (Paul), Hans Deppe (Max), Martin Jacob (Emil), Wolfgang Staudte (Gustav), Karl Hannemann (Nowak, Hausverwalter), Margarete Schön (Emma, seine Haushälterin), Willi Schaeffers (Impresario), Werner Hollmann (Untersuchungsrichter), Werner Pledath (Oberbeamter), Rudolf Biebrach (Aufseher), Hans Leibelt (Kriminalkommissar), Maria d'Albaicin (Nadja, Tänzerin), Michael von Newlinski (Tänzer), Albert Florath, Die Comedian Harmonists.
Produktion: Deutsches Lichtspiel-Syndikat AG (D.L.S.), Berlin. *Produzent:* Lupu Pick. *Aufnahmeleitung:* Fritz Klotzsch. *Drehzeit:* 15.12.1930–15.1.1931. *Drehort:* Grunewald-Atelier Berlin; *Außenaufnahmen:* Berlin. *Länge:* 97 min, 2654 m. *Format:* 35mm, s/w, 1:1.19, Tobis-Klangfilm. *Zensur:* 3.3.1931, B.28364, Jv. *Uraufführung:* 2.4.1931, Berlin (U.T. Kurfürstendamm, Ufa-Pavillon).
Französische Version:
1930/31. Les quatre vagabonds.
Regie: Lupu Pick. *Buch:* Johannes Brandt, Martin Zickel, *Dialoge:* Aimé Simon-Girard. *Kamera:* Eugen Schüfftan, Robert Baberske. *Kamera-Assistenz:* Günther Anders. *Standfotos:* Kurt Wunsch. *Bauten:* Robert Neppach; *Ausführung:* Erwin Scharf. *Ton:* Carlo Paganini. *Musik:* Marc Roland, Jean Lenoir; *Ausführung:* Jazzkapelle de Ridder, Die Comedian Harmonists. *Choreografie:* Mac Arlay.
Darsteller: Simone Bourday (Marie), Aimé Simon-Girard (Pierre), Alain Guivel (Paul), René Donnio (Max), Maurice de Canonge (Novac, Hausverwalter), Henri Poussard (Gustave), Serge Nadaud (Emile), Alice Tissot (Emma), René Térillac (Thomson), Maurice Lange (commissionnaire), Maria d'Albaicin (Nadia), Victor Vina (juge d'instruction), Henry Herrma, Yvonne Louis.
Produktion: Deutsches Lichtspiel-Syndikat (D.L.S.), Berlin; für Exclusivités Jean de Merly, Paris. *Produzent:* Lupu Pick. *Drehzeit:* 15.12.1930–15.1.1931. *Drehort:* Grunewald-Atelier Berlin; *Außenaufnahmen:* Berlin. *Länge:* 75 min. *Format:* 35mm, s/w, 1:1.19, Tobis-Klangfilm. *Uraufführung:* 18.4.1931, Paris (Elysée-Gaumont).

– *Der Regisseur Lupu Pick starb kurz vor der Aufführung dieses Films.*

☐ Fünf Hofsänger sind in Marie verliebt, die im selben Haus lebt und sie betreut. Vier werden als Kabarettsänger engagiert und berühmt, während der fünfte im Gefängnis sitzt. Er gab einen Mord zu, um Marie zu schützen, aber wer hat den Hausverwalter wirklich getötet? Mit schmissigen, echten „Gassenhauern" der Comedian Harmonists.

1931. Der Kongreß tanzt.
Regie: Erik Charell. *Regie-Assistenz:* Paul Martin, Basil Ruminow; *Volontär:* Kurt Hoffmann. *Buch:* Norbert Falk, Robert Liebmann, Hans Müller. *Kamera:* Carl Hoffmann. *Spezial-Effekte:* Theodor Nischwitz. *Standfotos:* Horst von Harbou. *Bauten:* Robert Herlth, Walter Röhrig. *Kostüme:* Ernst Stern. *Maske:* Emil Neumann, Maria Jamitzky, Oscar Schmidt, Hermann Rosenthal. *Schnitt:* Viktor Gertler. *Ton:* Fritz Thiery. *Musik, Musikalische Leitung:* Werner Richard Heymann; unter Verwendung Alt-Wiener Kompositionen, Franz Schubert (Deutsche Tänze), Aram Iljitsch Chatschaturjan (Säbeltanz aus „Gajane"); *Texte:* Robert Gilbert. *Musik-Titel:* „Das gibt's nur einmal", „Das muß ein Stück vom Himmel sein", „Schön ist das Leben, wenn die Musik spielt". *Choreografie:* Boris Romanoff.
Darsteller: Lilian Harvey (Christel Weinzinger, Handschuhmacherin), Willy Fritsch (Zar Alexander von Rußland und Uralsky, sein Doppelgänger), Otto Wallburg (Bibikoff, Adjutant des Zaren), Conrad Veidt (Fürst Metternich, Staatskanzler), Carl Heinz Schroth (Pepi, sein Geheimsekretär), Lil Dagover (Komtesse), Alfred Abel (König von Sachsen), Eugen Rex (Schwäbischer

Gesandter), Alfred Gerasch (Französischer Gesandter), Adele Sandrock (Fürstin), Margarete Kupfer (Gräfin), Julius Falkenstein (Finanzminister), Max Gülstorff (Bürgermeister von Wien), Paul Hörbiger (Heurigensänger), Ernst Stahl-Nachbaur (Napoleon I.), Trude Brionne, Franz Nicklisch, Hermann Blaß, Sergius Sax, Kurt Brunk, Carl Meinhard (?).
Produktion: Erich Pommer-Produktion der Universum-Film AG (Ufa), Berlin. *Produzent:* Erich Pommer. *Produktionsleitung:* Eberhard Klagemann. *Aufnahmeleitung:* Eduard Kubat. *Drehzeit:* 1.6.–13.8.1931. *Drehort:* Ufa-Atelier Neubabelsberg. *Länge:* 101 min, 2764 m (2773 m vor Zensur). *Format:* 35mm, s/w, 1:1.19, Klangfilm. *Zensur:* 28.9.1931, B.2993, Jv.; 9.10.1931, B.30102, Jv.; 31.10.1931, B.30283, Jv. *Uraufführung:* 29.9.1931, Wien (Scala); *Deutsche Erstaufführung:* 23.10.1931, Berlin (Ufa-Palast am Zoo).
– Am 1.10.1937 von der Filmprüfstelle verboten.
☐ Operetten-Wien mit den prominentesten Teilnehmern des Wiener Kongresses in einer Verwechslungskomödie. Die Handschuhverkäuferin und der Zar, oder ist es sein Doppelgänger Uralsky? Eine „Atelier-Offensive aus Neu-Babelsberg" wurde diese erfolgreiche Charell-Inszenierung der Pommer-Produktion genannt, „mitreißend in den Strudeln seiner Licht- und Formrhythmen. Wird man diese technisch wunderbar bewältigte Aufführung des russischen Balletts in der Oper je vergessen können? Den Tanz im großen Ballsaal?".
Französische Version:
1931. Le congrès s'amuse.
Regie: Erik Charell, Jean Boyer. *Regie-Assistenz:* Paul Martin, Basil Ruminow. *Buch:* Norbert Falk, Robert Liebmann, *Dialoge:* Jean Boyer. *Kamera:* Carl Hoffmann. *Spezial-Effekte:* Theodor Nischwitz. *Bauten:* Robert Herlth, Walter Röhrig. *Kostüme:* Ernst Stern. *Schnitt:* Viktor Gertler. *Ton:* Fritz Thiery. *Musik, Musikalische Leitung:* Werner Richard Heymann; unter Verwendung Alt-Wiener Kompositionen; *Texte:* Jean Boyer.
Darsteller: Lilian Harvey (Christel), Henri Garat (Alexandre Ier / Uralsky), Armand Bernard (Bibikoff), Pierre Magnier (Metternich), Robert Arnoux (Pépi), Lil Dagover (comtesse), Jean Dax (Talleyrand), Odette Talazac (princesse), Sinoel (ministre des finances), Paul Ollivier (maire de Vienne), Tarquini d'Or (chanteur).
Produktion: Universum-Film AG (Ufa), Berlin / Alliance Cinématographique Européenne (ACE), Paris. *Produzent:* Erich Pommer. *Produktionsleitung:* Eberhard Klagemann. *Aufnahmeleitung:* Eduard Kubat. *Drehzeit:* 1.6.–13.8.1931. *Drehort:* Ufa-Atelier Neubabelsberg. *Länge:* 102 min. *Format:* 35mm, s/w, 1:1.19, Klangfilm. *Uraufführung:* 30.10.1931, Paris (Cinéma des Miracles).
Englische Version:
1931. Congress Dances.
Regie: Erik Charell. *Regie-Assistenz:* Carl Winston, Paul Martin, Basil Ruminow. *Buch:* Norbert Falk, Robert Liebmann; *Adaption:* Rowland V. Lee. *Kamera:* Carl Hoffmann. *Spezial-Effekte:* Theodor Nischwitz. *Bauten:* Robert Herlth, Walter Röhrig. *Kostüme:* Ernst Stern. *Schnitt:* Viktor Gertler. *Ton:* Fritz Thiery. *Musik, musikalische Leitung:* Werner Richard Heymann; unter Verwendung Alt-Wiener Kompositionen.
Darsteller: Lilian Harvey (Chrystel), Henri Garat (Tzar Alexander I / Uralsky), Gibb McLaughlin (Bibikoff), Conrad Veidt (Prince Metternich), Reginald Purdell (Pepi), Lil Dagover (Countess), Philipp Manning (King of Saxony), Humberston Wright (Duke of Wellington), Helen Haye (Princess), Spencer Trevor (Finance Minister), Tarquini d'Or (Singer), Thomas Weguelin, Olga Engel.
Produktion: Universum-Film AG (Ufa), Berlin. *Produzent:* Erich Pommer. *Produktionsleitung:* Eberhard Klagemann. *Aufnahmeleitung:* Eduard Kubat. *Drehzeit:* 1.6.–13.8.

1931. *Drehort:* Ufa-Atelier Neubabelsberg. *Länge:* 92 min, 8288 ft = 2526 m. *Format:* 35mm, s/w, 1:1.19, Klangfilm. *Uraufführung:* 30.11.1931, London (Trade Show); *Premiere:* 31.11.1931, London (Tivoli); 11.4.1932 (Release).

1931/32. Hallo hallo – hier spricht Berlin! / Allô? Berlin? Ici Paris!
Regie: Julien Duvivier. *Regie-Assistenz:* Wolfgang Loë-Bagier. *Buch:* Julien Duvivier; nach einer Filmnovelle von Rolf E. Vanloo. *Kamera:* Reimar Kuntze, Heinrich Balasch (Balasz), Max Brinck. *Kamera-Assistenz:* Alfred Westphal. *Standfotos:* Rudolf Brix. *Bauten:* Erich Czerwonski. *Garderobe:* Hans Dupke, Anny Loretto. *Maske:* Karl Holek, Bruno Cieslewicz. *Ton:* Erich Lange, Hans Bittmann. *Musik:* Karol Rathaus; *Musikalische Leitung:* Kurt Schöder; *Texte:* Max Kolpe. *Musik-Titel:* „Solang' man liebt".
Darsteller: Josette Day (Lily, Pariser Telefonistin), Germaine Aussey (Annette, ihre Kollegin), Wolfgang Klein (Erich, Berliner Telefonist), Karl Stepanek (Max, sein Kollege), Charles Redgie (Jacques Dumont, Journalist), Hans Henninger (Karl, Buchhalter), Georges Boulanger (Präsident der Transozeanischen Republik), Gustav Püttjer (arabischer Musiker), Marthe Mussine, Pierre Piérade, Ellen Plessow, Emile Saint-Ober.
Produktion: Tobis-Industrie GmbH, Berlin / Société des Films Sonores Tobis, Paris / Radio Pictures Corporation, New York City (RKO). *Produktionsleitung:* Frank Clifford. *Aufnahmeleitung:* Heinrich Lisson. *Drehzeit:* 8.12.1931–22.1.1932. *Drehort:* Jofa-Atelier Berlin-Johannisthal; *Außenaufnahmen:* Berlin, Paris. *Länge:* 89 min, 2439 m (2440 m vor Zensur). *Format:* 35mm, s/w, 1:1.19, Tobis-Klangfilm. *Zensur:* 14.3.1932, B.31202, Jv. *Uraufführung:* 15.3.1932, Berlin (Ufa-Palast am Zoo); *Französische Erstaufführung:* 19.11.1932, Paris (Miracles).
– Der Film wurde in einer einzigen Fassung hergestellt, nur Vorspann und Titel waren in Deutschland und Frankreich verschieden.
☐ Flirts zwischen Telefonistinnen aus Paris und Telefonisten aus Berlin. Eine nicht oberflächliche Komödie über Wunschträume, Tricks und Aufrichtigkeit. Mit einer Stadtrundfahrt durch Paris. „Max und Erich sprechen natürlich deutsch, Lily und Annette französisch, jeder radebrecht etwas die Sprache des anderen, aber alle verstehen, um was es sich handelt."

1933. Dans les rues.
Regie: Victor Trivas. *Buch:* Victor Trivas, Alexandre Arnoux; nach dem Roman von Joseph-Henri Rosny aîné; *Dialoge:* Henri Duvernois, Alexandre Arnoux. *Kamera:* Rudolph Maté, Louis Née. *Bauten:* Andrej Andrejew. *Ton:* Hermann Storr, Georges Leblond. *Musik:* Hanns Eisler; *Texte:* Alexandre Arnoux, Jean Nohain. *Musik-Titel:* „Mon oncle a tout repeint".
Darsteller: Wladimir Sokoloff (père Schlamp), Madeleine Ozeray (Rosalie), Marcelle-Jean Worms (Mme Lérande), Jean-Pierre Aumont (son fils Jacques), Lucien Paris (son fils Maurice), Paulette Dubost (Pauline), Charlotte Dauvia (Jeanne), Germaine Michel (concierge), Patachou (son fils Moustique), Humbert (Cigare), Roger Legris (Moutarde), Emile Rosen (Gobiche), François Llénas (Main Droite), René Prat (Main Gauche), Pierre Lugan (Rosengart), Rose Mai, Jean Marais.
Produktion: Société Internationale Cinématographique (S.I.C.), Paris. *Produktionsleitung:* Pierre O'Connell. *Studioaufnahmen:* Studios Films Sonores Tobis Paris, Epinay-sur-Seine. *Format:* 35mm, s/w, 1:1.33. *Länge:* 90 min. *Uraufführung::* 26.7.1933, Paris.
☐ Der Film „schildert anläßlich irgendeiner Episode aus dem täglichen Polizeibericht das Leben junger Leute, die aufsichtslos der Vorstadtstraße einer Weltstadt überlassen sind", und „Der Roman, der lange vor dem Krieg spielt, wurde von Trivas sehr frei und modern adaptiert, das menschliche und ernste Thema bleibt jedoch erhalten. Der Film ist pittoresk, bewundernswert foto-

grafiert und enthält Passagen von wirklichem künstlerischen Wert. Hervorzuheben sind die interessanten Kinderszenen, der packende Wladimir Sokoloff, einige schöne Vorstadtszenen.

1935. La kermesse héroïque.
Regie: Jacques Feyder. *Künstlerische Assistenz:* Charles Barrois; *technische Assistenz:* Marcel Carné. *Buch:* Charles Spaak, Jacques Feyder; *Dialoge:* Bernard Zimmer; nach der Novelle „Le 17 septembre 1616" von Charles Spaak. *Kamera:* Harry Stradling, Louis Page, André Thomas. *Bauten:* Lazare Meerson, Alexandre Trauner, Georges Wakhévitch. *Kostüme:* Georges K. Benda; *Ausführung:* J. Muelle. *Schnitt:* Jacques Brillouin. *Musik:* Louis Beydts. *Ton:* Hermann Storr.
Darsteller: Françoise Rosay (Cornélia, la bourgmestre), Jean Murat (duc d'Olivarès), Louis Jouvet (chapelain), André Alerme (bourgmestre), Lyne Clévers (poissonnière), Micheline Cheirel (Siska), Maryse Wendling (boulangère), Ginette Gaubert (hôtelière), Marguerite Ducouret (femme du brasseur), Bernard Lancret (Jean Breughel), Alfred Adam (boucher), Pierre Labry (hôtelièr), Arthur Devère (poissonnier), Marcel Carpentier (boulanger), Alexandre d'Arcy (premier lieutenant espagnol), Claude Saint-Val (deuxième lieutenant espagnol), Delphin (nain), Roger Legis (Flamand), Francine Wells-Bessy, Yvonne Yma, Marianne Hardy, Molly Robert, Myrillis, Georges Spanelly, Bernard Optal, Rolla Norman, Enrico Glori, Raphaël Medina, Pierre Athon.
Produktion: Société des Films Sonores Tobis (Filmsonor), Paris. *Produktionsleitung:* Pierre Guerlais. *Länge:* 150 min. *Format:* 35mm, s/w, 1:1.33, Tobis-Klangfilm. *Uraufführung:* 3.12.1935 Paris (Marignan-Pathé).
– *IFF Venedig 1936: Pokal des italienischen Ministers für Volkskultur (bester Regisseur) an Jacques Feyder.*
☐ „Zimmers unübertreffliche Dialoge, Meersons außergewöhnliche historische Bauten, Louis Beydts' lebendige Musik, der genau getroffene Glanz der Kostüme und die Schönheit der Landschaft sind Jacques Feyders Haupttrümpfe. – Die Vorlage könnte eine Farce oder Operette ergeben, aber sie ist nur ein Vorwand für Feyders künstlerisches Gelingen. Nicht die Geschichte zählt, sondern das Parfüm, das Detail, die Atmosphäre. (...) Alle Schauspieler sind hervorragend, aber Louis Jouvets geiler und listiger Mönch ist eine ganz außergewöhnliche Darbietung!"
Deutsche Version:
1935. Die klugen Frauen.
Regie: Jacques Feyder. *Dialogregie:* Arthur Maria Rabenalt. *Buch:* Charles Spaak, Jacques Feyder; *deutsche Dialoge:* Robert A. Stemmle, Bernhard Zimmer; nach einer Novelle von Charles Spaak. *Kamera:* Harry Stradling, Louis Page, André Thomas. *Bauten:* Lazare Meerson, Alexandre Trauner, Georges Wakhévitch. *Kostüme:* Georges K. Benda; *Ausführung:* J. Muelle. *Schnitt:* Wolfgang Wehrum. *Ton:* Hermann Storr. *Musik:* Louis Beydts; *Texte:* Robert A. Stemmle; Musik-Titel: „Lied vom wallonischen Kürassier".
Darsteller: Willi Dohm (Bürgermeister der Stadt Boom), Françoise Rosay (Cornelia, seine Frau), Charlott Daudert (Siska, ihre Tochter), Albert Lieven (Johann Breughel, Kunstmaler), Paul Westermeier (Schlachtermeister), Hein Förster-Ludwig (Bäckermeister), Hans Henninger (Fischhändler), Wilhelm Gombert (Gastwirt), Erika Helmke (Bäckermeisterin), Carsta Löck (Gastwirtin), Trude Marlen (Gastwirtin), Paul Hartmann (Herzog von Olivarez), Willem Holzboer (Kaplan), Werner Scharf (1. spanischer Offizier), Wolfgang Klein (2. spanischer Offizier), Paul Wolka-Walker (Zwerg), Hans Schulz, Ernst Günther-Schiffner, Helmuth Passarge, Max Mothes, Paul Krüger, Helga Bodemer, Maryse Wendling, Vera Hartegg, Elsa Kochhann.
Produktion: Société des Films Sonores Tobis (Filmsonor), Paris. *Herstellungsleitung:*

Hans Nerking. *Länge:* 102 Min. *Format:* 35mm, s/w, 1:1.33, Tobis-Klangfilm. *Uraufführung::* 15.1.1936, Berlin (Capitol).

1938/39. L'Esclave blanche.
Regie: Mark Sorkin. *Regie-Assistenz:* Jacqueline Audry, André Michel. *Künstlerische Oberleitung:* Georg Wilhelm Pabst. *Buch:* Lily Damert, Leo Lania; *Dialoge:* Stève Passeur; nach einer Idee von A. Tolnay. *Kamera:* Michel Kelber, Henri Alekan, Marcel Weiss. *Bauten:* André (= Andrej) Andrejew, Guy de Gastyne. *Kostüme:* Jacques Manuel. *Schnitt:* Louisette Hautecœur. *Ton:* Robert Teisseire. *Musik:* Paul Dessau, Maurice Jaubert.
Darsteller: Viviane Romance (Mireille), John Lodge (Vedad Bey), Mila Parély (Targuine/Tarkine), Marcel Dalio (Sultan Soliman), Saturnin Fabre (Djemal Pascha), Louise Carletti (Sheila), Sylvie (Safète, la mère de Vedad), Marcel Lupovici (Mourad/Murad), Roger Blin (Mair), Joe Alex (Ali), Jacques Mattler (conseiller), Léon Larivie, Hugues de Bagratide (fonctionnaires), Jean Brochard, Marcel Duhamel (ouvriers), Nicolas Amato (voyageur), Odette Talazac (mère de Soliman), Paulette Pax (visiteuse), Edmond Castel, René Wilmet, Maurice Devienne, Odile Pascal, Claire Gérard, Jacqueline Ravel.
Produktion: Lucia Film, Paris. *Produktionsleitung:* Constantin Geftman. *Länge:* 98 min. *Format:* 35mm, s/w, 1:1.33, RCA Sonore System. *Uraufführung:* Februar 1939, Paris.
◻ „Eine junge Pariserin hat einen modernen Türken geheiratet. Sie folgt ihm in die Türkei, wo sie dem Revolutionär Murad das Leben retten kann. Bald kommt sie mit der Rolle der Frau in der Türkei in Konflikt und widersetzt sich der Heirat zwischen der Schwester ihres Mannes und einem alten Minister. Der rächt sich, indem er dafür sorgt, daß der Sultan (der Verdads Ideen vorher unterstützte) eine zweite Frau für Verdad auswählt. Mireille will fliehen, aber nach verschiedenen dramatischen Ereignissen findet sie dank Murads Hilfe die Möglichkeit, das Land mit Verdad zu verlassen. (...) Mark Sorkin drehte diesen Film mit der Hilfe von G. W. Pabst, dessen Erfahrung und Geschmack man mehrfach erkennt."

1937/38. L'Étrange Monsieur Victor.
Regie: Jean Grémillon. *Buch:* Albert Valentin, Charles Spaak; *Dialoge:* Marcel Achard, Charles Spaak. *Kamera:* Werner Krien. *Bauten:* Willy Schiller, Otto Hunte. *Ton:* Antoine Archimbaud. *Musik:* Robert Manuel.
Darsteller: Raimu (Victor Agardanne), Pierre Blanchar (Bastien Robineau), Madeleine Renaud (Madeleine Agardanne), Marcelle Géniat (mère de Victor), Andrex (Robert Cérani), Georges Flamant (Amédée), Edouard Delmont (Paroli), Viviane Romance (Adrienne Robineau), Odette Roger (Mme Marie), Geneviève Chaplain, Maupi (Rémi), Jean Daniel, Armand Larcher, Charles Blavette, Vincent Hyspa, Alexandre Mihalesco, Geymond Vital, Roger Peter.
Produktion: Universum-Film AG (Ufa), Berlin; für Alliance Cinématographique Européenne (A.C.E.), Paris. *Produktionsleitung:* Raoul Ploquin. *Drehzeit:* ab Ende Dezember 1937. *Drehort:* Ufa-Atelier Neubabelsberg; *Außenaufnahmen:* Toulon. *Länge:* 113 min. *Format:* 35mm, s/w, 1:1.33. *Uraufführung:* 4.5.1938, Paris (Champs-Elysée, Madeleine).
– *In französischer Sprache hergestellt.*
– *Deutscher Arbeitstitel: Sühne.*
◻ „M. Victor ist sowohl Hehler einer Diebesbande, als auch ehrenwerter Geschäftsmann, den niemand verdächtigt. Eines Abends tötet er im Streit ein Bandenmitglied, aber sein Nachbar Bastien wird für die Tat verurteilt und ins Bagno geschickt. Bastiens Frau läßt sich scheiden und heiratet den jungen Gangster Robert Cérani. Bastien flieht und versteckt sich bei M. Victor, der eine neue Untersuchung fürchtet. Bastien verliebt sich in Victors Frau, was alles

L'Étrange Monsieur Victor (Jean Grémillon, 1937/38): Pierre Blanchard, Madeleine Renaud

noch komplizierter macht! Cérani entdeckt Bastien in seinem Versteck und verrät ihn wegen der Belohnung an die Polizei, obwohl M. Victor ihn bedroht und ihm alles gesteht. Alle Schauspieler sind hervorragend, vor allem Raimus starke Persönlichkeit gibt dem Film Profil."

1939. Jeunes filles en détresse.
Regie: Georg Wilhelm Pabst. *Regie-Assistenz:* Jacqueline Audry, André Michel. *Skript:* C. Pecqueux. *Buch:* Christa Winsloe; nach dem Roman von Peter Quinn. *Adaption, Dialoge:* Jean Bernard-Luc, Tristan Bernard, Bension. *Kamera:* Michel Kelber, Marcel Weiss. *Standfotos:* R. Forster. *Bauten:* André (= Andrej) Andrejew, Guy de Gastyne. *Kostüme:* Jacques Manuel; *Ausführung:* Heim – Jeunes Filles, Germaine Lecomte, Paquin, O'Rossen, *Hüte:* C. Reboux und Agnès. *Schnitt:* Choudens, Louisette Hautecoer. *Ton:* Robert Teisseire. *Musik:* Ralph Erwin.
Darsteller: Micheline Presle (Jacqueline Presle), André Luguet (Maître Presle), Marcelle Chantal (Mme Presle), Jacqueline Delubac (Pola d'Ivry), Louise Carletti (Margot), Paulette Elambert (Denise Tarrand), Margo Lion (mère de Thérèse), Milly Mathis (mère d'Alice), Gabrielle Robinne (mère d'Yvette), Marguerite Moreno (Mme Villand), Robert Pizani (M. Tarrand), Jean Aquistapace (ministre), René Génin (concierge), Pierre Bertin Manuel (sécrétaire de Maître Presle), Arthur Devère (père d'Alice), Ariane Muratore, Barbara Shaw, Claude Lehmann, Gaston Jacquet, Georges Jamin, Merly, Pierre Nay, Robert Manuel, Sinoël, Marcel Lupovici, Georges Vitray, Michel François, Nane Germon, Marthe

Meliot, Christiane Ribes, Noëlle Normand, Sinoël Normand, Yvonne Yma, Victoria Carletti, Liliane Barnassin.
Produktion: Globe Films, Paris. *Produktionsleitung:* Horset, Arnold Misrach. *Organisation:* L. Goulian. *Technische Leitung:* Douvano. *Drehort:* Studios Pathé Joinville. *Länge:* 90 min. *Format:* 35mm, s/w, 1:1.33, RCA Photophone. *Uraufführung::* Ende August 1939, Paris.
– *Arbeitstitel: La loi sacrée.*
– *IFF Venedig 1939: Medaglia di bronzo di speciale segnalazione.*
☐ „Der Film spielt nicht nur unter höheren Töchtern, er darf solchen auch ohne Bedenken gezeigt werden. – Es geht um die Not der Kinder aus geschiedenen Ehen. (...) Er besteht im übrigen aus einer Reihe gutgesehener und knapp gefaßter Eltern- und Kinderschicksale, gruppiert um die Haupthandlung der gerade in Auflösung begriffenen Ehe des berühmten Scheidungsanwalts Presle und seiner als Ärztin ebenso berühmten Gattin."

1939. Cavalcade d'amour.
Regie: Raymond Bernard. *Regie-Assistenz:* Serge Vallin, Nicolas Bernard. *Skript:* Madeleine Longue. *Buch:* Jean Anouilh, Jean Aurenche. *Dialoge:* Jean Anouilh. *Kamera:* Robert Le Febvre, André Germain. *Standfotos:* L. Marx. *Ausstattung:* Serge Pimenoff. *Bauten:* Ravaux. *Kostüme:* Georges Annet (Annenkov). *Schnitt:* Charlotte Guilbert. *Ton:* Jacques Lebreton. *Musik:* Darius Milhaud, Arthur Honegger, Roger Désormière.
Darsteller: Simone Simon (Juliette), Michel Simon (tyran/évêque/banquier), Saturnin Fabre (Lacouret), Corinne Luchaire (Junie), Dorville (père de Julie), Claude Dauphin (Léandre/Hubert/Georges), Janine Darcey (Julie), Blanchette Brunoy (Mlle de Maupré), Milly Mathis, Maximilienne, Anne Laurens, Jeanne Loury, Magdeleine Berubet, Pierre Labry, Alfred Argus, Hubert Daix, Henry Richard, Christian Argentin, Yvonne Yma, Jane Marny, Denise Vernac, Trubsky, Henri Monteux, Claude Lehmann, Georgina.
Produktion: C.I.P.R.A., Paris. *Produktionsleitung:* Simon Schiffrin, Arnold Pressburger. *Produktionsassistenz:* Metchkian Annet. *Drehort:* Paramount Studios St. Maurice; *Außenaufnahmen:* Schloß Maupré (Loire). *Länge:* 100 min. *Format:* 35mm, s/w, 1:1.33, Western Electric. *Uraufführung:* Dezember 1939
☐ „Die Handlung spielt sich in drei Jahrhunderten im Schloß von Maupré ab. 1639 flieht die Tochter des Schloßherrn in ihrer Hochzeitsnacht vor dem schnarchenden idiotischen Marquis, mit dem man sie verheiratet hat, in die Arme des jungen Schauspielers. Der wird getötet und sie zum Ehemann zurückgebracht, der ihre Abwesenheit verschlafen hat. – Zwei Jahrhunderte später muß Graf Hubert seine Cousine Léonie heiraten. Aber das Nähmädchen Juliette ist in Graf Hubert verliebt; sie paßt jedoch nicht in seine Welt und der Bischof versucht, ihr das klarzumachen. Vor Kummer stirbt Juliette während der Trauung. – 1939 gehört das Schloß einem reichen Bankier, der seine Tochter unbedingt mit einem Sohn aus gutem Hause verheiraten will. Als sich die beiden begegnen, stellen sie fest, daß sie sich mögen, und diesmal gibt es eine glückliche Hochzeit."

Kleines Lexikon

A.C.E. und Continental

„L'Alliance Cinématographique Européenne (A.C.E.): Aktien-Gesellschaft in Paris mit einem Kapital von 2 Millionen Francs, die in Frankreich, Belgien und den Kolonien Ufa-Filme exclusiv verleihen soll. Gegründet im Mai 1926, hat sie bis heute ca. 80 Spielfilme vertrieben. Sie hat Filialen in Algier, Bordeaux, Lille, Lyon, Marseille, Rennes, Strassburg und Brüssel. Geschäftsführender Generaldirektor ist Wolfgang Schmidt, Direktor der pariser Niederlassung ist Maurice Pollet, Werbeleiter ist Raoul Ploquin." (CF, 27.12.1930).

Die A.C.E. wurde im Schulterschluß gegen die US-Konkurrenz gegründet und erwirtschaftete als Verleih deutscher Filme im Nachbarland ansehnliche Devisen. Mit dem Aufkommen des Tonfilms verlegte sie sich auf Versionen, brachte ab Mitte der 30er Jahre gar vollständig französische Filme heraus, die freilich in Babelsberg gedreht wurden.

Die Gründung der Produktionsfirma Continental setzte diese Collaboration nach der deutschen Besetzung erfolgreich fort. Die Continental war eine direkt vom Propagandaministerium abhängige Ufa-Filiale im besetzten Frankreich, die ausschließlich französische Filme herstellte und die A.C.E. ersetzte. Mit deutschem Geld und unter deutscher Leitung schuf diese produktivste Filmfirma im Paris der Okkupationszeit Unterhaltungsfilme, die genau auf den Geschmack und die Sehgewohnheiten des französischen Publikums abgestimmt waren: ‚harmlose' Komödien und Kriminalfilme, die nicht ganz frei sind von deutscher Ästhetik und Propaganda, die aber auch, nicht ohne ideologische Doppeldeutigkeiten, vom Unbehagen erzählen, das in einem besetzten Land herrscht.

Hans Albers

(1891-1960) Schauspieler
Geboren in Hamburg. Tätigkeit als Schauspieler, Sänger, Tänzer, Komiker, Artist; seit 1928 in seriösen Rollen. Ab 1919 im Film. Spielt in jeweils zwei schwedischen und französischen (Co-)Produktionen (z.B. DER GOLDENE ABGRUND). Wird vom Produzenten Erich Pommer in Deutschland als Draufgänger vom Dienst zum Tonfilmstar aufgebaut. Er spielt in zwei englischsprachigen Versionen (THE BLUE ANGEL, MONTE CARLO MADNESS) und zwei deutschen Versionen französischer Filme (VARIETÉ, FAHRENDES VOLK). Nach dem Krieg väterliche Rollen.

Louis Aubert

(1878-1944) Verleiher, Produzent
Geboren in Mayenne, gründet 1911 die Société des établissements Louis Aubert und baut in den folgenden Jahren als Kinobesitzer, Verleiher und Teilhaber von Produktionsfirmen seine Stellung in der französischen Filmindustrie aus. 1924 gründet er mit der Ufa in Berlin die A.C.E., 1926 wird er Präsident der Chambre syndicale de la cinématographie française. Nach dem Verkauf seiner Firma an Franco Film entsteht 1929 die Société Gaumont Franco Film Aubert (G.F.F.A.).

Raymond Bernard
(1891-1977) Regisseur
Geboren in Paris, Sohn des Schriftstellers und Drehbuchautors Tristan Bernard. 1915 Film-Debüt als Schauspieler. 1917-24 bei Gaumont, Regisseur der Komödien seines Vaters, u.a. mit Max Linder (LE PETIT CAFÉ); seit 1924 Erfolg mit historischen Dramen (u.a. TARAKANOVA). Ab 1930 dreht er für Pathé-Natan u.a. LES CROIX DE BOIS (1932) und CAVALCADE D'AMOUR (1939), Während der deutschen Besetzung Frankreichs arbeitet er nicht.

Pierre Blanchar
(1896-1963) Schauspieler
Geboren in Skikda (Algerien), ab 1920 Schauspieler, u.a. in Raymond Bernards LE JOUEUR D'ECHECS. Im frühen Tonfilm in französisch-sprachigen Versionen: z.B. L'ATLANTIDE (G. W. Pabst), AU BOUT DU MONDE (Gustav Ucicky), LE JOUEUR (Gerhard Lamprecht, Louis Daquin). Arbeit für Fedor Ozep, Julien Duvivier und Jean Grémillion (L'ÉTRANGE MONSIEUR VICTOR). Nach PONTCARRAL, COLONEL D'EMPIRE (Jean Delannoy), auch Regie (u.a. SÉCRETS).

Mario Bonnard
(1889-1965) Regisseur, Drehbuchautor, Schauspieler
Geboren in Rom, ab 1907 Schauspieler, in den 10er und 20er Jahren einer der bekanntesten Darsteller des italienischen Films. 1917 Regie-Debüt mit L'ALTRO IO. 1927 Regie der deutsch-französischen Co-Produktion DER GOLDENE ABGRUND/RAPA-NUI, 1929 und 1930 Bergfilme mit Luis Trenker, auch in französischer Version DER SOHN DER WEISSEN BERGE/LES CHEVALIERS DE LA MONTAGNE. In Italien bis in die 60er Jahre routinierte Genrefilme.

Josette Day
(1914-1978) Schauspielerin
Josette Dagory, geboren in Paris. 1933/34 Mitwirkung an zwei französischen Versionen (C'ÉTAIT UN MUSICIEN; ANTONIA, ROMANCE HONGROISE). Hauptrollen in Jean Cocteaus LA BELLE ET LA BÊTE (1945) und LES PARENTS TERRIBLES (1948).

Julien Duvivier
(1896-1967) Regisseur, Autor
Geboren in Lille. Arbeit am Theater, 1919 Film-Debüt mit HACELDAMA; zur Stummfilmzeit hauptsächlich Literatur-Adaptionen. Erfolg als Tonfilmregisseur. 1931 LES CINQ GENTLEMEN MAUDIT/DIE FÜNF VERFLUCHTEN GENTLEMEN, dann den zweisprachigen Film ALLÔ? BERLIN? ICI PARIS!. Routinier des französischen Tonfilms, der 1937 mit PÉPÉ, LE MOKO und UN CARNET DE BAL internationale Anerkennnung findet. Nach dem Krieg Regie amerikanischer und britischer (ANNA KARENINA, 1947) Filme.

Jacques Feyder
(1885-1948) Regisseur
Jacques Frédérix, geboren in Brüssel. 1915 dreht er seinen ersten Stummfilm; 1917 heiratet er Françoise Rosay. Arbeit in Frankreich, der Schweiz (VISAGES D'ENFANTS), Österreich (DAS BILDNIS) und Berlin (THÉRÈSE RAQUIN). 1929 dreht er in den USA den letzten stummen Greta Garbo-Film THE KISS und später Versionen (ANNA CHRISTIE). Auch von den französischen Produktionen LA KERMESSE HEROÏQUE/DIE KLUGEN FRAUEN, 1935 und LES GENS DE VOYAGE/FAHRENDES VOLK, 1938 dreht er deutsche Versionen. 1937 mit Marlene Dietrich in England KNIGHT WITHOUT ARMOUR. LA LOI DU NORD wird in Frankreich von der Zensur der deutschen Besatzer verstümmelt, Feyder und Rosay flüchten in die Schweiz.

Henri Garat
(1902-1959) Schauspieler
Émile-Henri Garascu, geboren in Paris. Sänger. 1930-36 Erfolg in französischen Versionen deutscher Operettenfilme; meist als Partner von Lilian Harvey: z.B. LE CHE-

MIN DU PARADIS (DIE DREI VON DER TANKSTELLE, Wilhelm Thiele), LE CONGRÈS S'AMUSE (DER KONGRESS TANZT, Erik Charell), UN RÊVE BLOND (EIN BLONDER TRAUM, Paul Martin). Bis 1942 in französischen Operettenfilmen.

Jean Grémillon
(1901-1959) Regisseur
Geboren in Bayeux. Nach kurzen Dokumentar- und Experimentalfilmen ab 1927 (MALDONE) Spielfilme. In Deutschland u.a. 1935 Regie bei VALSE ROYALE, der französischen Version von KÖNIGSWALZER. Anschließend Produktion seiner bekanntesten Filme durch Ufa/A.C.E., u.a. L'ÉTRANGE MONSIEUR VICTOR (1937/38). Nach dem Krieg wieder Dokumentarfilme. 1943-58 Präsident der Cinémathèque Française.

Alfred Greven
1932 Produktionsassistent, ab 1933 Produktionsleiter, ab 1935 bei der Ufa Herstellungs- und Produktionsleiter, z.B. bei DER GRÜNE DOMINO/LE DOMINO VERT (Herbert Selpin, 1935). Generaldirektor der Terra-Film, Nachfolger von Produktionschef Ernst Hugo Correll bei der Ufa, ab 1940 Direktor der Continental in Paris. In den 50er Jahren betreibt er eine Produktionsfirma in Düsseldorf.

Kontingentregelung
Die europäischen Länder versuchen zur Unterstützung der einheimischen Filmproduktion, möglichst wenige ausländische Filme auf ihre Märkte gelangen zu lassen. Jahr für Jahr wird die Anzahl der Filme, die aus Amerika und dem europäischen Ausland eingeführt werden dürfen, neu ausgehandelt und gibt Anlaß zu Polemiken. Auch die Frage, wann ein Film „inländisch" und wann er „ausländisch" ist, wird genau entschieden und heftig diskutiert. 1925/26 gilt „die am wenigsten brutale Kontingentierung": 1 deutscher Film für 1 ausländischen.

1930 wird im Rahmen des Kontingentierungsabkommen festgelegt, daß in Frankreich gedrehte deutsche Versionen von französischen Filmen in Deutschland dieselben Privilegien haben wie eigene Filme. Entsprechendes gilt für in Deutschland gedrehte französische Versionen deutscher Filme.

Max Ophüls
(1902-1957) Regisseur
Max Oppenheimer, geboren in St. Johann/Saar. Theaterschauspieler und Regisseur. 1931 Dialogregie und Regie eines Kurzfilms, 1932 DIE VERLIEBTE FIRMA. 1932/33 dreht er seinen größten Erfolg LIEBELEI, im Exil anschließend die französische Version LIEBELEI. UNE HISTOIRE D'AMOUR. In Frankreich 10 weitere Filme (u.a. YOSHIWARA, 1937; LE ROMAN DE WERTHER, 1938; SANS LENDEMAIN, 1939; DE MAYERLING À SARAJEVO, 1939/40), 1941 Flucht in die USA (CAUGHT, 1948). Ab 1949 wieder in Frankreich (LA RONDE, 1950; LOLA MONTÈS/LOLA MONTEZ, 1955).

Georg Wilhelm Pabst
(1885-1967) Regisseur
Geboren in Raudnitz (Böhmen). Bühnenschauspieler und Regisseur. Im Ersten Weltkrieg in Frankreich interniert. 1921 Kleindarsteller und Regieassistent beim Film, 1922/23 Regie-Debüt, Erfolg mit DIE FREUDLOSE GASSE (1925) und DIE BÜCHSE DER PANDORA (1928/29) und TAGEBUCH EINER VERLORENEN (1929). Tonfilm: WESTFRONT 1918 (1930). Deutsche und französische Version DIE 3-GROSCHEN-OPER/L'OPÉRA DE QUAT'SOUS (1930/31) nach Brecht/Weill. Für den zweisprachigen Bergwerksfilms KAMERADSCHAFT/LA TRAGÉDIE DE LA MINE (1931) Auszeichnung mit Preis des Völkerbunds und Légion d'honneur. Mehrsprachen-Versionen: u.a. DIE HERRIN VON ATLANTIS/L'ATLANTIDE (1932), DON QUICHOTTE (1932/33). 1933-39 in Hollywood und Frankreich (u.a. MADEMOISELLE DOC-

TEUR, 1936; JEUNES FILLES EN DÉTRESSE, 1939), die endgültige Emigration scheitert. Ab 1940/41 wieder in Deutschland (KOMÖDIANTEN). Nach dem Krieg in Österreich, Italien und der Bundesrepublik.

Harry Piel
(1892-1963) Regisseur, Autor, Darsteller, Produzent
Heinrich Piel, geboren in Düsseldorf. 1911 Hospitant bei Gaumont in Paris, 1912 Gründung einer Produktionsfirma und erster Film SCHWARZES BLUT (Buch, Regie, Produktion). Etablierung als Pionier und Star des Action-Films in Deutschland. 1924/25 entstehen mit der Gaumont drei deutsch-französische Co-Produktionen: DER MANN OHNE NERVEN, SCHNELLER ALS DER TOD, ZIGANO. 1930/31 Tonfilm in deutscher und französischer Version: u.a. ER ODER ICH/LUI ET MOI (Regie, Darsteller, Produzent). Bis 1955 Regisseur und Produzent.

Raoul Ploquin
Ab 1931 Autor für französische Versionen (u.a. RONNY, Reinhold Schünzel), ab 1933 auch gelegentlich Produktionsleitung und Co-Regie (u.a. LA GUERRE DE VALSE, Ludwig Berger). Ab 1933 Direktor der französischsprachigen Produktion bei der Ufa, künstlerischer Leiter bei 13 von 19 französischen Versionen. Er überträgt Jean Grémillion die Regie der Version VALSE ROYALE und von drei französischsprachigen Filmen, die die A.C.E. verleiht: PATTES DE MOUCHES (1936), GUEULE D'AMOUR (1937) und L'ÉTRANGE MONSIEUR VICTOR (1938). 1940 Leitung des C.O.I.C. (damaliges Centre National de la Cinématographie). Bis in die 60er Jahre als Produzent in Frankreich.

Serge de Poligny
(1903-1983) Regisseur
Geboren in Paris. Dekorateur bei Paramount in Frankreich, dort auch Inszenierung seiner ersten Filme UNE BRUNE PIQUANTE (1931) und AS DU TURF (1932). 1932 nach Berlin, sieben französische Versionen bei der Ufa, u.a.: VOUS SERVEZ MA FEMME (DER FRECHDACHS, Carl Boese, Heinz Hille) und L'ÉTOILE DE VALENCIA (DER STERN VON VALENCIA, Alfred Zeisler). 1936 Rückkehr nach Frankreich, 1954 letzter Film ARMES DE LA PAIX.

Arnold Pressburger
(1885-1951) Produzent
Geboren in Bratislava (Pressburg). 1903 Verleihfirma, die ab 1913 auch produziert. Ab 1918 Produzent aufwendiger Epen bei Sascha-Film, 1925 Gründung der F.P.S. Film, 1930 der Allianz Tonfilm (u.a BERLIN-ALEXANDERPLATZ); 1932 Zusammen mit Gregor Rabinowitsch Gründung der Cine-Allianz im Ufa-Konzern. Filialen in London und Paris; französische und britische Versionen mit den Operettenstars Jan Kiepura und Martha Eggerth. In Paris gründet er die C.I.P.R.A., die 1939 u.a. CAVALCADE D'AMOUR (Raymond Bernard) produziert. Arbeit in Italien und Großbritannien. 1939 Emigration in die USA und Gründung der Arnold Productions Inc., produziert HANGMAN ALSO DIE (Fritz Lang). 1950 finanziert er mit der Entschädigung für die von den Nazis enteignete Cine-Allianz Peter Lorres DER VERLORENE.

Raimu
(1883-1946) Schauspieler
Jules Auguste César Muraire, geboren in Toulon. Ende der 20er Jahre Erfolge an der Comédie Française als Pagnol- und Molière-Darsteller. Film-Debüt 1910 in L'HOMME NU. Internationale Anerkennung in Pagnol-Verfilmungen, u.a. 1931 in der französischen Version einer amerikanischen Mehrsprachenproduktion MARIUS (Alexander Korda, Marcel Pagnol; ZUM GOLDENEN ANKER, Korda); auch in der Version MAM'ZELLE NITOUCHE/MAMSELL NITOUCH, Karl Lamac/Marc Allégret). 1939 in der A.C.E./Ufa-Produktion L'ÉTRANGE MON-

SIEUR VICTOR (Jean Grémillon). 1930-45 einer der bedeutendsten Schauspieler Frankreichs.

Karol Rathaus
(1895-1954) Komponist
Geboren in Tarnopol (Ukraine), aufgewachsen in Wien. 1920 nach Berlin. Ab 1931 Filmmusiken für Fedor Ozep (u.a. DER MÖRDER DIMITRI KARAMASOFF, GROSSSTADTNACHT) und Alexis Granowsky (DIE KOFFER DES HERRN O. F.; DIE ABENTEUER DES KÖNIGS PAUSOLE). ALLÔ? BERLIN? ICI PARIS! (Julien Duvivier, 1931/32). 1933 Emigration nach Paris, AMOK (Ozep). 1934 nach Großbritannien, 1938 in die USA.

Marc Roland
(1894-1975) Komponist
Geboren in Bremen. Stummfilmmusiken, ab 1930 auch Tonfilmkomponist, u.a. für GASSENHAUER (Lupu Pick). Großer Publikumserfolg mit dem Lied „Unter dem Sternenzelt" (FERIEN VOM ICH, 1934), auch nach dem Krieg Tonfilmkomponist.

Françoise Rosay
(1891-1974) Schauspielerin
Françoise Bandy de Nalèche. Geboren in Paris. Ab 1908 Bühnenschauspielerin. 1913 Filmdebüt, 1917 Heirat mit dem Regisseur Jacques Feyder, in dessen wichtigsten Filmen sie 1922-41 spielt. 1929-31 in Hollywood, in den 30ern auch mehrfach in Berlin u.a. in Versionen (DIE INSEL/VERS L'ABÎME, Hans Steinhoff). 1935 beide Versionen von Feyders LA KERMESSE HEROÏQUE/DIE KLUGEN FRAUEN. 1937 in LES GENS DU VOYAGE/FAHRENDES VOLK. 1940-45 in der Schweiz. Nach dem Krieg in britischen und amerikanischen Filmen, ab 1951 (L'AUBERGE ROUGE) auch wieder in französischen.

Sofar, S.I.C. und Co.
Mit dem erneuten Aufleben deutsch-französischer Filmbeziehungen nach dem Ersten Weltkrieg gab sich eine neue Klasse von Produzenten in der Ausgestaltung ihrer Produkte „international". Der Franzose Romain Pinès engagierte nicht nur renommierte Künstler (Pabst, Genina, Gallone), sondern errichtete mit seiner Hauptgesellschaft Société des Films Artistiques „Sofar" ein Netz bilateraler Joint-Ventures auf Produktions- und Verleihebene, dazu gehörten die deutsche Hirschel-Sofar und die Hisa Allianz. Zu Pinès' Erfolgen gehören DIE FREUDLOSE GASSE (1925, G. W. Pabst) und DIE WEISSE SKLAVIN/L'ESCLAVE BLANCHE (1927, Augusto Genina).

Mark Sorkin
Geboren in Rußland. 1924-30 Regie-Assistent bei Pabst, 1930 unter dessen Oberleitung Regie von MORAL UM MITTERNACHT; weiterhin Assistenz und Schnitt bei Pabst und anderen. 1932 Co-Regie mit Rudolf Katscher bei TEILNEHMER ANTWORTET NICHT. 1933 Emigration nach Paris, dort Regie von CETTE NUIT LÀ und L'ESCLAVE BLANCHE.

Tobis
Die Tobis-Industrie GmbH ist eine gemeinsame Tochterfirma der Tonbild-Syndikat AG (Tobis) und der Radio-Keith-Orpheum Corporation (RKO), New York. Die französische Tochter firmierte als Filmsonor (Société des films sonores Tobis).

Tonfilmeinführung
„Die großen Erfolge des Tonfilms, also des Films mit mechanischer Musik- und Sprachbegleitung, können nicht darüber hinwegtäuschen, daß der Zuschauer das bisher gewohnte Orchester vermißt." (Film-Kurier, 20.6.1929).

„Stumme Filme werden verlangt. – In Frankreich warten 1200 Kinos darauf: Trotz der eingetretenen Hitze ist die Nachfrage nach stummen Filmen eher gestiegen. Die Bemühungen um die Tonfilmproduktion konnten das Thema: stumme Filme wohl zeitweise in den Hintergrund drängen, aber nicht die Tatsache aus der Welt schaffen, daß es in Frankreich immer noch etwa 1200 Kinos gibt, die stumme Filme brauchen und doch als ‚interessante' Kunden, wie man hier sagt, in Frage kommen." (Film-Kurier, 14.6.1930).

„Viele Produzenten scheinen angesichts der Erfolge einiger Tonfilme die Perspektive zu verlieren. Sie glauben, in kurzer Zeit werde der Tonfilm der einzig mögliche Film sein. Man muß aber immer daran erinnern, daß beim Film das Bild die Grundlage der Unterhaltung und der Ton nur eine Zutat ist. Nicht bei allen Filmen ist die Verwendung des gesprochenen Wortes empfehlenswert. Während das Bild überall verstanden wird, ist der sprechende Film an bestimmte Länder und Völker gebunden." (Joseph M. Schenk, Präsident der United Artists, Film-Kurier, 20.7.1928)

„Das deutsche Tonsystem Tri-Ergon der Tobis wird in französischen Kinos installiert, weil es zu allen vorhandenen Vorführgeräten paßt und weil der Einbau wesentlich preiswerter ist, als amerikanische und etwas preiswerter als französische Systeme." (CF, 24.11.1928).

„Eine Gruppe französischer, holländischer, schweizer und deutscher Finanziers hat die Tobis-Patente gekauft und diese unabhängige französische Gesellschaft wird in Frankreich Tonfilm-Vorführgeräte herstellen und verkaufen. Es handelt sich ausdrücklich nicht um ein Eindringen der berliner Firma in Frankreich! Auch in England und Italien werden gerade solche Firmen gegründet." (CF, 23.2.1929).

Victor Trivas
(1894-1970) Regisseur
Geboren in St. Petersburg. Ab 1925 Filmarchitekt in Berlin, 1929 Regie-Debüt AUFRUHR DES BLUTES, auch Autor für Fedor Ozep und Alexis Granowsky. 1932 bis 1940 Autor und Regisseur in Frankreich (u.a. DANS LES RUES). Emigration in die USA; 1959 Regie in der Bundesrepublik (DIE NACKTE UND DER SATAN), dann vorübergehend in der Schweiz. Gestorben in New York.

REGISTER

Personen

Abel, Alfred 9 – Albers, Hans 8, 160-165, 179B – Albertini, Luciano 51 – Alexander, Curt 125 – Alexander, Georg 161 – Allendy, René 12 – Amann, Betty 160 – Anders, Günther 146F – Andrejew, Andrej 92 – Andreyor, Yvette 24 – Annabella 164, 66 – Anouilh, Jean 105 – Antoine, André-Paul 119, 121, 124 – Arletty 105 – Arndt, Ernst Moritz 45 – Arnoux, Robert 59, 147F, 149, 150F, 162 – Artaud, Antonin 12 – Aubert, Louis 47, 149B – Aurenche, Jean 105 – Auriol, Jean George 12 – Autant-Lara, Claude 53 – Bard, Maria 109 – Barsacq, André 114 – Barsacq, Léon 114 – Baum, Ralph 113 – Baur, Harry 87, 94 – Bausback, Ferdinand 56, 66 – Bazin, André 13 – Beaulieu, Henri 163 – Beaumont, Harry 72 – Bébé 28 – Behrendt, Hans 105 – Berger, Ludwig 82, 84 – Bergner, Elisabeth 94 – Bernanos, Georges 59 – Bernard, Armond 149, 150F – Bernard, Paul 163 – Bernard, Raymond 44, 60, 106F, 180 – Bernhardt, Kurt 81, 82, 87, 92, 94, 121, 131, 148 – Berriau, Simone 111 – Berry, Jules 163 – Bertolucci, Bernardo 14 – Birett, Herbert 18 – Blanchard, Pierre 162, 161, 177F, 180B – Blin, Roger 13 – Bloch, Noé 103 – Blücher, Gebhard Leberecht von 45 – Bluen, Georg 29 – Boese, Carl 102 – Bolten-Baeckers, Heinrich 22, 24 – Bonnard, Mario 180B – Borde, Raymond 129 – Borges, Jorge Luis 95 – Bouchard, Emilie-Marie 24 – Bourgassoff, Fedor 117 – Boyer, Jean 94, 103, 152, 158, 160, 162 – Brasch, Fred 101 – Brasch, Henri 101 – Brasseur, Pierre 161 – Bratz, Carl 39 – Brausewetter, Hans 161, 162 – Brecht, Bertolt 85, 101 – Brézillion, Léon 38, 72 – Brooks, Louise 164 – Brunius, Jacques B. 12 – Buchowetzki, Dimitri 46 – Busch, Ernst 171F – Calino 28 – Canudo, Ricciotto Lionel 43 – Carné, Marcel 104, 105 – Cassous, Jean 11 – Caval, Gaston 56 – Cendrars, Blaise 43 – Chabrol, Claude 12, 14 – Chardoune, Marc 58 – Charell, Erik 8, 84, 144-148, 146F, 153 – Chevalier, Maurice 82, 97, 98, 159, 160 – Chomette, Henri 53 – Chomon, Segundo de 21F – Chotek, Sophie 124 – Churchill, Winston 124 – Clair, René 90, 107, 141, 161, 166 – Cocea, Alice 161 – Colin-Reval, Marcel 51, 54, 58 – Colpet, Max 115 – Companeez, Jacques 113 – Cook, Elisha 96 – Correll, Ernst Hugo 70, 142, 145, 147, 153 – Coudenhove-Kalergi, Richard 123 – Courant, Curt 92, 121, 122 – Courtade, Francis 90 – Crevel, René 59 – Crommelynck, Fernand 116 – Croze 38 – Czinner, Paul 94 – Dagover, Lil 51, 160 – Damita, Lily 12 – Daney 14 – Dantzer, Marc 163 – Darrieux, Danielle 94, 160, 164 – Daudet, Léon 44 – Davidson, Paul 23 – Davis, Dolly 160 – Day, Josette 10F, 180B – Déa, Maria 91F – Dechamps, Charles 161 – Decroix, Charles 24 – Dekobra, Maurice 43, 113 – Delac, Charles 47, 74 – Delluc, Louis 10, 40, 43 – Delmont, Joseph 45 – Delons, André 12 – Delteil, Joseph 58 – DeMille, Cecil B. 101, 113 – Dentler, Martin 25 – Deppe, Hans 53F, 171F – Derain, Lucie 55, 57, 58 – Desnos, Robert 11, 12 – Dessau, Paul 85, 113 – Devillers, René 164 – Diamant-Berger, Henri 40 – Diebold, Bernhard 121 – Dießl, Gustav 162 – Dieterle, Wilhelm 92 – Dietrich, Marlene 160 – Döblin, Alfred 105 – Donatien (Emile Charles Bernard Wessbecher) 77-80, 79F – Doraine, Lucy 109 – Dreyfus, Jean Paul 12 – Dupont, E. A. 12, 157 – Duskes, Alfred 23 – Duvivier, Julien 10F, 131, 180B – Eichberg, Richard 82 – Eisner, Lotte H. 13 – Falk, Norbert 140 – Fanck, Arnold 103, 107, 109 – Fehér, Friedrich 43 – Fery, Klaus 77-80 – Feuillère, Edwige 94, 118-121, 122F – Feyder, Jacques 46, 57, 57F, 180B – Fischer-Koeppe, Hugo 166 – Flaiano, Ennio 11 – Florelle 94 – Forst, Willi 102, 161, 162 – Forster, Rudolf 162, 162F – Foxwell, Ivor 121 – Franju, Georges 13 – Franz Ferdi-

nand 120-124 – Fritsch, Willy 129, 134, 145, 149, 155-166, 158F – Froelich, Carl 160 – Fröhlich, Gustav 160 Gabin, Jean 82, 88, 94, 95, 165F, 166 – Galland, Jean 163 – Gance, Abel 141 – Garat, Henri 128F, 129, 134, 145, 146F, 149, 155-166, 159F, 180B – Garbo, Greta 136 – Gaumont, Léon 23 – Gavroche 28 – George, Heinrich 108, 109, 118 – Gerron, Kurt 82, 141 – Gilbert, Jean 121 – Glaser, Victor 104 – Godard, Jean Luc 14 – Goebbels, Joseph 9 – Goethe, J. W. von 9, 115 – Göring, Hermann 80, 107 – Göttler, Fritz 94 – Gottschalk, Ludwig 24, 25 – Goulding, Edmund 136 – Granach, Alexander 109 – Grandais, Suzanne 24 – Grassi 22 – Gravey, Fernand 162, 163 – Greene, Graham 11 – Greenbaum, Julius 23 – Grémillon, Jean 10, 53, 177F, 181B – Greven, Alfred 181B – Griffith, D. W. 107 – Gründgens, Gustaf 162 – Grünspan, Gertrud 19, 21
Haas, Dolly 164 – Haas, Willy 11 – Haid, Liane 163 – Hampicke, Evelyn 22 – Hansen, Max 162 – Hanson, Lars 59F – Hardekopf, Ferdinand 26 – Hardy, Oliver 149 – Harlé, Paul Auguste 54, 59, 60 – Hartl, Karl 142, 160 – Hartmann, Paul 94 – Harvey, Lilian 103, 128F, 129, 134, 145-149, 147F, 150F, 155-166, 158F, 159F – Hauptmann, Gerhart 12 – Hawks, Howard 97 – Hayakawa, Sessue 112F, 113, 114 – Haye, Helen 151 – Hebert, Ernest 20 – Helfer, Charles 20 – Heller, Otto 121, 122 – Helm, Brigitte 78, 79F, 160, 161 – Hergé 14 – Hervil, René 46 – Heymann, Werner Richard 144 – Higson, Andrew 83 – Hitchcock, Alfred 12, 35 – Hitler, Adolf 125 – Hoermann, Albert 53F, 171F – Hofer, Johanna 108F – Hoffmann, Carl 146, 146F – Holz, Fritz 28 – Honegger, Arthur 105 – Hörbiger, Attila 166 – Hörbiger, Paul 144 – Horn, Camilla 160, 163 – Horney, Brigitte 109
Iribe, Marie-Louise 9 – Jacob, Martin 53F, 171F – Jacobs, Edgar P. 14 – Jacoby, Hans 119 – Jacot, Jean 120 – Jannings, Emil 93, 142, 160, 162 – Jason, Alexander 54 – Jeancolas, Jean-Pierre 52 – Jeanson, Henri 85, 104, 105 – Jones, Griffith 133F – Jouvet, Louis 94 – Jugo, Jenny 165F – Junge, Alfred 92 – Jutzi, Phil 90, 105
Karlweis, Oskar 129, 162 – Kasten, Jürgen 56 – Kaus, Gina 104, 105, 109 – Kertesz (Curtis), Michael 102, 107 – Kessel, Joseph 12 – Kiepura, Jan 102, 103 – Kirsanoff, Dimitri 53 – Klein, Wolfgang 10F – Klopstock, Friedrich Gottlieb 12 – Kobe, Hanns 43 – Kohner, Paul 125 – Kolowrat, Sascha Graf 102 – Korda, Alexander 102 – Korff, Arnold 162 – Kortner, Fritz 93, 109 – Koustoff, Michel 105 – Kowa, Viktor de 161 – Kracauer, Siegfried 12, 132 – Kraszna-Krausz, Andor 131 – Krauß, Werner 41F – Kürschner, Eugen 137
L'Herbier, Marcel 9, 78, 111 – La Borie, Paul de 42, 43, 47, 48 – Ladewig, Paul 20 – Landry, Lionel 43 – Lang, Fritz 12-14, 47, 82, 84, 87, 90, 93 – Le Large, André 106 – Leander, Zarah 164 – Leenhardt, Roger 13 – LeFebvre, Robert 121, 122 – Lefèvre, René 129, 157 – Legrand, Lucienne 79F, 80 – Léhar, Franz 144 – Lehmann, René 131 – Lekain, Tony 56 – Leprohon, Pierre 12 – Lewis 78 – Liebeneiner, Wolfgang 166 – Liebmann, Robert 144 – Liedtke, Harry 107 – Linder, Max 16F, 26, 46 – Lingen, Theo 161, 162 – Lippschitz, Arnold 113 – Litvak, Anatole 103, 111, 121 – Lodge, John 122F, 123 – Loeser, Max 40 – Lorre, Peter 93, 103, 108F – Lourie, Eugene 117, 119 – Lubitsch, Ernst 14, 39, 92, 98 – Luchaire, Corinne 105, 107, 109 – Luchaire, Julien 66, 67 – Ludwig XV. 43, 44 – Lumiére 26
Magnier, Pierre 149 – Manès, Gina 57, 57F – Mann, Klaus 116 – Martin, Paul 43, 158, 158F, 159F – Marx, Julius 121 – Massenet, Jules 115, 116 – Masson, Alain 94 – Matthews, Jessie 133F – Mattoni, André 161 – Maurette, Marcelle 121 – Mauriac, Françoise 58 – Maury, Jacques 129, 157, 161 – May, Joe 14, 46, 59, 59F, 84, 102, 129, 158 – Mazeline, Françoise 53 – McLaughlin, Gibb 149 – Mellini, Arthur 18, 25, 26 – Messter, Oskar 20, 21, 23 – Meydam, Wilhelm 142 – Milhaud, Darius 105 –

Millakowsky, Hermann 111-115, 121, 125 – Mirande, Yves 115 – Moguy, Léonide 104, 104F, 105 – Monfils, Louis 39 – Montel, Blanche 163 – Morawsky, Erich 28, 58 – Morena, Erna 11 – Mosgau, Otto 23 – Müller, Hans 144 – Müller, Renate 132F – Murat, Jean 160-166 – Murnau, F. W. 10, 11, 13, 14, 87, 92
Nagy, Käthe von 85F, 163, 164 – Natanson, Jacques 121, 159F – Nebenzahl, Seymour 83, 84, 85F, 111, 115-117 – Negri, Pola 164 – Neumann, Lotte 11 – Neusser, Erich von 141 – Nielsen, Asta 20, 164 – Nitzsche, Johannes 25 – Nosseck, Max 82 – Nugent, Frank 11
Offenbach, Jacques 98 – Ollendorff, Jacques 78 – Ollendorff, Paul 78 – Ollier, Claude 14 – Ondra, Anny 160 – Ophüls, Max 8, 81, 82, 87-90, 98, 99, 111-124, 112F, 117F, 122F, 181B – Oser, Hans 122 – Ozep, Fedor 112, 115
Pabst, G. W. 9, 51, 82, 84, 89, 90, 131, 162F, 163F, 181B – Parlo, Dita 59F – Pasche 26 – Pathé, Charles 18, 22, 24 – Pathé, Edouard 18 – Pathé, Emile 18 – Pathé, Eugène 18 – Pathé, Théophile 18 – Paulsen, Harald 161 – Périer, Jean 117F – Perinal, Georges 105 – Perret, Léonce 48 – Pérugia, André 78, 80 – Pétain, Henri Phillippe 51 - Pick, Lupu 12, 53F, 171F – Pickford, Mary 11 – Piel, Harry 182B – Pigeard, Paul 40 – Pincus, Alexander Gregory 104 – Pirandello, Luigi 11 – Pithon, Rémy 120 – Planer, Franz 121 – Ploquin, Raoul 182B – Plugge, Walther 54 – Poirier, Léon 51 – Polenoff, Serge 113 – Poligny, Serge de 129, 142, 182B – Pommer, Erich 28, 47, 59, 64, 83, 84, 90, 92, 111, 127, 134, 144, 147, 155-166 – Popert, Karl 24 – Porten, Franz 136 – Porten, Henny 20, 46, 136 – Powell, Michael 101 – Préjean, Albert 94, 161, 163F, 165 – Pressburger, Arnold 8, 101-109, 182B – Pressburger, Emmerich 92, 101 – Prim, Suzy 85F, 94 – Purdell, Reginald 147F, 149 – Putti, Lya de 109, 160, 164
Rabinowitsch, Gregor 56, 60, 103, 107, 111, 116, 118-120, 125 – Rainer, Luise 109 – Raines, Ella 97F – Ramain, Paul 12 – Raimu 182B – Rath, von 117 – Rathaus, Karol 183B – Redgie, Charles 161 – Reinhardt, Max 144 – Renaud, Madelaine 177F – Renoir, Jean 53, 98 – Renoir, Pierre 98 – Richard-Willm, Pierre 112F, 113, 115, 160 – Rigadin 28 – Rigaud, Georges 163 – Rippert, Otto 45 – Rivette, Jacques 14 – Roanne, André 9 – Robbe-Grillet, Alain 14 – Robert, Marcel 24 – Roberts, Ralph Arthur 161, 162 – Robison, Arthur 12 – Rohmer, Eric 12, 14 – Rökk, Marika 164 – Roland, Marcel 183B – Rommer, Claire 132 – Rosay, Françoise 183B – Rouch, Jean 14 – Rozenberg, Lucien 78 – Rühmann, Heinz 8, 129, 161, 166 – Ruttmann, Walther 88
Sadoul, Georges 23 – Sagan, Leontine 90 – Sandrock, Adele 151 – Saville, Victor 133F – Schlettow, Adalbert von 57F – Schroth, Karl-Heinz 147F, 149 – Schüfftan, Eugen 92, 113, 114, 117, 120, 121, 124 – Schulz, Fritz 161 – Schünzel, Reinhold 43, 84, 132F – Schwarz, Hanns 153, 156, 165, 165F – Sidney, Sylvia 13 – Silberberg 38 – Sima, Oskar 161 – Simenon, Georges 98 – Simon, Michel 105, 106F, 109 – Simon, Simone 105, 106F – Simonot, Paul 33-35 – Siodmak, Robert 8, 82-90, 85F, 91F, 95-99, 97F, 112, 115 – Skladanowsky 26 – Söderbaum, Kristina 164 – Sorkin, Mark 183B – Soupault, Philippe 59 – Spiegel, Samuel 115 – Staël, Madame de 42 – Staudte, Wolfgang 53F, 171F – Steinhoff, Hans 94 – Sten, Anna 163 – Stern, Ernst 144 – Stettner, Willy 161 – Stilly, Georges 117 – Straus, Oscar 122 – Stroheim, Erich von 97, 98, 113
Tanaka-Meinl, Michiko 113 – Temerson, Jean 91F – Thiele, Wilhelm 82, 84, 156, 164, 165 – Thompson, Kristin 67 – Tone, Franchot 97F – Tourjansky, Viktor 112 – Tréville, Roger 160, 163 – Trivas, Victor 82, 184 – Truffaut, François 14 – Tschechowa, Olga 51, 157, 163, 164 – Tuscherer, Eugen 83, 111, 121, 123, 125 – Twain, Mark 102
Urban, Charles 18 – Valentin, Albert 7 – Vandal, Marcel 47 – Vanel, Charles 88, 94 – Veidt, Conrad 147, 149 – Vernay, Annie

115, 117, 117F – Vernon, Suzy 164 – Vertov, Dziga 14 – Vigo, Jean 14 – Villeme, Jean 120 – Vincendeau, Ginette 148, 153 – Violet, Edouard Emile78 – Vuillermoz, Emile 43 Wallburg, Otto 144, 149, 161 – Wangenheim, Gustav von 116 – Weill, Pierre 78 – Wessbecher, André 77 – Wessbecher, Emile Charles Bernard (Donatien) 77 – Wessbecher, Henri 77 – Westermeier, Paul 166 – Wiene, Robert 12, 41F, 42 – Wilder, Billy 82, 88 – Wilhelm, Hans 104, 105, 116, 118, 125 – Wilhelm II. 22, 44, 51 – Wilhelm, Wolfgang 113 – Wohlbrück, Adolf 132F – Wolff, Hans 134 – Wolff, Ludwig 46 – Woolrich, Cornell 96, 98 – Wyler, William 97 Zilzer, Wolfgang 51, 57F – Zuckmayer, Carl 121, 123, 124

Filme

Abschied 95 – Allô? Berlin? Ici Paris! 9, 10F – alte Gesetz, Das 12 – Argent, L' 9, 78 – Asphalt 159 – Atalante, L' 14 – Austernprinzessin, Die 39 bal, Le 164 – Ball, Der 164 – Berlin–Alexanderplatz 90, 105, 107, 109 – blaue Engel, Der 160 – blonder Traum, Ein 158 – Bluebeard's Eighth Wife 98 – Bomben auf Monte Carlo 160, 165 – Brandherd/Verlogene Moral 43 – Broadway Melody 74 Cabinet des Dr. Caligari, Das 11, 12, 40, 41, 42, 43, 96, 41F – Calais – Douvres 103 – capitaine Craddock, Le 165 – Carrefour 87, 88 – Casanova 120 – Cavalcade d'amour 105-109, 106F, 178fg – Chacun sa chance 94 – chanson d'une nuit, La 103 – charmeur, Le 21F – Cheat, The 113 – chemin de Rio, Le 85-87, 85F – chemin du paradis, Le 128F, 141, 156, 160, 167 – Chevauchée blanche, La 78 – Cœurs joyeux 165F – Conflit 105 – congrès s'amuse, Le 8, 148, 149, 150F, 153, 173fg – Congress Dances 8, 148, 153 – crise est finie, La 90 – croix de bois, Les 60 Dans les rues 174fg – Danton 108 – De Mayerling à Sarajevo 87, 120, 123-125, 122F – Derrière la façade 115 – deutsche Rhein, Der 45 – deux mondes, Les 157 – Divine 111 – Don Juan et Faust 9 – Dr. Mabuse, der Spieler 12 – 3-Groschen-Oper, Die 10, 84, 90, 159F – Drei Tage Mittelarrest 102 – Drei von der Tankstelle, Die 84, 127, 134, 141, 143, 144, 155-157, 160 entraineuse, L' 120 – Esclave blanche, L' 176fg – Étrange Monsieur Victor, L' 10, 176fg, 177F – ewige Mönch im Banne der Musik, Der 79 – ewige Traum, Der 103, 107, 109 Face à la mort 169 – F. P. 1 antwortet nicht 160 – Faust 11, 14 – Feindliches Blut 79 – First a Girl 133F, 135 – Forfaiture 113, 114 – Frau am Steuer 159 – Frau im Mond, Die 13 – Fräulein Else 94 – freudlose Gasse, Die 86, 90 – Fury 13 gais lurons, Les 158, 159F – Gang in die Nacht, Der 10 – Gassenhauer 53F, 170fg, 171F – Gelegenheit macht Liebe 79 – Genuine 42, 43 – Gloria 129 – Glückskinder 158, 158F – Gold 143 - Gold Rush, The 136, 137 – goldene Abgrund, Der 169 – Gräfin Walewska 45 – große Los, Das 79 – große Schlager, Der 79 – guerre des valses, La 84 – Guillaume Tell 78 Hallo! Hallo! Hier spricht Berlin! 9, 131, 174fg – Hangmen Also Die 101, 103 – Haus ohne Türen und Fenster, Das 43 – Heimkehr 14, 59, 59F – Hexenmeister und Schmetterling 21F – histoire d'amour, Une 84 – hommes nouveaux, Les 78 – Hôtel du Nord 105 Ihr dunkler Punkt 156 – Ihre Majestät die Liebe 84, 129, 170fg – Île de la mort, L' 78 – In Wien hab' ich einmal ein Mädel geliebt 144 – Inhumaine, L' 9, 11 – I.N.R.I. 12 – It Happened Tomorrow 107 – Jeunes filles en détresse 177fg Kameradschaft 90, 131 – Katharina die Große 43 – kermesse héroïque, La 175fg – keusche Susanne, Die 156 – Killers, The 95 – Kind, ich freu mich auf dein Kommen 141 – klugen Frauen, Die 175fg – Koenigs-

mark 48 – Kongreß tanzt, Der 8, 84, 129, 134, 141-145, 148, 153, 158, 172 fg
L.F.1 ne répond plus 160 – Leise flehen meine Lieder 102 – letzte Kompagnie, Die 131, 148 – Letzte Liebe 113 – letzte Mann, Der 87 – Liebe einer Königin, Die 46 – Liebelei 84, 111, 112, 121 – Liebeswalzer 156 – Lied der Nationen 160 – Lied einer Nacht, Das 103 – Liliom 87, 90, 93 – Love 136 – Love Waltz 156 – lustigen Weiber von Wien, Die 144
M 84, 90, 93 – Madame Dubarry 43, 44 – Madame Recamier 45 – Mädchen hinter Gittern 104 – Mädchen in Uniform 90 – Mann der seinen Mörder sucht, Der 96 – Mary/Sir John greift ein 135 – Maudit, Le 84 – Mauvaise Graine 88 – Mayerling 115 – Melodie des Herzens 156 – mélodie du cœur, La 156 – Menschen am Sonntag 95 – Metropolis 12, 14, 159 – Million, Le 90 – Miss Edith, Duchesse 78, 80 – Miss Million 39 – Mollenard 87 – Mon curé chez les pauvres 77, 78 – Mon curé chez les riches 77, 78, 80 – müde Tod, Der 12, 13, 47 – Murder 135
Nacht gehört uns, Die 160, 161, 164 – Nana 10 – Nantas 78 – Nibelungen, Die 12, 47, 48 – Nie wieder Liebe 103, 116 – Nosferatu 12 – nuit du carrefour, La 98 – nuit est à nous, La 160, 165
On a volé un homme 90, 111 – Opéra de quat'sous, L' 161, 163F – Orlacs Hände 12 – Othello 46
Phantom Lady 95-99, 97F – Pièges 91F, 95-99 – Pogrom 80 – Prima delle rivolucione 14 – Prince and the Pauper, The 102 – Princesse Lulu 78 – Prison sans barreaux 104F, 104, 105, 109 – Prison Without Bars 105, 109
Quai des brumes 118, 120 – Quatorze Juillet 90 – quatre vagabonds, Les 172
Rapa Nui 169 – Raskolnikoff 43 – rêve blond, Un 158 – rêve eternel, Le 103 – roi des aulnes, Le 9 – roman de Werther, Le 115-118, 117F – Ruhrschande, Die 46
Salut, chérie 78 – Sans lendemain 116, 118, 120, 124 – Schatten 12 – Schneller als der Tod 169 – Schuß im Morgengrauen 12 – schwarze Schmach, Die 45 – Sehnsucht 109 – Seine Majestät, das Bettelkind 102 – Sieben Ohrfeigen 159 – Sieger, Der 165 – Sin Ventura, La 78 – Sklavenkönigin, Die 102, 107, 109 – Sodom und Gomorrha 102, 107, 109 – soldat de la légion étrangère, Le 45 – Son altesse l'amour 84, 171fg – Sous les toits de Paris 90, 141, 161, 166 – Spione 13 – Stürme der Leidenschaft 94 – Sunrise 14 – Sylvester 12 – Symphonie inachevée 102
Tagebuch einer Verlorenen, Das 9 – Tarakanowa 115 – Tell Me Tonight 103 – Temporary Widow, The 156 – 10 Commandments, The 102 – tendre ennemie, La 90, 111, 112 – Testament des Dr. Mabuse, Das 13, 84 – Thérèse Raquin 57, 57F – Tragödie der Liebe 46 – Trois Mousquetaires, Les 40 – Tumultes 94 – tunnel, Le 94
Unsere Brüder an der Ruhr 46 – Unter fremdem Joch 46 – vainqueur, Le 165 – Valse d'amour 156 – Vampyr 10 – Variété 12 – Verdun. Visions d'Histoire 51 – Verlorene, Der 103, 108, 108F – vie parisienne, La 95, 98 – Viktor und Viktoria 84, 122F, 135 – voisine du mélomane, La 29F – Von morgens bis mitternachts 43
Walzerkrieg 84 – Walzerparadies 144 – Warum wie die Ruhr besetzen 46 – Werther/Le roman de Werther 115-118, 117F
Yorck 153 – Yoshiwara 112-114, 112F
Zigeuner der Nacht 165F

Die in den Kurzbiografien erwähnten Namen und Filmtitel sind im Register nicht verzeichnet. Aus den Filmografien wurden nur die Titel übernommen.

B = Kurzbiografie, fg = filmografische Angaben, F = Foto

Dank

Dieses Buch enthält vor allem für den Druck überarbeitete Vorträge, die auf dem 8. Internatioanalen Filmhistorischen Kongreß „Allô? Berlin? Ici Paris! – Aspekte der französisch-deutschen Zusammenarbeit" gehalten wurden.

Der Kongreß fand vom 23. bis 26. November 1995 unter Schirmherrschaft des Generalkonsuls der Republik Frankreich in Hamburg statt. Er wurde von CineGraph – Hamburgisches Centrum für Filmforschung e.V. und dem Bundesarchiv-Filmarchiv Berlin veranstaltet in Zusammenarbeit mit der Kinemathek Hamburg e.V. (Kommunales Kino Metropolis), dem Hamburger Filmbüro e.V. Dank an Rudolf Freund und Evelyn Hampicke (Bundesarchiv) sowie Heiner Roß (Kinemathek Hamburg) und seinen Mitarbeitern.

Der Kongreß wurde ermöglicht durch die Unterstützung des Institut Français de Hambourg, des Institut Français de Munich/CICIM, der Ambassade de France in Bonn, des Centre national de la cinématographie (CNC) in Bois d'Arcy und der Stiftung Deutsche Kinemathek in Berlin. Wir danken ganz herzlich allen Mitarbeitern dieser Institutionen.

Zur Vorbereitung des Kongresses fand im Mai 1995 in Berlin ein Sichtungskolloquium im Zeughauskino, Unter den Linden statt. Mitveranstalter war das Deutsche Historische Museum. Dr. Rainer Rother und seinen Mitarbeitern gilt unser besonderer Dank.

Auch den großzügigen Sponsoren – Toyota Deutschland, Pathé Télévision in Paris, dem Büro für Mitteilungen, Zeise Kino und der Band „Tuten und Blasen" in Hamburg – gilt unser aufrichtiger Dank.

Für große Hilfe bei der Fotoauswahl besten Dank an Peter Latta und André Chevailler.

Für den Zugang zum Drehbuch des Films DER KONGRESS TANZT besten Dank an das Deutsche Institut für Filmkunde und die Stiftung Deutsche Kinemathek. Un grand merci für Hilfe bei den Recherchen an Bernard Eisenschitz, Lenny Borger, Malte Hagener, Susanne Lando, Daniel Otto und Katja Uhlenbrok.

Die Arbeit von CineGraph – Hamburgisches Centrum für Filmforschung e.V. wird unterstützt von der Kulturbehörde der Freien und Hansestadt Hamburg.

Autoren

Dr. Helmut G. Asper, geboren 1945. Akademischer Rat an der Universität Bielefeld. Veröffentlichungen über Theater, Film, Fernsehen, das Film-Exil und Max Ophüls. Lebt in Bielefeld.

Dr. Horst Claus, geboren 1940 in Worms. Lehrt Germanistik und Film an der University of the West of England. Lebt in Bristol.

Bernard Eisenschitz, geboren 1944 in St. Calais. Übersetzer und Filmhistoriker. Veröffentlichungen u.a. über Humphrey Bogart (1968), Nicholas Ray (1990), Fritz Lang (1992 und 1993), Frank Tashlin und Sergej Eisenstein. Lebt in Paris.

Dr. Thomas Elsaesser, geboren 1943. Professor an der Universität Amsterdam, Ordinarius für Film- und Fernsehstudien. Zahlreiche Veröffentlichungen u.a.: „New German Cinema. A History" (1989), Herausgeber von „Early Cinema. Space, Frame, Narrative" (1990). Lebt in Amsterdam.

Michael Esser, geboren 1953 in Berlin. Filmhistoriker. Redakteur und Autor filmhistorischer Publikationen. Mitarbeiter am Deutschen Historischen Museum. Lebt in Berlin.

Joseph Garncarz, geboren 1957. Studium der Theater-, Film- und Fernsehwissenschaft in Köln. Lehrbeauftragter an den Universi-

AUTOREN

täten Köln und Bochum. Veröffentlichung: Filmfassungen (1992). Lebt in Köln.

Jeanpaul Goergen, geboren 1951 in Luxemburg. Veröffentlichungen u.a. über Walther Ruttmann, Ernst Toller, Erwin Piscator und Victor Trivas. Vorstandsmitglied von CineGraph Babelsberg – Brandenburgisches Centrum für Filmforschung e.V. Lebt in Berlin.

Dr. Andrew Higson, geboren 1955 in Croydon. Lehrt Film an der University of East Anglia. Veröffentlichung u.a. „Waving the Flag: Constructing a National Cinema of Britain" (1995), Herausgeber von „Dissolving Views: Key Writings on British Cinema" (1996). Lebt in Norwich.

Anne Jäckel, geboren 1946 in Paris. Lehrt Romanistik und Film an der University of the West of England. Lebt in Bristol.

Dr. Jürgen Kasten, geboren 1954. Veröffentlichungen u.a: „Der expressionistische Film" (1989), „Film schreiben. Eine Geschichte des Drehbuches" (1990), „Carl Mayer. Filmpoet" (1994). Geschäftsführer des Verbandes deutscher Drehbuchautoren e.V. Lebt in Berlin.

Dr. Frank Kessler. Lehrt am Institut für Film en Opvoeringskunsten an der Katholieke Universiteit in Nijmegen. Mitherausgeber von KINtop – Jahrbuch zur Erforschung des frühen Films. Lebt in Nijmegen.

Dr. Sabine Lenk. Studium der Theater- und Filmwissenschaft, Pädagogik und Literaturwissenschaft an den Universitäten Erlangen und Paris. Wissenschaftliche Mitarbeiterin an der Cinémathèque française und der Cinémathèque Royale de Belgique in Brüssel. Veröffentlichung u.a.: „Théâtre contre cinéma" (1989). Mitherausgeberin von KINtop – Jahrbuch zur Erforschung des frühen Films.. Lebt in Brüssel und Nijmegen.

Dr. Eric Le Roy, geboren 1962 in Quimper. 1987-90 Dokumentalist an der Cinémathèque française. Veröffentlichungen u.a. über den französischen Stummfilm und das jiddische Kino. Mitherausgeber von „Eclair, un siècle de cinéma à Epinay-sur-Seine" (1995). Seit 1990 Leiter der Sammlungen und Restaurierungen an den Archives du film du Centre national de la cinématographie. Lebt in Paris.

Katja Uhlenbrok, MA, geboren 1968 in Hannover. Studium der Film- und Fernsehwissenschaft in Bochum und Amsterdam. Mitarbeiterin von CineGraph, Doktorandin der Filmwissenschaft. Lebt in Hamburg.

Film in der edition text + kritik

Das Wachsfiguren-kabinett Drehbuch von Henrik Galeen zu Paul Lenis Film von 1923 FILMtext
edition text+kritik

Helga Belach
Hans-Michael Bock (Hg.)

Das Wachsfigurenkabinett.
Drehbuch von Henrik
Galeen zu Paul Lenis Film
von 1923

Mit einem einführenden
Essay von Thomas Koebner
und Materialien zum Film von
Hans-Michael Bock
151 Seiten, 17 Abb., DM 29,50
öS 215,--/sfr 27,--
ISBN 3-88377-430-8

»Das Wachsfigurenkabinett«
eröffnet die Reihe FILMtext:
Drehbücher deutscher Film-
klassiker aus dem Archiv der
Stiftung Deutsche Kinema-
thek. Die Veröffentlichung der
originalen Drehvorlagen, er-
gänzt durch einen Essay, Abbildungen und Materialien zur
Entstehungsgeschichte des
Films, bietet Anreiz, sich mit
dem Film als einem künstlerischen Prozeß auseinander-
zusetzen und das Drehbuch
als literarisches Genre zu
entdecken.
Der expressionistische
Sprachgestus des »Wachs-
figurenkabinetts« evoziert
ausdrucksstarke Filmbilder,
zieht in den Sog spannender
Dramatik.

Helga Belach
Hans-Michael Bock (Hg.)

Das Cabinet des Dr. Caligari.
Drehbuch von Carl Mayer
und Hans Janowitz
zu Robert Wienes Film
von 1919/1920

Mit einem einführenden
Essay von Siegbert S. Prawer
und Materialien zum Film von
Uli Jung und Walter Schatz-
berg
158 Seiten, 34 Abb., DM 32,50
öS 237,--/sfr 30,--
ISBN 3-88377-484-7

Helga Belach
Hans-Michael Bock (Hg.)

Berlin Alexanderplatz
Drehbuch von Alfred Döblin
und Hans Wilhelm
zu Phil Jutzis Film
von 1931

Mit einem einführenden
Essay von Fritz Rudolf Fries
und Materialien zum Film von
Yvonne Rehhahn
243 Seiten,
zahlreiche Abbildungen
DM 39,50
öS 288,--/sfr 37,--
ISBN 3-88377-510-X

Berlin Alexander-platz Drehbuch von Alfred Döblin und Hans Wilhelm zu Phil Jutzis Film von 1931 FILMtext
edition text+kritik

Verlag
edition text + kritik
Levelingstraße 6 a
81673 München